PANAMERICANA

Traumstraße zwischen Alaska und Feuerland

Wolfgang R. Weber

Mit Textbeiträgen von
Friedrich Horlacher und Susanne Asal

BRUCKMANN

Inhalt

Quer durch Kulturen und Klimazonen — 10

Der Start hoch im Norden

Visitenkarte eines riesigen Territoriums mit einzigartiger Geschichte — 16
Auf der Eistrasse nach Tuktoyaktuk — 16
Die Jäger und Sammler — 17
Das Geschäft mit Fellen und Pelzen — 18
Nördlich des Polarkreises – es ist Jamboree Time — 19
Der Goldrausch – ein unglaubliches Spektakel am Klondike — 20
Von Inuvik zum Asphalt des Klondike Highway — 22
Durch Busch-Alaska zum Top of the World Highway — 24
Der Aufbruch in die neue Zeit — 24
Robert Service – der Barde des Yukon — 25
Der Alaska Highway – eine viel befahrene Allwetterstraße — 26
Buschpiloten – die Taxifahrer des Nordens — 28
Bären gucken – mit Umsicht und Verstand — 31

Von den kanadischen Rocky Mountains zum Pazifik

Powwows und Coups, Schutzgeister und Totempfähle – im Land der Trapper — 34
Büffeljäger, Lachsfischer, Waldjäger und Sammler — 34
Ein Meisterwerk der Schnitzkunst – der Totempfahl — 35
Barkerville – Billy Barkers Stadt — 36
Die Straße zum Gold durch den Fraser Canyon — 38
Händler, Helden und die Hudson Bay — 39
Vancouver – die Perle am Pazifischen Ozean — 40
Vorposten der Zivilisation – Forts im Indianerland — 42
Die Schatzsucher – das Eldorado lockt — 43
Columbias Weg nach Kanada — 44
Kanadas legendäre Polizisten – die Mounties — 45
Durch die Bergwelten der Rockies und Coast Mountains — 46

Die große Traumstraße an der Westküste der USA

Großartige Landschaften und Städte voller Vitalität — 50
Das Schicksal friedfertiger Indianervölker — 50
Auf dem West Coast Highway — 51
Ferndale – ein nordkalifornisches Kleinod — 52
Die Expansion verändert den Westen — 52
Das Häuschen im Nirgendwo – ein US Post Office — 53
Fort Ross – Russen in Kalifornien — 54
San Francisco, das Paris des amerikanischen Westens — 56
John Charles Fremont und die Eroberung Kaliforniens — 58
Spanische Missionen in Kalifornien — 59
Der Yosemite National Park und John Muir — 60
Steinbeck-Country in Salinas Valley — 62
Der Nordwesten auf der Überholspur — 63

Zwischen Pazifikküste und mexikanischer Grenze

Einzigartige Landschaften, indianisches Siedlungsgebiet, Glitzerstädte — 66
Das Leben der alten Farmer — 66
Der Kampf um das Gold in Kalifornien — 67
Extraterrestrial Highway – Erdenbewohner willkommen! — 68
Machtwechsel schafft neue Verhältnisse — 70
Momentaufnahmen – Leben im Tal des Todes — 71
Las Vegas – Wüstenmetropole und Stadt der Sünde — 72
Kit Carson – der legendäre Western-Held — 74
Arizona und der Goldrausch — 75
Tombstone (Arizona) und der Wilde Westen — 76

Vom hohen Norden Mexikos bis in den tiefen Süden

Von Ciudad Juarez bis Guatemala — 82
Arme Erben einer einstigen reichen Hochkultur — 83
Ein Landvolk ohne Land in einem zerrissenen Staat — 84
Die wiedererwachte Geisterstadt Real de Catorce — 85
Die grausamen Riten der Azteken — 86
Las Pozas – ein surrealistischer Traum — 88
Intrigen und Korruption — 89
Stark und unabhängig – die Frauen von Juchitan — 91
Ein zauberhaftes Reiseland im Umbruch — 91
Zu Besuch beim Hexer von Catemaco — 92
Die Maya – Hochkultur und Untergang — 94

Durch indianische Kulturen

Von Guatemala bis zum Panamakanal — 98
Alexander von Humboldt war fasziniert von dem See — 98
Antigua am Fuße der Vulkane — 98
San Simon – Besuch beim Heiligen der Maya — 99
Ein Abstecher nach Guatemala-Stadt — 100
Unter Kaffeepflückern in El Salvador — 100
In die Kaffeeanbauregion El Salvador — 101
Der Filibuster William Walker — 102
Die Panamericana im Süden von Honduras — 102
Ins Maya-Imperium Copán — 103
Mosquitia – ein karibisches Paradies — 103
Pause in Nicaragua — 103
Mais – die Ernährungsgrundlage Mittelamerikas — 104
Quesillo und Tortillas – Fastfood à la Nicaragua — 105
Die Casa de los Tres Mundos – eine Bildungsinitiative — 106
Wechselvolle Geschichte Managuas — 106
Granada am Lago Nicaragua — 107
Wie finde ich bloß …? — 108
Sicher und bequem durch Costa Rica — 108
Monteverde, Santa Elena und Los Niños — 109
Panama-Stadt – UNESCO-Welterbestätte und moderne Boomtown — 110

Die Panamericana erreicht den südamerikanischen Kontinent

Von Cartagena bis zum Titicacasee	116
Cartagena de Indias – Stadt der Legenden	*116*
Die Flower Power der Silleteros	*118*
Parque Botero in Medellín	*119*
Bogotá, die Metropole in den Anden	*120*
Kolumbien von seiner schönen Seite	120
Ecuador – der Andenstaat am Äquator	120
Otavalo, wo das Kunsthandwerk blüht	120
Zipaquira – Adam im Salz	*121*
Mompos – ein Weltkulturerbe	*121*
Indígena-Markt in Saquisilí	*122*
Quito – Hauptstadt mit Kolonialbarock	122
Zaruma – die Stadt auf dem Gold	*122*
Alexander von Humboldt und die Allee der Vulkane	*123*
Mitad del Mundo – am Äquator	123
Cuenca – Kolonialschönheit mit gepflegter Altstadt	123
Haciendas an der Avenida de los Volcanes	*123*
Peru – reiches Erbe der Inka-Kultur	124
Die Kulturen der Moche und der Chimu in Peru	*124*
La Raya und Lambayeque – die Täler der Pyramiden«	124
Trujillo – elegante Universitätsstadt	125
Huaráz – im Reich der Sechstausender	126
Lima – Zentrum kirchlicher und weltlicher Repräsentanz	126
Arequipa – Inka-Fundstätten hoch in den Bergen	127
Historisches Zentrum des Inka-Reiches – Cusco	*128*
Cusco – in geschichtsträchtigen Mauern	128
Machu Picchu – rätselhafte »Perle« im peruanischen Regenwald	129
Inti Raymi – das große Fest des Sonnengottes	*130*
Valle Sagrado de los Incas – das heilige Tal	*132*
Mit dem Zug nach Machu Picchu	*133*
Der Titicacasee – Ort indianischer Mythen	*134*
Puno – schwimmende Inseln und indianische Marktfrauen	134

Leben ganz nah am Himmel

Von La Paz bis Santiago de Chile	138
La Paz – die etwas andere Hauptstadt	138
Segen und Fluch des Kokastrauches	*138*
Gute Fahrt – Autosegnung in Copacabana	*139*
Die unfassbare Schönheit der Puna	*140*
Sajama – Schnee an der alten Handelsroute	144
Parinacota – Vulkangestein und Kirchlein	144
Arica – schwer geprüfte Hafenstadt	145
Cholitas, die Marktfrauen und Händlerinnen	*146*
Iquique – Paradies für Surfer	146
Salpeter-Oficinas	146
Antofagasta – Boliviens Weg zur See in Chile	147
Flamingos und Andenkamele	*147*
Feste in Bolivien – prachtvoll mit künstlerischen Höhepunkten	*148*
San Pedro de Atacama	150
Copiapó – Erze, Landwirtschaft	150
Ojos del Salado – der höchste Vulkan der Welt	151
Wenn die Wüste plötzlich blüht	*151*

Unterwegs durch das lang gestreckte Chile

Sätdte, Strände, sieben Seen – zwischen Weinbauregionen und Nebelwäldern	156
Valle del Elqui – Schnaps und himmlische Sphären	156
Strandmeile – für jeden etwas	157
Valparaísos kulturelles Erbe ist gefährdet	157
Sewell – eine Stadt als Weltkulturerbe	*157*
Die außergewöhnlichen Häuser von Pablo Neruda	*158*
Santiago de Chile – die quirlige, vitale Hauptstadt	158
Temuco – die Pforte zum Mapuche-Land	159
Die Geschichte von Ricardo Roth, der den Cruce de Lagos erfand	*160*
Ausflug in die Region der sieben Seen	162
Valdivia – Ziel deutscher Einwanderer	162
Zu Besuch bei Irma Epulef	*163*
Lago Llanquihue – Tourismus im Zentrum deutscher Einwanderer	163
Puerto Montt – deutsche Namen, Holsteiner Fleckvieh, Wiesen und Weiden	*164*
Der chilenische Don vom Lande	*165*
Von der Panamericana auf die wilde Carretera Austral	*166*
Caleta Tortel – ein bezauberndes Dorf in Chile	*168*
Puerto Puyuhuapi – von Deutschen gegründet	*168*

Die Reise ans Ende der Welt

Patagonien und Feuerland – Landschaften der Extreme	172
Perito Moreno – im argentinischen Gaucholand	172
Cueva de las Manos – die »Höhle der Hände«	*173*
Monte Fitz Roy – die berühmten Felsnadeln	173
Fliegender Erforscher Feuerlands – Gunther Plüschow	*174*
Die Welthauptstadt der Gletscher – El Calafate	175
Parque Nacional Torres del Paine – wieder in Chile	175
Mit der »Beagle« nach Feuerland	*176*
Puerto Natales – im Reich der Viehzüchter	176
Punta Arenas – Ziel vieler Touristen	176
Jagd auf die Feuerland-Indianer	*177*
Ein lebendiger Mythos – Die Gauchos	*178*
Eine Kreuzfahrt von Ushuaia nach Kap Hoorn	*180*
Feuerland – Wildheit und Zivilisation	180
Register	186
Autoren	188
Impressum	189

Vorhergehende Doppelseite Auf der Straße nach El Chalten: Blick auf Monte Fitzroy (Mitte) und Cerro Torre (linker Rand).

Quer durch Kulturen und Klimazonen

Vom Mythos der Panamericana

Die Panamericana – ein Begriff, der zum Mythos wurde und bei dessen Erwähnung noch heute so mancher Zeitgenosse glänzende Augen bekommt. Gerade heute scheint sie wieder im Trend zu liegen, viele Reisende sind unterwegs und berichten online von ihren Erlebnissen. Auch auf zwei Rädern – ja sogar mit dem Fahrrad – sind nicht wenige über Monate und auch Jahre unterwegs. Derjenige, der sie noch nicht befahren hat, verbindet damit oft nur vage Vorstellungen, aber er glaubt zu wissen, dass eine Autostraße gemeint sei, die sich in nord-südlicher Richtung über den gesamten amerikanischen Kontinent erstreckt. Wo man aber nichts Genaues weiß, entstehen Legenden, und so verklärt sich für ihn die Panamericana zur Verheißung von grandioser Natur, exotischem Flair, selbstbestimmtem Handeln, grenzenloser Freiheit, Abenteuer, Gefahr und Nervenkitzel. Wie immer steckt auch in diesem Mythos viel Wahres, dessen Kern, die Entstehung und Geschichte nachstehend kurz umrissen wird.

Die Idee einer durchgehenden Straßenverbindung zwischen den USA und Südamerika stand auf der Fifth International Conference of American States in Santiago de Chile erstmals 1923 zur Diskussion. 1936 wurde der dann in Buenos Aires tagenden Versammlung ein Vertragsentwurf vorgelegt, der von allen 21 in der Organization of American States (OAS) vertretenen Staaten unterzeichnet und ratifiziert wurde. Darin war nicht etwa eine einzelne Fernstraße vorgesehen, sondern ein System von Verkehrswegen entlang der Kordilleren im Westen Nord- und Südamerikas – mit alternativen Routen und Querverbindungen zu östlich davon gelegenen Metropolen wie Rio de Janeiro (Brasilien), Montevideo (Uruguay) und Buenos Aires (Argentinien). Bereits bestehende Straßen sollten bei der Planung berücksichtigt werden. Das avisierte Ergebnis würde der Pan American Highway sein, ein Netz von Fernverbindungen mit einer Gesamtlänge von über 27 000 Kilometern. Für die Finanzierung des Projektes innerhalb der jeweiligen nationalen Grenzen sollten die Mitgliedsländer selber sorgen. Brücken über Grenzflüsse sollten gemeinsame Sache der Anrainer sein. Die Praxis zeigte freilich schon bald, dass ohne US-amerikanisches Geld nicht allzu viel ging. Lediglich Mexiko kam ohne fremdes Kapital aus.

An eine Fortsetzung der Panamericana nach Norden, d. h. eine Einbindung Kanadas und Alaskas in das System, dachte damals wohl niemand. Das änderte sich mit dem Zweiten Weltkrieg. Nach der verheerenden Schlappe von Pearl Harbor (7. Dezember 1941) rechnete das Pentagon in Washington sogar mit einer japanischen Invasion in Alaska. Also überzeugte die amerikanische Führung den kanadischen Nachbarn von der Notwendigkeit eines Landwegs zu ihrer nördlichsten Immobilie Alaska. 11 000 amerikanische Soldaten und 16 000 Zivilisten beider Länder rammten 1942 innerhalb von acht Monaten den 2300 Kilometer langen Alcan Military Highway von Dawson Creek (British Columbia) nach Big Delta (Alaska) in die Wildnis. Im folgenden Jahr erhielt die Piste einen Schotterbelag und wurde bis Fairbanks verlängert. Diese hieß fortan Alaska Highway und wurde Teil der Panamericana.

Dem heutigen Reisenden stellt sich die Panamericana als eine wichtige Lebensader zweier gigantischer Subkontinente dar, die vom nördlichen Eismeer bis nach Feuerland reicht. Die in ihrer längsten Nord-Süd-Verbindung mehr als 25 750 Kilometer lange Route führt durch das Gebiet von 18 Staaten und durchquert vier Klimazonen mit ihren jeweils typischen Vegetationen.

Klimatologen sprechen von der heißen (tropischen) Zone beiderseits des Äquators mit Regenwald, tropischem Dschungel, Busch und Wüste, die sowohl in nördlicher als auch in südlicher Richtung zunächst von der subtropischen Zone mit Regenwald, Trockenwald, Savanne und Wüste abgelöst wird. An diese wiederum schließt sich dann südlich wie nördlich je eine gemäßigte Zone mit sommergrünem Laubwald, Taiga, Prärie und Steppe an, die schließlich von der kalten polaren Zone mit Tundra und Polarwüste abgelöst wird. Abenteuerlich sind diese Herausforderungen – Tatsache ist aber auch, dass das ursprüngliche Konzept einer nahtlosen Verbindung nie vollständig umgesetzt wurde. In den Tropen zwischen Panama und dem unwegsamen Nordwesten Kolumbiens existiert bis heute keine ausgebaute durchgehende Straße. Ein Kraftakt zur Schließung dieser Lücke erübrigte sich, denn man hatte ja den 1914 eröffneten Panamakanal. So hilft derzeit nur ein Schwenk per Schiff oder Flieger nach Cartagena, Barranquilla oder Santa Marta an der kolumbianischen Nordküste weiter. Aufgeschreckt von Meldungen über Bandenkriminalität (Drogenkartelle), neigen Panamericana-Fahrer neuerdings dazu, diesen Teil Kolumbiens zu meiden. Durchaus seriöse Beobachter halten diese Reaktion für überzogen.

Da es sich bei der Panamericana gleichsam um ein offenes System handelt, bleibt ein gewisser Raum für alternative Routenführung. Wir präsentieren denn auch eine Route, die im Südosten Alaskas beginnt und dem Alaska Highway nach Süden folgt. Ausgangspunkt eines zweiten Einstiegs (oder eines Abstechers von Alaska aus) ist das Eskimodorf Tuktoyaktuk im Nordwesten Kanadas, das auf Rädern nur im Winter zugänglich ist, wenn dickes Eis den Mackenzie River befahrbar macht. Bei Inuvik geht die Eispiste in den Dempster Highway und dieser nach aufreibenden 800 Kilometern in den Klondike Highway über. In der Hauptstadt des Yukon Territory, Whitehorse, laufen die beiden Stränge zusammen.

In Watson Lake (Yukon Territory) wechseln wir auf den Cassiar-Stewart Highway, auf dem wir Prince George (British Columbia) erreichen. Eine Schleife führt uns über die Nationalparks der kanadischen Rocky Mountains und die Schluchten der Flüsse Thompson und Fraser in die schillernde Metropole Vancouver. Weiter geht es entlang der amerikanischen Pazifikküste nach Süden bis Monterey (Kalifornien) und von da nach Osten in die einzigartigen Landschaften Kaliforniens, Nevadas, Utahs, Arizonas und New Mexicos.

Sobald man den Rio Grande in El Paso / Ciudad Juarez überquert und in Mexiko einreist, betritt man eine neue, ziemlich andere, pittoreske Welt. Nach einem Abstecher in den Kupfer-Canyon (Barranca del Cobre) sind unsere nächsten Stationen Chihuahua, Monterrey, San Luis Potosi, Mexico-Stadt, Villahermosa, San Cristobal de las Casas, Quezaltenango (Guatemala) und Guatemala-Stadt. Im weiteren Verlauf folgt die Panamericana der Pazifikküste über San Salvador (El Salvador), León (Nicaragua), Managua, Puntarenas (Costa Rica) bis Panama.

Ausgangspunkt für die Fortsetzung zu Lande ist Cartagena (Kolumbien). Wir passieren Medellin, Cali, Quito (Ecuador), Trujillo (Peru), Lima, Arequipa, Juliaca und La Paz (Bolivien). Chilenischen Boden betreten wir bei Arica. Die Strecke nach Süden verläuft über Antofagasta, Santiago, Valdivia bis Puerto Bertrand und von dort östlich über die Grenze ins argentinische Perito Moreno. Als Alternative nach Santiago bietet sich eine Fernstraße östlich der Anden an. Diese zweigt in Copiapo (Chile) ab, überquert Gebirge und die chilenisch-argentinische Grenze am Paso de San Francisco und führt über San Juan und Mendoza zur chilenischen Hauptstadt. Das letzte Teilstück der Panamericana windet sich durch das nahezu menschenleere argentinische Patagonien und endet im chilenischen Punta Arenas. Die Kulturräume, die der Reisende heute durchquert, sind über viele Jahrhunderte kolonial geprägt worden, dennoch hat noch vieles aus vorkolonialer Zeit überlebt. Diese sind entstanden auf der Grundlage höchst unterschiedlicher geophysikalischer Bedingungen aus der Begegnung europäisch-kolonialer Kulturen mit einer Vielzahl verschiedenartiger indigener Kulturen (Indianer und Inuit) und einem daraus resultierenden Prozess des gegenseitigen Gebens und Nehmens. Zwar bleiben ihre Konturen relativ schemenhaft überall dort, wo Engländer, Russen, Amerikaner, Spanier oder Portugiesen auf nomadisierende archaische, lose organisierte Kleinvölker trafen, also etwa im Nordwesten Kanadas, im Inneren Alaskas, in Teilen Kaliforniens, im Tiefland Kolumbiens, Perus und Brasiliens oder im unwirtlichen Süden Patagoniens. Umso markanter treten sie indes hervor, wo sich Kolonialmächte konfrontiert sahen mit höher entwickelten Völkern oder gar mit Hochkulturen. Ob nun Engländer, Russen oder Amerikaner sich stritten mit den Nordwestküsten-Indianern oder Spanier und Amerikaner mit den Pueblo-Indianern im heutigen Südwesten der USA oder die Spanier mit den Azteken Mexikos, den Maya im Yucatán, in Honduras und Guatemala und den Inka von Ecuador, Peru und Bolivien – das Ergebnis ist jedes Mal ein anderes und stellt aus der Sicht der Nachwelt in jedem einzelnen Fall ein Faszinosum ersten Ranges dar.

Das Aufeinandertreffen der Kulturen verlief meist schmerzhaft – aus historischer Perspektive für die Eingeborenen ungleich schmerzhafter als für die Eindringlinge – und dieser Prozess fand von Osten nach Westen statt, nur wenige Male auch in umgekehrter Richtung. Die von Norden nach Süden ausgelegte Panamericana mag man so als großes Abenteuer verstehen, bei dem man auf einer vertikalen Achse

1 Ein Iglu dient den Inuit als Notunterkunft auf Reisen oder bei Schneesturm. Der freundliche George baut den neugierigen »Quallunaq« (Nicht-Eskimos) gerne ein Muster.   2 Die Kultur der Nordwestküsten-Indianer erlebte in den letzten Jahrzehnten eine Renaissance.   3 Brennpunkt für Reisende: Auf dem Markt in Pisac wird Folkloristik wie Touristik geboten.   Nachfolgende Doppelseite: Blick auf La Paz.

über Kontinente hinweg den einzelnen Kulturarealen in ihrer ganzen Vielfalt, wie auf einer Perlenkette aneinandergereiht, begegnen kann. Gibt es einen spannenderen Grund, sich auf diese Straße einzulassen und – in Abwandlung von Jack London – ihrem »Lockruf« zu folgen?

Friedrich Horlacher

Vom Mythos der Panamericana

Der Start hoch im Norden

Die vier Jahreszeiten im Nordwesten Kanadas und in Alaska sind, so die Einheimischen, Juni, Juli, August und Winter. Mangels Frühling und Herbst gibt es nur einen kurzen, aber intensiven Sommer und einen extrem langen Winter. Ob nun warm oder kalt, in jedem Fall finden Naturfreunde, Abenteurer, Extremsportler und Exoten aller Art ein atemberaubendes Szenario vor, das ehrfürchtig vor dem unerschöpflichen Reichtum der Natur macht.

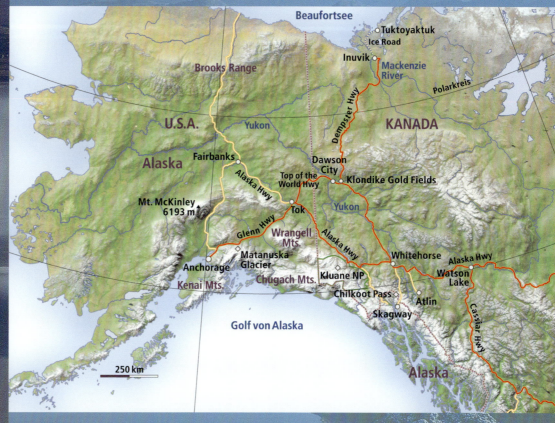

Ort	Teilstrecke	Gesamtstrecke
Tuktoyaktuk*	0	(nur im Winter)
Inuvik	0	220
Dawson City	781	781
Whitehorse	540	1321
Watson Lake	483	1804
	1804	2024

* Die Ice Road von Tuk nach Inuvik ist nur von November bis April befahrbar

Alternativer Routeneinstieg via Alaska Highway von Anchorage nach Vancouver:

Ort	Teilstrecke
Anchorage	0
Tok/Tetlin Junction	541
Whitehorse	688
Watson Lake	483
Fort St. John	945
Prince George	479
Vancouver	971
	4107

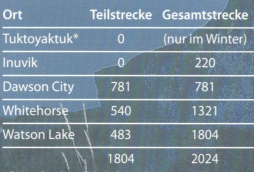

Der Alaska Highway führt auch durch das Schwemmland des Slim River (Yukon Territory).

Visitenkarte eines riesigen Territoriums mit einzigartiger Geschichte

Hoch im Norden liegt der Beginn der Panamericana, in einem Gebiet, das sich von der Beaufortsee im Norden bis zum 60. Breitengrad im Süden und vom Mackenzie-Gebirge im Osten bis zur Beringsee erstreckt. Politisch ist es Teil zweier Länder – des Dominion of Canada und der USA – und dreier Provinzen, nämlich der Northwest Territories (davon allerdings nur ein winziges Segment) und des Yukon Territory auf kanadischer sowie des Bundesstaates Alaska auf amerikanischer Seite.

Ein relativ schmaler, flacher Küstenstreifen nördlich des Polarkreises präsentiert sich als baumlose arktische Tundra mit geringem Niederschlag und langen eisigen Wintern mit Temperaturen von minus 30 °C im Schnitt. Im Juli/August dagegen, wenn sich die Sonne mehr als 20 Stunden am Tag zeigt, kann das Thermometer schon mal auf plus 25 °C klettern. In dieser Zeit taut das ansonsten tief gefrorene Erdreich an der Oberfläche und gestattet den Moosen und Flechten ein kurzes, aber intensives Erwachen. Südlich davon erstreckt sich die von Zentralalaska bis zur Mündung des St.-Lawrence-Stroms reichende nordamerikanische Taiga, ein niederschlagsarmes subarktisches Wald- und Sumpfland mit ausgedehnten Beständen nordischer Nadelhölzer (Fichte, Kiefer), Espen, Pappeln und Birken. Der Dauerfrost, Permafrost, ist in dieser Zone nicht mehr so hartnäckig, dennoch sind im Februar 1947 bei Beaver Creek satte minus 63 °C gemessen worden, während im Sommer Temperaturen von über plus 30 °C durchaus vorkommen. Seen und Flüsse sind freilich nur für wenige Monate im Jahr das, was man gemeinhin von ihnen erwartet, nämlich befahrbar mit Schiffen, Booten, Flößen und Kanus. Das ist die Zeit der Moskitos. Im südlichen Teil Alaskas sorgt der Pazifik für ein milderes Meeresklima, sodass die Küstenhäfen ganzjährig eisfrei sind.

Die Topografie des Landes wird bestimmt von Ebenen und Hochebenen sowie einer Reihe imposanter Gebirgszüge. Das vergletscherte St.-Elias-Massiv mit dem höchsten Berg Kanadas, Mount Logan (5959 m), und dessen Fortsetzung auf amerikanischer Seite, die Gletscherwelt der Wrangell Mountains, bilden nicht nur eine natürliche Grenze zwischen dem Yukon und Alaska, sondern auch eine klimati-

Auf der Eisstraße nach Tuktoyaktuk

Von November bis April ist der Dempster-Highway 220 Kilometer länger als im Sommer. Dann liegt nämlich nicht mehr Inuvik am Ende der Straße, sondern »Tuk«. Temperaturen bis –40 Grad lassen auf den Flussarmen des Mackenzie und in der Beaufortsee Eis mit Dicken von zwei Metern und mehr entstehen. Stark genug, um auch schwere Lastwagen zu tragen. Zu Beginn des Winters räumen Planierraupen eine breite Fahrbahn quer durch die Dünen aus windverblasenem Schnee, welche die Hauptwindrichtung der Winterstürme markieren. Es fährt sich ganz gut auf dem Eis, Schlaglöcher gibt es keine. Anhalten sollte man aber tunlichst auf dem schmalen Streifen festgefahrenen Schnees am Rande, sonst kann es passieren, dass sich die Räder mit leisem Sirren auf dem Blankeis drehen, ohne sich auch nur einen Zentimeter von der Stelle zu bewegen. Auch die wenigen Kurven geht man besser ganz langsam und sachte an; ein Fliehkraft-Ausflug in den Schneewall am Straßenrand bringt reichlich Schaufel-Arbeit.

16 Alaska und Kanada

1 Die kreisrunden Hügel, *Pingo*, entstehen im Permafrost. Ihre dünne Vegetationsdecke verbirgt einen massiven Kern aus Eis. 2 Die Inuit von Tuktoyaktuk freuen sich auf den Winter, denn nur wenn der Mackenzie zugefroren ist, gibt es eine »Eisstraße« nach draußen. 3 Bootsbau hat eine lange Tradition bei den Inuit. Mit diesem *Umiak* jagten sie einst Robben und sogar Wale. 4 Die junge Inuit-Familie blickt noch hoffnungsvoll in die Zukunft.

sche. Sie verhindern das Eindringen feuchtwarmer pazifischer Luftmassen und bedingen so das subarktische kontinentale Klima des kanadischen Nordwestens. Alaska, der flächenmäßig größte Bundesstaat der USA, darf für sich die höchste Erhebung Nordamerikas reklamieren, nämlich Mount McKinley alias Denali mit seinen 6194 Metern Höhe. Im Schatten dieser Gebirge und unbeeindruckt von politischen Grenzen zieht der fünftlängste Fluss des Subkontinents, der Yukon River, seine 3185 Kilometer lange Bahn vom Tagish Lake im Süden des Yukon Territory zu Alaskas Norton Sound an der Beringsee.

Die Jäger und Sammler

Selber nennen sie sich *Inuit*, »Menschen«, aber bekannter sind sie unter dem Namen, der ihnen von ihren indianischen Nachbarn im Süden verpasst wurde, *Eskimo*, »Rohfleischesser«. Seit mindestens 1000 Jahren bewohnen sie die arktische Küste von Westalaska bis Ostgrönland. Anthropologen glauben, dass sie über die Beringstraße aus Sibirien gekommen waren. Als um 1800 die ersten Weißen eintrafen, lebten sie unter steinzeitlichen Bedingungen in weit verstreuten Familienverbänden. Trotz der geografischen Zersplitterung hatten sie sich eine relativ einheitliche Sprache und Kultur bewahrt. Sie betrieben eine auf der Jagd beruhende maritime Subsistenzwirtschaft. Wichtigste Nahrungsquellen waren Meeressäuger wie Robbe, Walross, Wal und Seelöwe, im Binnenland darüber hinaus Karibu, Moschusochse, Süßwasserfische und Vögel. Vitamine lieferten der gegorene Mageninhalt erlegter Karibus, Beeren und Waldfrüchte. Als Beförderungsmittel für Mensch und Material dienten Kajak (Einmannboot), Umiak (großes offenes Fellboot) und Hundeschlitten. Die Kleidung nähte man sich aus Häuten und Bären-, Robben- und Karibufellen. Man bewohnte Stein- und Holzhütten (Letztere hergestellt aus angeschwemmtem Treibholz) und während der Jagd Fellzelte. Mit Robben- und Walöl befeuerte Tranlampen spendeten Licht und Wärme. Zur Körperpflege begab man sich in eine Schwitzhütte.

Die Eskimo kannten weder den Stamm noch sonstige größere Einheiten als gesellschaftliche Organisationsform. Die kleineren Lager bestanden aus Familien, die durch das Band der Blutsverwandtschaft zusammengehalten wurden. Den Mittelpunkt einer Gemeinschaft bildete das Versammlungshaus, das Karigi. Hier trafen sich die Erwachsenen zur Beratung und zum Schwatz, und hier beschwor der Schamane die guten und die bösen Geister. Bei den Walfängern wurde das Karigi von den Bootsbesatzungen als Arbeits- und Schlafstätte benutzt, da jede Begegnung mit dem geheiligten Wal rituell sorgfältig vorbereitet sein wollte. Unser Wissen um überkommene religiöse Vorstellungen der Eskimo ist dürftig. Tiergeister spielten eine wesentliche Rolle. Diese mussten bei Laune gehalten werden, damit sie sich als Jagdtiere zeigten. Zu diesem Zweck gab es teilweise komplexe Tabuvorschriften (die komplexesten beim Walfang), deren Verletzung geradewegs ins Jagddesaster führte. In solchen Fällen (wie auch bei Krankheit) musste es der Schamane mit Gesang, Trommel und selbsthypnotischer Trance wieder richten. Sein direkter Draht zum Reich der Geister verlieh ihm die Macht eines Häuptlings.

In dem im Süden angrenzenden subarktischen Waldgürtel von der Hudson Bay bis nach Zentralalaska verlor sich ein rundes Dutzend Indianerstämme, die sprachlich die Gruppe der Nord-Athapasken bildeten. In der hier behandelten kanadisch-amerikanischen Grenzregion fanden sich die Kutchin, mehrere Gruppen der Nahanni (Kaska, Teslin, Tutchone, Tagish), die Tanana und Tanaina. Ihren Lebensunterhalt bestritten die Subarktiker überwiegend mit der Jagd auf das Karibu, den Waldbison, auf Hirsche, Elche sowie durch Fischfang. Ehe der Rahmenschneeschuh zu ihnen gekommen war, hatten sie ein Dasein am Rande der Existenz gefristet. Dieser tellerförmige Untersatz ermöglichte die Jagd nun auch bei tiefem Schnee. Beute, Gepäck und Kinder wurden im Winter mit dem *toboggan*, einem vorne hochgezogenen Brett, befördert. In der wärmeren Jahreszeit trat das Rindenkanu an dessen Stelle. In seiner XXL-Version fanden bis zu zwölf Personen Platz. Als Behausung dienten Stangenzelte mit Fell- oder Rindenbespannung, giebelförmige Holzhütten oder kuppelförmige Hütten aus Stangen und Ästen mit Fell-, Rinden- oder Mattenabdeckung. Die Kleidung bestand für Frauen und Männer aus einem langen Überrock, einer Hose und Mokassins, die mit Fransen, gefärbten Stachelschweinborsten oder Ornamenten verziert waren. Verarbeitet wurden Hirsch-, Elch- und Karibufelle. Wie die Eskimo lebten auch die Taigabewohner in weit voneinander entfernten kleinen Verbänden, die unter Führung eines bewährten Jägers den Wanderrouten des Wildes folgten. Wie in der Arktis war der Glaube an Tiergeister verbreitet.

Das Erscheinen des weißen Mannes bedeutete das Ende der archaischen Welten der Eskimo und Nord-Athapasken. Gleichwohl ließen sie sich ihren Kulturbesitz bis zum heutigen Tage nie ganz nehmen. Dessen Rettung ist ihnen möglicherweise leichter gefallen als anderen Urvölkern Nordamerikas, weil im Nordwesten Kanadas die Begehrlichkeiten der Eindringlinge nicht so frontal mit ihren Interessen kollidierten wie anderwärts und gleichsam in der Weite des Raumes verpufften. Ob das so bleibt, ist eine andere Frage.

Das Geschäft mit Fellen und Pelzen

Italienische Seefahrer, John Cabot 1497 und Giovanni da Verrazano 1524, erkundeten im Auftrag Englands bzw. Frankreichs die Nordostküste des amerikanischen Kontinents und begründeten deren Ansprüche auf Kanada. Für Frankreich befuhr Jacques Cartier 1535 den St.-Lorenz-Strom bis zu dem Indianerdorf Hochelaga (heute Montreal). Er war damit der erste Europäer der Neuzeit, der ins Innere des Landes vordrang. Für England tat dies Henry Hudson, der 1610 die nach ihm benannte Bay entdeckte. Aus diesen Anfängen entwickelte sich eine anhaltende, oft blutige Rivalität zwischen den beiden Mächten – nicht zuletzt dank lustvoller Unterstützung durch die

Nördlich des Polarkreises – es ist Jamboree Time
Im April beginnen nördlich des Polarkreises die langen sonnigen Frühlingstage. Im April ist Jamboree Time: Auf dem Eis des Mackenzie River ist Hochbetrieb. Schneemobile rasen in atemberaubender Geschwindigkeit um den eigens abgesteckten Kurs. Hundeschlittengespanne sausen um die Wette durch das Delta, und Schneeschuhläufer watscheln mit grotesken Bewegungen durch den tiefen Schnee. Am Ufer tragen die Eskimo-Ladys ihre eigenen Wettbewerbe aus: Beim Muskrat-Skinning kommt es darauf an, in vorgegebener Zeit möglichst vielen der im Delta erlegten Bisamratten das Fell abzuziehen und auf vorbereiteten Holzbrettern zum Trocknen aufzuspannen. Und beim Teekoch-Wettbewerb geht es darum, wer am schnellsten sein Feuerchen entzündet und darauf eine Kanne Tee zubereitet. Der Abend gehört dann den Trommlern und Tänzern in der Halle des Gemeindezentrums.

Huronen auf französischer Seite und die Irokesen auf der anderen. Gestritten wurde um kostbare Felle und Pelze, die in Europa und China fast so hoch gehandelt wurden wie Gold und Silber.
Die frühe Geschichte Kanadas ist die Geschichte des Pelzhandels, der gleichzeitig deren Entdeckungsgeschichte schrieb. Eine wegweisende Rolle für Frankreich spielte Samuel de Champlain, der 1605

1 Dem Moschusochsen können dank seines dichten Haarkleids selbst Temperaturen von minus 40° C nichts anhaben; er lebt in Herden von 20 bis 30 Tieren. 2 Schnelle Schneemobile, die »Skidoos«, sind heute das wichtigste Transportmittel für Mensch und Material in der Arktis. 3 Warme Pelzkleidung – wie hier der »Winter-Ausgeh-Parka« – war für Inuit und Indianer bis vor Kurzem überlebensnotwendig. 4 Bern Will Brown, Ex-Priester und Maler des Nordens, lebt in Colville Lake, einem Indianerdorf am Nordrand der borealen Zone. In seinen Bildern hält er die Landschaft des Nordens und des Lebens der Ureinwohner fest.

Von Tuktoyaktuk nach Watson Lake

Der Goldrausch – ein unglaubliches Spektakel am Klondike

Es passierte bei der Suche nach Eldorado an einem Nebenfluss des Yukon im Südwesten des Yukon Territory. Goldfunde hatte es zuvor schon gegeben, zwei schäbige Siedlungen entstanden, Fortymile und Circle City, in die sich die Glücksritter im Winter verkrochen. Ein Holzpflock, von G. W. Carmack am 17. August 1896 am Rand des Rabbit Creek in die Erde geschlagen, beendete die Tristesse. Carmack, ein mit einer Tagish-Squaw liierter Amerikaner, war mit zwei indianischen Kumpanen, Skookum Jim und Tagish Charley, hier zufällig auf Gold gestoßen. Nach Landessitte kritzelte er auf das Stück Holz seinen Anspruch auf die Schürfrechte für die nächsten 150 Meter flussaufwärts und – da ihm als Entdecker zwei *claims* zustanden – für die gleiche Strecke in die andere Richtung. Für Jim und Charley maß er je einen Claim links bzw. rechts seiner Domäne aus, ehe sich das Trio nach Fortymile begab, um sein Begehren polizeilich registrieren zu lassen. Die Nuggets, die Carmack & Co. aus dem Sand gekitzelt hatten, lösten zunächst einen lokalen Sturm auf den Rabbit Creek (bald umbenannt in Bonanza Creek) und dessen Zuflüsse aus. Alle Dämme brachen, als Mitte Juli 1897 zwei mit Klondike-Gold beladene Schiffe in Seattle bzw. San Francisco festmachten. Die Bruderschaft der chronisch Rastlosen, Zivilisationsmüden, Unzufriedenen und Unangepassten hatte fortan ein neues Ziel. Das hatten auch seriöse Geschäftsleute erkannt, die die Goldsucher versorgen wollten. Die *Stampeders* rückten aus verschiedenen Richtungen an. Die meisten aber ließen sich nach Skagway oder Dyea (Südostalaska) schippern und versuchten über den Chilkoot oder den White Pass die Quellwasser des Yukon zu erreichen. 3000 Tragtiere kamen auf dem Dead Horse Trail um. So blieb noch der 50 Kilometer lange Chilkoot

Trail. Ehe man zum Pass auf 1100 Metern Höhe gelangte, musste man sich die *Golden Stairs* hinaufquälen. Jenseits des Passes wurde man von der kanadischen North West Mounted Police erwartet, die Zoll kassierte und nur solche Personen durchwinkte, die »*the ton of goods*« vorzeigen konnten, d. h. einen Jahresbedarf an Lebensmitteln, Kleidung und Ausrüstung. Komplette Outfits, die den behördlichen Auflagen entsprachen, kosteten in Seattle und Skagway zwischen 300 und 500 Dollar. Drei Monate und 20 bis 40 Fußmärsche über den Trail

1 Lindeman Lake und Bennett Lake. 2 Beim Bau der White Pass & Yukon Railway von Skagway nach Whitehorse. 3 Die *Golden Stairs*, auf denen schwer bepackt mörderische 330 Höhenmeter zu überwinden waren. 4 Von vielen *Stampeders* blieb nicht einmal ein Grab – wie dieses auf einem Friedhof in Dyea (Alaska). 5 Goldrauschrelikte am Chilkoot Pass. 6 Nuggets, *Placer*-Gold, wie sie in Geröll und Sand von Wasserläufen gefunden wurden. 7 Ein *Sourdough* auf der Suche nach *Placer*-Gold. 8 Die Salondame »Klondike Kate« Rockwell zog den Sourdoughs die Nuggests aus der Tasche.

waren zur Beförderung der Menge erforderlich. Mindestens 30 000 Möchtegernmillionäre schafften es 1897 noch bis zum Bennett, Lindeman oder Tagish Lake, um dort zu überwintern und Boote und Flöße für die restlichen 900 Kilometer bis Dawson City zu bauen. Am 29. Mai 1898 setzte sich eine Flotte von 7124 Fahrzeugen in Bewegung. Gebeutelt von Stromschnellen und Myriaden von Moskitos bei 22 Stunden Tageslicht rund um die Uhr, kam man entnervt in Dawson an. Dort vernahm man dann die »frohe« Kunde, dass die goldträchtigen Wasserläufe längst unter den Oldtimern der Region aufgeteilt waren. Schätzungen gehen davon aus, dass von den 40 000 *Sourdoughs* am Klondike – die so genannt wurden, weil Sauerteig zum Brotbacken ein von Goldsuchern besonders gehüteter Schatz war – nur etwa 4000 tatsächlich fündig wurden; ein paar Hundert wurden reich, aber nur wenige konnten damit etwas anfangen. Ohnehin war ihnen nur das sogenannte *Placer*-Gold zugänglich, d. h. das in Sand und Geröll eingelagerte Oberflächengold, das ohne schweres Gerät abgeräumt und herausgewaschen werden konnte. Die eigentlichen Gewinner des grotesken Spiels saßen in Seattle, Skagway und Dawson City, wo es bis etwa 1906 gewaltig boomte.

Von Inuvik zum Asphalt des Klondike Highway

Rund 750 Kilometer Schotter sind es von Inuvik, der Stadt der nachtlosen Sommer und winterlichen Mittagsmonde, zum Asphalt des Klondike-Highway südlich von Dawson City. Als einzige öffentliche Straße Kanadas beginnt der Dempster nördlich des Polarkreises am Rand des Eismeers, führt durch die Subarktis nach Süden bis in die Zone der nördlichen Wälder. Ein extremes Klima mit bis zu plus 35 °C im Sommer und minus 45 °C im Winter, schwieriges Gelände und jeweils eine halbe Meile breite Schutzzone links und rechts der Straße haben die Landschaft bisher vor einer »Erschließung« bewahrt. Von den morastigen Fichtenwäldern des Mackenzie-River-Delta, vorbei an unzähligen Seen und Tümpeln führt die Straße nach Überquerung von Mackenzie und Peel River hinauf durch die erosionsgerundeten Richardson Mountains zur flach gewellten Taiga der Eagle Plains mit schütterem Bewuchs aus etwa drei Meter hohen Fichten, die auf dem Permafrostboden teilweise in abenteuerlich anmutender Schräglage stehen. Vor dem Abstieg zum Ogilvie River schweift der Blick weit über das Tal des Peel River hinüber zu den nördlichen Ogilvie Mountains. Auf die wildreiche Tundra der Blackstone Uplands folgen die Überquerung des North Fork Pass und der Abstieg ins dicht bewaldete Tal des North Klondike River, an dessen Ende Dawson City und die Klondike-Goldfelder warten.

von Heinrich IV. nach Übersee geschickt wurde. Champlain glaubte, dass es dauerhafter Siedlungen bedurfte, ehe an eine Ausweitung des Pelzhandels zu denken war. Er holte Bauern-*habitants* und Missionare ins Land und gründete befestigte Dörfer (u. a. Quebec 1608), in denen die Indianer ihre Pelzernte gegen importierte Waren eintauschen konnten. Auf diese Weise sollte französische Präsenz über den St.-Lorenz-Strom hinaus allmählich nach Westen ausgedehnt werden. Unter Ludwig XIV. wurde Neu-Frankreich 1663 königliche Kolonie und der Pelzhandel somit zum Staatsmonopol, d. h. die Krone verdiente fortan an jedem Fell, das einen kanadischen Handelsposten passierte. Andererseits tat das Königreich nichts zum Schutz seiner kolonialen Untertanen oder zur Verbesserung der dortigen Infrastruktur. Dafür mussten die Ansiedlungen selber sorgen. Die dazu nötigen Mittel beschafften sie sich illegal durch Schmuggel. Sie warteten nicht auf die Indianer, sondern schickten furchtlose Typen aus ihrer Mitte zu den Stämmen, um diesen vor Ort – an der Krone vorbei – die begehrten Objekte abzuhandeln. Ein kanadischer Westernheld wurde geboren, der *coureur de bois* (Waldläufer).

Unterdessen waren zwei in der Wildnis erprobte Frankokanadier, Pierre Esprit de Radisson und Medard Chouart des Groseilliers, auf verschlungenen Pfaden am englischen Hof gelandet. Unter dem Eindruck ihrer euphorischen Berichte gründete 1668 eine Gruppe von

Höflingen, angeführt vom Bayernherzog Prinz Rupert, einem Cousin König Karls II., die Company of Gentlemen Adventurers of England Trading into Hudson's Bay. Zwei Jahre später übertrug der König dieser Gesellschaft unter der Bezeichnung Hudson's Bay Company Handels- und Hoheitsrechte für alle Gebiete, deren Flüsse sich in die Hudson Bay entleerten. Dieses vage Konstrukt, dem man den Namen »Rupert's Land« gab, lud geradezu ein zur Expansion. Die Hudson's Bay Company (HBC) dehnte ihren Machtbereich in alle Richtungen aus, indem sie an strategisch günstigen Standorten entlang der Flüsse Forts, d. h. befestigte Handelsposten, errichtete, wo die Indianer Felle und Pelze loswerden konnten.

Nach der Niederlage im Siebenjährigen Krieg musste Frankreich seine nordamerikanischen Besitzungen im Frieden zu Paris (1763) an England abtreten. Dennoch durfte sich die HBC auch künftig nicht als Alleinherrscherin über das westliche Pelzimperium fühlen. Schottische Geschäftsleute in Montreal und Quebec traten in die Fußstapfen der Franzosen und gründeten 1783 die North West Company. Mithilfe von 2000 *coureurs de bois* und sogenannten *voyageurs*, d. h. Flussschiffern, die gelernt hatten, mit den Tücken ungebändigter Gewässer umzugehen, entfachten die Nor'westers einen gnadenlosen Konkurrenzkampf gegen die Londoner Gentlemen Adventurers. Für deren schlechte Manieren machte man vor allem eine Schar von *Metis* verantwortlich, d. h. Mischlingen, die aus Verbindungen von Händlern und Trappern mit indianischen Squaws hervorgegangen waren. Gleichwohl spielten diese eine bedeutende Rolle als Vermittler zwischen den Kulturen. Den Parlamentariern in London sah das Treiben an der Pelzfront allmählich nach Bürgerkrieg aus. Deshalb

wurden die Rivalen 1821 per Gesetz zu einem Kooperationsvertrag verdonnert. Die beiden Gesellschaften fusionierten schließlich unter dem Dach der HBC. Das Ende von Rupert's Land kam 1869, als das inzwischen souveräne Kanada (seit 1867) der HBC die Hoheitsrechte über die Immobilie abkaufte.

Eine Landkarte aus dem Jahr 1783 weist die Gebiete westlich des 100. Längengrades als »unerforscht« aus. Tatsächlich harrten diese noch weitgehend der Entdeckung durch Euroamerika. Dieses Geschäft besorgten in erster Linie Trapper und Pelzhändler. Bereits 1771 hatte der für die HBC arbeitende Samuel Hearne den Great Slave Lake entdeckt und war, dem Coppermine River folgend, als erster Weißer auf dem Landweg bis ans Nordpolarmeer vorgestoßen. 1778 hatte Captain James Cook die Nordwestküste bis zur Beringstraße befahren und auf seiner Karte einen Cook's River (Cook Inlet, Alaska) notiert. Der Nor'wester Alexander Mackenzie war überzeugt, dass es sich bei Cook's River um jenen Wasserlauf handelte, der vom Great Slave Lake in nordwestlicher Richtung abfloss und in die Western Sea (Pazifik)

1 Eine Elchkuh am Dempster Highway. Der Elch, *moose*, ist der mächtigste Vertreter der Gattung Hirsch; trotz seines mächtigen Körpers ist er überraschend schnell. 2 Farbkontraste an der Schotterpiste. Weite Strecken des Dempster Highway – der einzigen Fernstraße Kanadas, die über den Polarkreis führt – werden von Wollgräsern und Fireweeds gesäumt, die zur Blütezeit das Grau der Straße festlich einrahmen. 3 Schier endlos zieht sich der Dempster Highway durch die Blackstone Uplands. 4 Blick aus etwas über 300 Meter Höhe vom Sapper Hill auf Ogilvie River und Dempster Highway.

Von Tuktoyaktuk nach Watson Lake 23

münden würde. Den Beweis wollte er 1789 antreten. Der nach ihm benannte Fluss führte jedoch auch ihn nur ans Eismeer. Den Pazifik erreichte er vier Jahre später dann doch, und zwar via Peace, Parsnip und Bella Coola Rivers. Für diese erste Durchquerung Nordamerikas wurde er 1802 geadelt. Andere Waldläufer der North West Company setzten sein Werk fort. Simon Fraser entdeckte und erforschte den Fraser River; David Thompson, der es als Geograf zu hohem Ansehen brachte, vermaß und kartografierte bis ins Jahr 1811 den Thompson und Columbia sowie Prärien und Gebirge. In der Subarktis dauerte es allerdings bis in die 1840er-Jahre, bis man Mackenzies Flussentdeckung für weitere Vorstöße in die Wildnis nutzte: Robert Campbell (HBC) über den Upper Liard zum Pelly River und John Bell (ebenfalls HBC) zum Porcupine River.

Durch Busch-Alaska zum Top of the World Highway
In Dawson City pendelt die Fähre rund um die Uhr zwischen den Ufern des Yukon River. Vom Westufer führt der »Top of the World Highway« auf dem Rücken der Berge hoch über den dunkelgrünen Wäldern in Richtung Alaska. Nahe der Grenze steht die einsame Boundary Lodge, eines der ältesten Roadhouses von Alaska, umgeben von einem Busch-Alaska-typischen Stillleben aus Schrott und Gerümpel. In der Nähe des Winzlings-Orts Chicken, einst das Zentrum der Goldgewinnung in der Region Fortymile, rostet eine »Dredge«, ein goldwaschender Schwimmbagger, langsam vor sich hin. Eigentlich sollte Chicken ja wegen der reichlich vorhandenen schmackhaften Vögel »Ptarmigan« (Schneehuhn) getauft werden. Weil sich die goldwaschenden Gründerväter nicht über die korrekte Schreibweise des Wortes einigen konnten, tauften sie das Kaff ganz pragmatisch »Chicken« (Huhn). Knapp 90 Kilometer sind es von hier noch nach Tetlin Junction am Alaska Highway.

Alaska führte unterdessen ein von den großen europäischen Kolonialmächten England, Frankreich und Spanien kaum beachtetes Eigenleben. Entdeckt wurde es für Europa 1728 von dem dänischen Marineoffizier in russischen Diensten, Vitus Bering, der es 1741 für seinen Arbeitgeber in Besitz nahm. Auch die Zaren interessierten sich hauptsächlich für Pelze sowie für Walrosselfenbein. Die erste russische Kolonie entstand 1784 auf Kodiak Island. Als die Profite aus dem Pelzhandel schrumpften und die Verteidigung russischer Interessen gegen kriegerische Indianer (Tlingit), konkurrierende Händler (HBC) und eindringende Amerikaner immer teurer wurde, verkaufte Russland 1867 Alaska für 7,2 Millionen Dollar an die USA. Die amerikanische Öffentlichkeit reagierte auf das Geschäft, das der damalige Außenminister William H. Seward eingefädelt hatte, mit Spott und Hohn. Schlagworte wie »Seward's Folly«, Torheit, »Seward's Icebox«, »Seward's Polaria« und »Seward's Walrussia« machten die Runde. Im Nachhinein erwies sich der Kauf als ein weitsichtiger politischer Akt.

Der Aufbruch in die neue Zeit

Dieser begann hier erst in der zweiten Hälfte des 19. Jahrhunderts. Den Pelzhändlern wurde von einer neuen Spezies von Abenteurern die Schau gestohlen, den Schatzsuchern. Seit 1848 hatte der Aufschrei »Gold!«, wo immer er im Westen der USA oder Kanadas zu

Robert Service – der Barde des Yukon

Robert Service kam 1904 nach dem Ende des Goldrausches als Bankangestellter in den Yukon. Wie kein anderer verstand er es, die Geschichten, die ihm seine Kunden erzählten, zu Balladen voller Goldgräberlatein und Schilderungen der harten Winter und von Moskitos geschwängerten Sommer im »Busch« zu verarbeiten. Er schrieb über die Gefahren und Schönheit des Nordens, über die Sucht nach dem Gold und die Torheit jener, die ihr erlagen. Seine Gedichte in klarem, einprägsamen Stil enthalten solch plastische Beschreibungen wie »Yukon, wo die Berge namenlos sind und die Flüsse Gott weiß wohin fließen« oder »Winterkälte, welche die Luft wie Glas zerspringen ließ, wenn einer nur spuckte«. Zu seinen berühmtesten Balladen gehören »The Cremation of Sam McGee« und »The Shooting of Dan McGrew«. Viel zitiert wird der Schluss von »The Law of the Yukon«:

»This is the law of the Yukon, that only the Strong shall thrive;
That surely the Weak shall perish, and only the Fit survive.
Dissolute, damned and dispairful, crippled, and palsied and slain,
This is the Will of the Yukon, – Lo, how she makes it Plain.«

hören war, die Massen mobilisiert. Unter ihrem Ansturm entstanden über Nacht Wohncamps mit bis zu 20 000 Bewohnern – oft nur für ein paar kurze Augenblicke im großen Plan der Geschichte. Dazu mehr im zweiten Kapitel.

Der Nordwesten Kanadas hatte seinen Goldrausch zwischen 1897 und 1906, nachdem 1896 am Bonanza Creek, einem Zufluss des Klondike, Gold entdeckt worden war. Die Horden von Glücksrittern, sinnigerweise *Stampeders* genannt, die über das Land herfielen, veranlassten die kanadische Regierung 1898, das Yukongebiet von den Northwest Territories zu trennen und ihm den Status einer selbstständigen Verwaltungseinheit zu verleihen. Hauptstadt wurde – zeitweise mit 40 000 Einwohnern – Dawson City.

Der manuellen Goldgewinnung folgte die industrielle, die bis heute eine gewisse Rolle spielt. Wirtschaftlich bedeutsamer als Gold wurden Silber, Blei, Kupfer, Eisen, Zink, Asbest, Kohle und Uran. Fluktuationen auf den Weltmärkten führten zwar immer wieder zur Schließung von Minen, aber auch zu deren Reaktivierung. Der Zweite Weltkrieg brachte einen weiteren Schub in der Entwicklung der

1 Im Herbst ist die Strecke durch die Buschlandschaft des Yukon fast idyllisch. 2 Der »Top of the World Highway« führt auf dem Rücken der Berge von Dawson City (Yukon Territory) über Chicken (Alaska) nach Tetlin Junction; die sehr einsame, von Wäldern gesäumte Piste ist im Winter gesperrt. 3 Unterwegs im hohen Norden mit einem robusten und gut ausgerüsteten *Truck Camper*: Die Entfernungen zwischen menschlichen Ansiedlungen sind riesig. 4 *Gift Shops*, wie hier am Top of the World Highway, findet man in den hintersten Winkeln Nordamerikas. Im Angebot führen sie Jagdtrophäen, Kitsch und Pseudo-Antiquitäten.

Der Alaska Highway – eine viel befahrene Allwetterstraße

Gedankenspiele zur Verwirklichung einer Landverbindung zwischen den USA und ihrem nördlichsten Besitz, Alaska, hatte es seit dem Klondike-Goldrausch (1898) hin und wieder gegeben. Kanada hatte jedoch keine Neigung verspürt, sich darauf einzulassen, denn es hätte ein Stückchen seiner Souveränität preisgeben müssen. Erst die Bedrohung durch einen gemeinsamen Feind brachte die beiden Parteien an den Verhandlungstisch.

Beim Überfall auf Pearl Harbor am 7. Dezember 1941 hatte Japan, das die Kontrolle über den pazifischen Raum anstrebte, einen großen Teil der amerikanischen Pazifikflotte zerstört. In der Folge hatte es die Inseln Attu und Kiska am westlichen Rande der amerikanischen Aleuten besetzt. Ein Angriff auf Alaska, der auch Kanada nicht hätte gleichgültig sein können, schien nur eine Frage der Zeit. Also einigte man sich auf den Bau des Alcan Military Highway von Dawson Creek (British Columbia) nach Big Delta (Alaska) zur Sicherung des militärischen Nachschubs.

Am 9. März 1942 begannen 11 000 Pioniere der US Army von drei verschiedenen Punkten aus eine 2300 Kilometer lange Trasse durch morastigen Urwald und fünf Gebirgszüge zu treiben. 133 Brücken (noch aus Holz) und über 8000 Gullys mussten angelegt werden, ehe sich die Kolonnen am 24. September am Contact Creek bzw. einen Monat später am Beaver Creek trafen. Am 20. November folgte die offizielle Einweihung am Soldier's Summit. Die ersten Lkw-Konvois rollten Anfang 1943 über die acht Meter breite Schotterpiste, die in den nächsten Jahren von 16 000 amerikanischen und kanadischen Zivilisten zur Allwetterstraße ausgebaut, verbreitert und bis Fairbanks

(Alaska) verlängert wurde. 1947 wurde der Alaska Highway für den zivilen Verkehr freigegeben. Zuvor schon war der durch Kanada führende Teil in kanadischen Besitz übergegangen.

Die Fernstraße hat das Leben eines geografischen Großraumes revolutioniert. So mancher Eskimo und Indianer kam erstmals in Berührung mit westlicher Zivilisation, nicht immer zu seinem Wohle. Unermessliche Schätze an Rohstoffen wie Holz, Erze, Kohle, Öl und Erdgas konnten erschlossen und genutzt werden. Arbeitsplätze entstanden und mit ihnen neue Ansiedlungen. Nur in Dawson (Yukon Territory) mochte darob keine Freude aufkommen, denn es verlor seinen Hauptstadtstatus an Whitehorse. Am meisten freilich profitierte die Tourismusbranche, denn Tausende von Naturfreunden und Möchtegernabenteurern werden Jahr für Jahr angelockt von traumhaften Wald-, Fluss-, Seen-, Berg- und Gletscherlandschaften und einer einzigartigen Tierwelt. Während der Sommermonate, so heißt es, seien mehr Wohnmobile unterwegs als Trucks. Spätestens alle 50 Kilometer erwartet den Reisenden denn auch eine Tankstelle oder ein Truck-Stop. Autoaufkleber wie *I survived the ALCAN* scheinen unter diesen Umständen reichlich antiquiert. Heutzutage stellen allenfalls Bären, Elche und andere Wildtiere, die einem ins Auto laufen könnten, eine Gefahr dar.

1 Vor dem Hintergrund der Berge und an den Ufern des Cook Inlet liegt Anchorage, die größte Stadt Alaskas. 2 Die Trans-Alaska Pipeline transportiert seit 1977 Erdöl von der Prudhoe Bay zu dem fast 1300 km entfernten Hafen Valdez im Südosten des Staates. 3 Eine russisch-orthodoxe Kirche in Alaska. 4 Der Glenn Highway in Alaska mit Blick auf den Lion Head. 5 In den 1930er-Jahren war eine Fahrt nach Alaska noch ein echtes Abenteuer. 6 Der Alaska Highway wurde erst in den 1940er-Jahren gebaut.

Buschpiloten – die Taxifahrer des Nordens

Sie befördern Fracht und Passagiere an jeden gewünschten Ort und bilden das Bindeglied zwischen den isolierten Siedlungen und den wenigen größeren Airports der Region. Die moderne Buschfliegerei hat nichts mehr gemein mit den Pionieren der Anfangszeit, die mit ihren fliegenden Kisten auf dem Kies des Flussufers, dem Wasser eines Sees oder einem Schotterhügel in der Tundra landeten. Heute hat auch die kleinste Siedlung eine passable Landebahn für ein- und zweimotorige kleine Maschinen. Buschflugdienste sind in der Regel kleine Gesellschaften mit mehreren Flugzeugen, die mit Postkontrakten und »scheds«, von der Regierung subventioniertem Liniendienst, zwischen den größeren Dörfern, ihr Geld verdienen. Noch gibt es hier und da einige wenige unabhängige Einzelkämpfer, die mit dem eigenen Kleinflugzeug zu jeder Zeit, bei Nacht und Nebel, Regen und Schnee an jeden beliebigen Ort fliegen. Für die kleine Siedlung im Hinterland, die Fishing Lodge in der Tundra oder das Jagdcamp bedeutet das Brummen ihres Flugzeugmotors medizinische Hilfe, Lebensmittelnachschub oder willkommenen Besuch. Leider können sich diese selbst ausbeutenden Idealisten nicht immer gegen die technisch und finanziell besser gestellte Konkurrenz behaupten.

Region. Angesichts russischer und japanischer Invasionsgelüste hatten Militärs die strategische Bedeutung Alaskas und des kanadischen Nordwestens ausgemacht. Mit gewaltigem Aufwand baute man deshalb 1942 gemeinsam den Alaska Highway, der immerhin über eine Strecke von 1014 Kilometern durch den Yukon führt. Die Fernstraße wurde zum Lebensnerv des Territoriums, denn rund 80 Prozent der insgesamt 30 000 Yukonier leben heute in deren Einzugsbereich, davon allein 21 000 in Whitehorse, der größten Stadt weit und breit. 1953 löste sie denn auch Dawson als Hauptstadt ab.

Permafrost stellt Straßenbauer vor gewaltige Probleme. Dennoch entstanden weitere Verkehrswege – oft nur in Gestalt von Schotterpisten – zur Bergung der natürlichen Schätze des Landes. 1978 wurde die Haines Road zum Pazifik fertiggestellt, 1979 der Dempster Highway zum Eismeer. Ins Innere des Yukon führen der Klondike und der Robert Campbell Highway, die Canol und die Nahanni Road. Von diesen Straßen profitiert auch der Tourismus, der zu einem bedeutenden Wirtschaftszweig geworden ist und durch die Schaffung dreier gigantischer Nationalparks (Kluane, Ivvavik und Vuntut) und mehrerer Wild- und Fischreservate mit weiterem Wachstum rechnen darf. Eine dichte Population von Grizzlies, Braun- und Schwarzbären, Elchen, Karibus, Bergziegen, Kojoten, Wölfen, Füchsen, Bibern, Adlern und anderen Großvögeln lockt eine kontinuierlich steigende Zahl von Naturfreunden, Wanderern, Trekkern, Mountainbikern, Kanuten, Anglern, Jägern und Abenteurern in die Abgeschiedenheit dieser von

1 Der Schaufelraddampfer SS Keno, der heute dort als Museum dient, fuhr noch bis 1960 auf dem Yukon River zwischen St. Marys und Dawson.
2 Dawson City entstand auf einer Uferterrasse an der Einmündung des Klondike in den Yukon River. Von einst 40 000 Einwohnern zur Zeit des Goldrauschs ist die Stadt auf etwa 1500 geschrumpft; einige historische Bauten haben überlebt. 3 Goldrausch-Nostalgie lockt Touristen nach Dawson und in Diamond Tooth Gertie's Saloon, wo Blackjack und Roulette gespielt wird. 4 Noch heute werden Goldsucher im Einzugsgebiet des Yukon fündig.

der Werbung zum Mythos stilisierten »Last Frontier«. Angesichts einer Bevölkerungsdichte von einem Einwohner je 16 Quadratkilometer mag man von einem menschenleeren Raum sprechen. Die meisten Gemeinden schaffen es gerade mal auf 300 Bewohner. Für alle Ansiedlungen ist das Flugzeug das wichtigste Verkehrs- und Transportmittel. Ganzjährig werden sie von Buschfliegern bedient, denen eine Gras-, Schnee- oder Eispiste oder eine Wasserfläche für Start und Landung genügt.

Was passierte unterdessen in Alaska? Nach dem Erwerb durch die USA blieb es dort zunächst still. Washington erinnerte sich seines Besitzes erst 1884, nachdem ein gewisser Joseph Juneau und sein Kompagnon Richard Harris an dem Ort Gold entdeckt hatten, an dem Alaskas Hauptstadt entstehen würde. Im Interesse von Recht und Ordnung sah man sich genötigt, einen Regierungsbeauftragten, einen Richter und ein paar Verwaltungsleute dorthin zu entsenden. Und 13 Jahre später schwappte das Goldfieber vom Klondike nach Alaska über. Tausende machten sich auf den Weg. Reich wurden allerdings nur wenige, aber immerhin entschlossen sich so viele zum Verbleib, dass Alaska bereits 1912 der Status eines Territoriums zuerkannt wurde. Den größten Boom brachte freilich auch hier der Zweite Weltkrieg. Für den Verteidigungsfall wurden Straßen, Eisenbahnen, Militärbasen, Luftwaffen- und Marinestützpunkte, Wetterstationen, Häfen und Flughäfen, Versorgungszentren und Wohnstädte gebaut. 1959 wurde Alaska zum 49. Bundesstaat innerhalb der amerikanischen Konföderation. Nach der Entdeckung von Erdöl in der Prudhoe Bay im Nordpolarmeer 1968 und dem Bau der Trans-Alaska Pipeline über 1285 Kilometer zum eisfreien Hafen Valdez an der Südküste (Fertigstellung 1977) ist Alaska zu einem bedeutenden Öl- und Erdgaslieferanten avanciert. Die knapp 650 000 Einwohner, von denen allein 265 000 in Anchorage leben, verdienen ihr Geld in der Ölindustrie, Fischverarbeitung, im Tourismus, Bergbau und im Dienstleistungsgewerbe.

Für Eskimo und subarktische Indianer im Yukon und in Alaska hatten diese Entwicklungen gravierende Folgen. Pelzhändler und amerikanische Walfänger hatten Eisengeräte und Feuerwaffen zur Optimierung der Fang- und Abschusszahlen gebracht, aber auch Krankheiten wie Tuberkulose – mit verheerenden Wirkungen, da diese im Immunsystem der Eingeborenen nicht vorgesehen waren. Die traditionelle Subsistenzwirtschaft wurde so abgelöst von einer Mischwirtschaft, die vom weißen Mann und seinen Erzeugnissen (einschließlich Medikamenten) abhängig machte. Zahlreiche Güter des täglichen Gebrauchs strömten allmählich in die hintersten Winkel der Region: Holzbearbeitungsgeräte, eiserne Öfen, Außenbordmotoren, Motorschlitten etc. In Alaska begannen die USA 1892 mit der Einfuhr von Rentierherden, was manchen Tierjäger zum Tierhalter machte. Andere verdingten sich im kommerziellen Fischfang und in der Fischverarbeitung. Die Veränderungen durch den Weltkrieg schufen weitere Chancen zur Lohnarbeit. Heute leben die meisten der Ureinwohner in Fertighaussiedlungen innerhalb und außerhalb von Städten, kaufen im General Store ein, haben Zugang zu Schulen und Zugriff auf mobile oder stationäre Krankenversorgung und andere zivilisatorische Errungenschaften. Sie sind Baptisten, Methodisten, Anglikaner, Wesleyaner und Katholiken geworden, aber – sicher ist sicher – ein bisschen Glauben an die alten Geister muss schon noch sein dürfen. Politisch und wirtschaftlich werden ihre Interessen nach außen, zum Teil sehr erfolgreich, von demokratisch gewählten Organen wie der Dene Nation im Yukon oder der Alaska Native Brotherhood (gegründet 1912) vertreten. Ihre Kunsterzeugnisse werden vielerorts hoch geschätzt, professionell vermarktet und entsprechend honoriert.

Bären gucken – mit Umsicht und Verstand

Der Blick fällt auf einen dunklen Tierrücken wenige Meter neben der Fahrbahn. Dieser gehört nicht etwa einem grasenden Rind, sondern einem Bären auf der Suche nach Leckerbissen. Die Versuchung ist groß, zumal für Kinder, aus dem Auto zu springen. Für Wildhüter in den Nationalparks Kanadas und der USA sind Szenarien dieser Art ein Albtraum, denn Bären sind allemal Wildtiere und unberechenbar. Anleitungen zum Umgang mit der Tierwelt sind denn auch allerorten zu finden.

Bären weichen vor menschlichen Eindringlingen zurück, es sei denn, sie sind von dem Besuch überrascht worden und fühlen sich bedroht. Man sollte sein Kommen deshalb mit lauter Stimme ankündigen und ihnen Zeit zum Rückzug geben. Schlagen sie das Angebot aus, sollte man sich unaufgeregt entfernen. Menschliche Nahrungsmittel und Abfälle finden sie unwiderstehlich und sollten hermetisch unter Verschluss gehalten werden, auch im Wohnmobil oder im Kofferraum des Pkws. Mit dem richtigen Duft im feinen Näschen demoliert so ein Bär schon mal eine Wagentür oder eine Heckklappe. Wirklich gefährlich allerdings sind sogenannte Problembären. Sie müssen getötet werden. Parkranger pflegen warnend zu sagen: »A fed bear is a dead bear.«

1 In der ehemaligen Goldschürferstadt Atlin (British Columbia) wird heute wieder nach Gold gesucht. 2 Ein Waldsee im Yukon Territory: Sand und vulkanisches Material bilden einen reizvollen Kontrast zum dunklen Grün der Untiefen. 3 Eine Grizzlybärin mit ihren Jungen in der Tundra. 4 Der berühmte *Sign Post Forest* von Watson Lake (Yukon Territory) am Anfang des Alaska Highway. Über 40 000 Kennzeichen und Ortsschilder ließen Reisende hier zurück. 5 Die SS Klondike liegt heute in Whitehorse auf dem Trockenen und ist eine National Historic Site.

Von Tuktoyaktuk nach Watson Lake

Von den kanadischen Rocky Mountains zum Pazifik

Ein gewisser James Douglas schwärmte 1842 von Vancouver Island als einem »perfekten Garten Eden«. Eine bescheidenere Metapher täte es wohl auch, um dem Westen Kanadas gerecht zu werden, zumal wir über die topografischen Vorzüge des Paradieses nichts wissen. Traumland wäre vielleicht die passendere Beschreibung angesichts vom Nebel verhangener Regenwälder, geheimnisvoller Bergseen, tosender Wasserläufe und majestätischer hochalpiner Bergwelten. Sie alle umgibt in ihrer Schönheit ein Hauch des Unwirklichen.

Ort	Teilstrecke	Gesamtstrecke
Watson Lake via Cassiar Hwy*	0	2024
Stewart / Hyder	666	2690
K'san Village	287	2977
Prince George	569	3546
Vancouver	971	4517
	2493	4517

* Alternativroute zwischen Watson Lake und Prince George via Alaska Hwy 1883 km

Blick auf den Bear Glacier bei Stewart.

Powwows und Coups, Schutzgeister und Totenpfähle – im Land der Trapper

Man müsste Poet, Epiker und Dramatiker zugleich sein, wollte man der Vielfalt und Gegensätzlichkeit des Landes zwischen den kanadischen Rocky Mountains im Osten und dem Pazifischen Ozean gerecht werden. Einmaliges ist zu sehen und zu erleben.

Es sind die Erhabenheit der Bergwelten der Rockies und der Coast Mountains mit ihren schnee- und eisbedeckten Viertausendern; die Unendlichkeit der Wälder, Prärien und Felder; die Schönheit einsamer Seen und Bäche; die Faszination schroffer Schluchten, durch die sich Flüsse zwängen und in Abgründe stürzen; die Melancholie bergiger Halbwüsten; die atemberaubende Pracht majestätischer Baumriesen in den Regenwäldern der Küste; das Abenteuer der Begegnung mit einer für den Mitteleuropäer exotischen Tierwelt und schließlich der Charme einer multikulturellen Metropolregion wie Vancouver / Victoria. Politisch haben wir es mit dem westlichsten Teil Albertas und mit British Columbia zu tun. Die Grenze zwischen den beiden Provinzen folgt der kontinentalen Wasserscheide.

Die klimatischen Verhältnisse in diesem Großraum sind komplex. Die größten Unterschiede existieren zwischen Küste und dem Inneren des Landes, aber auch zwischen seinen nördlichen und südlichen Teilen. Feuchte Meeresluft vom Pazifik sorgt an der Küste für milde Winter (die Durchschnittstemperatur beträgt im Januar 0 °C) und kühle Sommer (durchschnittlich 15 °C im Juli). Mit über 200 frostfreien Tagen im Jahr liegt diese Region in Kanada an der Spitze. Arktische Strömungen bescheren dem Interior Plateau und den Rocky Mountains kalte Winter mit mittleren Januartemperaturen von minus 15 °C. Das nordöstliche Tiefland bringt es gar auf frostige minus 20 °C im Schnitt. Ein vom Pazifik her wehender Föhn, der Chinook, kann zu dramatischen Wärmeeinbrüchen führen. Andererseits ist in den Hochtälern der Nationalparks Banff und Jasper selbst im Monat Juli Schneefall nicht selten. Lediglich an 75 bis 100 Tagen im Jahr ver-

zeichnet das zentrale Plateau keinen Frost. Im Sommer sind auf der Ostseite der Rocky Mountains sowie im zentralen Süden (Täler des Fraser und des Thompson, Okanagan Valley) Temperaturen von plus 30 bis 35 °C die Regel. Die pazifischen Winde regnen sich an den Coast Mountains ab und bringen so dem Küstenstreifen Niederschlagsmengen vergleichbar mit jenen der tropischen Regenwälder im Amazonasbecken. Reichlich Regen und Schnee fallen auch an den Westhängen der Gebirge im Inland, während die Gebiete im Windschatten der Berge zum Teil unter extremer Trockenheit leiden und ökologisch Halbwüsten darstellen.

Büffeljäger, Lachsfischer, Waldjäger und Sammler

Nach Jahrhunderten der Vertreibung, Demütigung, Entmündigung und Dezimierung der Ureinwohner ist in den Köpfen der meisten Weißen ein Wesen aus der medialen Retorte geblieben, der Indianer. Allein ein Blick auf British Columbia könnte dieses Bild korrigieren, denn hier begegnen wir gleich vier verschiedenen indianischen Kulturen: den Büffeljägern der Großen Ebene, den *Plains Indians*, den Lachsfängern an der Küste, den *Northwest Coast Indians*, den Waldjägern, den *Athapascans* und den Jägern und Sammlern des Hochbeckens zwischen Cascades und Rocky Mountains, den *Plateau Indians*. Letztere beanspruchen das Columbia Plateau von Washington und

Ein Meisterwerk der Schnitzkunst – der Totempfahl

Entlang der Nordwestküste des amerikanischen Kontinents erstreckt sich ein geradezu »unindianisches« Indianerland. Völker, die nicht miteinander verwandt waren, entwickelten hier eine homogene Kultur, die auf der Nutzung des vielfältigen Angebots von Meer und Wald beruhte. Mit den Überschüssen daraus wurde Tauschhandel getrieben, der den Tlingit, Tsimshian, Haida, Bella Coola, Kwakiutl, Nootka, Coast Salish, Makah, Chinook und anderen so viel Wohlstand bescherte, dass eine unter den Indianern Nordamerikas einmalige Überflussgesellschaft entstand. Deren wichtigster Ritus war der *potlatch*, ein Geschenkverteilungsfest, das Ansehen, Status und Einfluss des Schenkenden in der Gemeinschaft mehren sollte.

So konnten die Künste gedeihen. Die Northwest Coast Indians brachten Meister der Schnitz-, Web-, Flecht- und Knüpfkunst hervor. Zum Inbegriff ihres Schaffens wurde der Totempfahl aus Zedernholz. Man kennt z. B. Bestattungspfähle (mit einem Hohlraum für die Asche eines Verstorbenen), Schandpfähle (zur Bloßstellung eines Bösewichts), vor allem aber Wappenpfähle, die von den genealogischen Legenden einer Sippe oder den heroischen Momenten in der Vita eines Häuptlings berichten. Erzählt wird mithilfe stilisierter Figuren, sogenannter *crests*, aus der jeweiligen Stammes- oder Familienmythologie.

Oregon als ihr »Homeland«. Sie werden uns daher erst im nächsten Kapitel beschäftigen. Den Athapasken galt unsere Aufmerksamkeit schon im vorigen Kapitel.

Das südliche Grenzgebiet von Alberta und British Columbia war Blackfoot Country. Die Blackfoot waren aus den östlichen Waldgebieten in die Große Ebene gezogen, um den Büffel (korrekt: Bison) zu jagen und wurden so zu Plains Indians. Eine kurze, aber intensive Blüte erlebte diese Kultur, nachdem das von spanischen Konquistadoren in die Neue Welt gebrachte Pferd in ihr Dasein getreten war. Die mit dem Pferd gewonnene Mobilität eröffnete neue Chancen bei der Jagd, machte Halbnomaden zu Nomaden und das Tipi zur Kulturikone einer Gesellschaft von Reitern, für die der Bison Nahrung sowie Rohstoff für Kleidung, Unterkunft, Wärme, Waffen, Werkzeug

1 Typische Plankenhäuser und Totempfähle der Northwest Coast Indians im Museumsdorf 'Ksan Village bei Hazelton (British Columbia). Die Häuser hier wurden von Familienklans aus bis zu 50 Personen bewohnt. 2 Ein Fjord bei Ebbe in der Nähe von Prince Rupert (British Columbia). Die Idylle ist trügerisch, die Gezeiten können hier gefährliche Strömungen erzeugen.
3 Nur noch selten findet man Totempfähle außerhalb von Museen und Museumsdörfern. Das weiche Zedernholz verrottet im feuchten Küstenklima ziemlich schnell. Die kunstvollen Schnitzwerke erzählen Geschichten von Menschen und Klans, von deren mythischen Anfängen bis in die Gegenwart. Gelesen werden sie von oben nach unten, sie sind aber für Fremde kaum zu entschlüsseln.

Von Watson Lake nach Vancouver

und Hausrat war. Die fast vollständige Ausrottung der Kolosse durch die Lederbranche, durch Eisenbahner und Farmer in der zweiten Hälfte des 19. Jahrhunderts bedeutete das Ende dieser Kultur. Neben der Jagd war der Krieg die wichtigste Beschäftigung der reitenden Völker. Dabei ging es um Rache, persönliche und kollektive Ehre oder die Erbeutung von Pferden. Als besonders Status fördernd galten *coups*, deren Zahl mithilfe der Federhaube sorgfältig registriert wurde. Um einen Coup zu landen, musste ein Feind berührt werden. Wer zu diesem Zweck in ein gegnerisches Kommando ritt, ohne Verwundung wieder herauskam und gar noch ein fremdes Pferd mitbrachte, erntete mehr Ruhm als der Kollege, der mit einem halben Dutzend Skalps am Halse heimkehrte. Als Behausung diente den Prärierittern das Tipi, ein konisches Familienzelt, das aus einem Stangengerüst und einer Bespannung aus Büffelhäuten bestand und jederzeit schnell auf- und abgebaut werden konnte. Auf dem Marsch wurde das Tipi, wie alle Habseligkeiten, auf Stangentragen, *travois*, von Pferden oder Hunden über den Boden geschleift. Ihre Kleidung nähten sie sich aus Fellen von Antilopen, Bergschafen und Hirschen; für schwere Wintermäntel verarbeitete man Bisonhäute. Die dekorativen Elemente bestanden aus Fransen und Applikationen aus bunten Glasperlen, gefärbten Stachelschweinborsten, Federn, Hermelin, Büffelwolle und Schellen. Solchen Putz trug man freilich nur zu feierlichen Anlässen.

Die Plains-Stämme bestanden aus Lokalgruppen, die von einem Häuptling angeführt wurden. Ihm zur Seite standen eine Ratsversammlung sowie Männer- und Geheimbünde. Letztere trugen den

Barkerville – Billy Barkers Stadt

Barkerville verdankt seine Existenz der Beharrlichkeit (einige Zeitgenossen nannten es Ignoranz) des Seemanns Billy Barker. Als er 1862 in den Cariboo-Bergen ankam, um sein Glück in den Goldfeldern zu suchen, waren alle Claims im Fundgebiet oberhalb des Williams Creek Canyon schon abgesteckt. Unbeeindruckt grub Billy trotz des Gespötts der »Oldtimers« einfach unterhalb des Canyon die Erde auf. Als sein Schacht schon 15 Meter tief war, ohne dass sich auch nur ein Nugget gezeigt hätte, wollte er eigentlich aufgeben, ließ sich aber von seinem Partner überreden, noch eine Weile zu bleiben. Einen Meter tiefer stieß er dann auf Gold im Wert von über fünf Millionen Dollar (nach heutiger Kaufkraft). Fast über Nacht entstand am Ort seines Fundes Barkerville, zu seiner Glanzzeit die größte Stadt nördlich von San Francisco und westlich von Chicago. Schon 1875 begann der Abstieg von der *boomtown* zur *ghost town*. 1959 wurden die zu verfallenden Gebäude zum National Historic Park erklärt. Heute bevölkern im Sommer »Bewohner« die über 100 restaurierten Gebäude und zeigen das Leben zur Zeit des Goldrausches.

Namen ihres jeweiligen Schutzgeistes (Bärenbund etc.) und traten vor allem bei der Krankenheilung in Erscheinung. Die Männerbünde erfüllten dagegen öffentliche Aufgaben. Als Sittenpolizei wachten sie über die Einhaltung von Tabus, so zum Beispiel bei der Büffeljagd; als Erzieher brachten sie dem Nachwuchs das Jagd- und Kriegshandwerk bei. Wie in anderen indianischen Kulturen beruhte ihre Religion auf dem Glauben an die Macht übernatürlicher Tiergeister, die, in Träumen oder Visionen erscheinend, den Menschen Kraft und Beistand im Alltag, bei der Jagd oder im Krieg verhießen. Deshalb stand die Visionssuche im Mittelpunkt religiösen Handelns. Man begab sich in visionsträchtige Situationen (Trance, Einsamkeit eines Berggipfels) und erlernte einen Ruf, mit dem der Geist bei Bedarf gleichsam »herbeigesungen« werden konnte. Neben den persönlichen Schutzgeistern gab es kollektive, denen in aufwendigen Zeremonien gehuldigt wurde. Kunsthandwerklich brachten die Blackfoot Erstaunliches hervor. Vielleicht deshalb, weil Kunst bei ihnen die gleichen Wurzeln hatte wie Religion. Design wurde verstanden als Eingebung des persönlichen Schutzgeistes, die via Traum oder Vision zum »Künstler« kommt und auf Federhauben, Bisonroben, Tipis, Schilden, Sattelzeug und so weiter in erzählende Bilder gefasst wurde.

Aus den Reiternomaden sind – auch in Kanada nicht freiwillig – längst sesshafte Farmer, Viehzüchter, Geschäftsleute etc. geworden, die in soliden Häusern inmitten ihrer Felder und Weiden oder in den Städten leben. Man ist Teil der westlichen Zivilisation geworden, hofft aber, seine ethnische Identität nicht völlig zu verlieren. Auf Englisch betet man zum Gott der Christen, auf Indianisch zum Großen Geist.

Die Alten versuchen, ihre Sprache an die Jugend weiterzugeben. Landauf, landab finden in den Sommermonaten *Powwows* statt, für die die Indianer weite Reisen auf sich nehmen. Auf diesen Festen – Besucher sind willkommen – leben alte Glaubensinhalte und traditionelles Brauchtum wieder auf.

Entlang der Küste vom südöstlichen Alaska bis ins nördliche Kalifornien erstreckte sich ein geradezu »unindianisches« indianisches Kulturareal. Hier richteten sich Völker ein, die – obwohl weder sprachlich noch sonst wie miteinander verwandt – eine überraschend homogene Kultur entwickelten: die Tlingit, Tsimshian, Haida, Bella Coola, Kwakiutl, Nootka, Coast Salish, Makah, Chinook und andere. In der einschlägigen Literatur firmieren sie als Northwest Coast Indians. Die Säulen ihrer Kultur waren Wasser und Holz. Schützende Archipele, seichte Gewässer und tiefe Einschnitte ins Festland schufen ideale

1 Gelebte Geschichte in Barkerville (British Columbia): Im Sommer wird in restaurierten Gebäuden die Zeit des Goldrausches wieder lebendig. 2 Der Salmon Glacier bei Stewart/Hyder, abseits des Cassiar-Stewart Highway (Route 37). Zum Gletscher führt ab Hyder ein 50 Kilometer langer Schotterweg. 3 Die imposante Kulisse der Seven Sisters am Skeena River bei Hazelton (British Columbia). Sie gehören zu den Coast Mountains, die hier auf 2500 Meter ansteigen. 4 Prince Rupert, Stadtteil Cowbay (British Columbia). Restaurants am Jacht- und Fischereihafen bieten fangfrische Köstlichkeiten des Meeres an.

Von Watson Lake nach Vancouver

Vorposten der Zivilisation – Forts im Indianerland

Unzählige Orte im kanadischen und amerikanischen Westen weisen sich als *Fort* aus. Fast immer gingen sie aus befestigten Handelsposten der Pelzmonopolisten hervor. Errichtet wurden sie an Flüssen und Seen, über die der Warentransport abgewickelt wurde. Als der Pelzhandel im Laufe des 19. Jahrhunderts an Bedeutung verlor, wurden viele dieser Einrichtungen in Kanada von der North West Mounted Police und in den Vereinigten Staaten von der US-Army übernommen und militärisch genutzt. Die strategische Bedeutung der einzelnen Forts für Handel und Militär ließ sich an ihren jeweiligen Abmessungen erkennen. Ansonsten entsprachen sie einem bestimmten Grundmuster. Sie wurden als Rechteck oder Quadrat auf einem ebenen Terrain angelegt, das freien Blick in alle Richtungen gewährte. Nach außen hin wurden sie durch eine Palisade geschützt. Zur ständigen Belegschaft der großen zivilen Forts zählten etwa 100 Personen – Händler, Handwerker, Jäger, Dolmetscher, an deren Spitze ein buchstäblich allmächtiger Statthalter der jeweiligen Gesellschaft stand. Zum lebenden Inventar gehörten Pferde, Maultiere, Milchkühe etc. Während das Leben bei den Militärs oft von Routine und Langeweile geprägt war, herrschte bei den Pelzhändlern stets ein munteres Treiben.

Voraussetzungen für die Bergung eines reichhaltigen Angebots an Fisch, Meeressäugern, Schaltieren und Vögeln; Meeresklima und Feuchtigkeit ließen einen Regenwald gedeihen, der Werkstoff, Rohstoff und Essbares (Wild, Beeren, Knollen, Eicheln, Wurzeln) lieferte. Hauptsächlich lebten die Nordwestküstenstämme vom Fischfang. Die Nootka und Makah betätigten sich darüber hinaus als Walfänger. Eine

Spezialität der Tsimshian war der *eulachon* oder *candle fish*, ein Verwandter des Stint, den sie im Mündungsgebiet des Nass River fingen und zu Öl verarbeiteten. Dieses war begehrt als Fischsoße und Würze. Die Wege, auf denen es ins Binnenland gelangte, hießen im Volksmund *grease trails*, Schmalzpfade. Bei den südlichen Stämmen war die Hirschjagd für die Ernährung bedeutsam. Fischen und Jagen war Männersache; sammeln durften Frauen und Kinder. In jedem Fall handelte es sich um hoch ritualisierte Vorgänge. Stress für die Lachsfänger gab es im Frühjahr und Herbst, wenn Millionen von Seelachsen die Flüsse hinaufzogen, um am Ort ihrer Geburt zu laichen und zu verenden. Mit dem Ernteüberschuss wurde Handel getrieben. Sie waren geschäftstüchtig. Der Tauschhandel brachte Wohlstand in solchem Maße, dass hier eine Überflussgesellschaft entstehen konnte – die einzige unter den Indianern Nordamerikas. Ihre Dorfgemeinschaften bestanden aus hierarchisch gegliederten Clans, deren Status durch Abstammung und Besitzverhältnisse definiert wurde. Zum Besitztum eines Häuptlings oder Clans zählten Ideelles und Materielles wie z. B. der Anspruch auf Durchführung eines bestimmten Rituals oder das Recht auf exklusive Nutzung eines Areals zum Fischfang oder zur Jagd. Solcher Besitz war erblich. Von herausragender Bedeutung war der Besitz bestimmter Insignien meist in Form stilisierter

Tiergestalten (Rabe, Adler, Bär, Wal oder das Fabelwesen Donnervogel). Diese verwiesen auf die mythische Herkunft des Eigentümers und auf wichtige Ereignisse in seiner Familiengeschichte, zum Beispiel Begegnungen mit Tiergeistern. Man muss sie als eine Art Hauswappen, *crest*, verstehen, das Würdezeichen und Statussymbol zugleich war.

Man bewohnte geräumige Giebelhäuser, gezimmert aus dem weichen Holz der Riesenzeder, das auch zur Herstellung von Kanus, Truhen, Schalen, Vorrats- und Bestattungskisten (Tote wurden in embryonaler Haltung in Kisten gelegt und in Astgabeln auf Bäumen beigesetzt) etc. verwendet wurde. Aus Zedernbast, oft kombiniert mit der Wolle von Bergziegen oder einer dafür gezüchteten Hunderasse, wurden Hüte, Kleidung, Decken, Taschen und wasserdichte Körbe gewoben, geflochten oder geknüpft. Holzschnitzer, Steinhauer (Haida), Weberinnen (Chilkat, ein Zweig der Tlingit), Maler, Hut- und Korbmacherinnen hinterließen faszinierende Proben ihres Könnens. Zum Inbegriff ihrer Kunst und Kultur ist der Totempfahl (*totem pole*)

Händler, Helden und die Hudson Bay

1668 gründeten Londoner Höflinge, angeführt vom Bayernherzog Prinz Rupert, die Company of Gentlemen Adventurers of England Trading into Hudson's Bay. 1670 übertrug König Charles II. dieser Gesellschaft unter der Bezeichnung Hudson's Bay Company (HBC) Handels- und Hoheitsrechte für alle Gebiete, deren Gewässer sich in die Hudson Bay entleerten. Diese Gebiete nannte man »Rupert's Land«. Die HBC expandierte, errichtete entlang der Flüsse Faktoreien und Forts. Die HBC war bis 1783 Alleinherrscherin über das westliche Pelzimperium. In jenem Jahr schlossen sich Geschäftsleute aus Montreal und Quebec zur North West Company zusammen, die der HCB einen oft schmutzigen Konkurrenzkampf lieferte. Deshalb wurden die Rivalen 1821 per Gesetz zur Fusion unter dem Dach der HBC gezwungen. Das Ende von Rupert's Land kam 1869 mit dem Verkauf des Gebietes an das seit 1867 unabhängige Kanada. Die HBC existierte weiter und entwickelte sich zu einem in vielen Sparten tätigen Handelsunternehmen.

Eine Landkarte von 1783 weist die Gebiete westlich des 100. Längengrades als »unerforscht« aus. Tatsächlich harrten diese noch der Entdeckung durch Euroamerika. Dieses Geschäft besorgten in erster Linie Trapper und Pelzhändler.

1 Lachse überwinden auf ihrem Weg flussaufwärts zu den Laichgründen springend meterhohe Hindernisse. Die Küstenindianer verstehen es geschickt, sie dabei mit Stange und Netz abzufangen. 2 Fort St. James war im 19. Jahrhundert einer der wichtigsten Handelsposten der Hudson's Bay Company westlich der Rocky Mountains. Für den Transport wurden die Felle zu Ballen gepresst. 3 Die Helmcken Falls im Wells Gray National Park in den Cariboos: So nah am Abgrund fühlt sich der Mensch klein und ausgeliefert.

Von Watson Lake nach Vancouver

Vancouver – die Perle am Pazifischen Ozean

Von den drei Großstädten West-Kanadas ist Vancouver mit Sicherheit die beeindruckendste. Lässig und jugendlich, mit unvergleichlicher Ausstrahlung und Lebensfreude vermittelt sie das heitere Westküsten-Lebensgefühl. Unvergleichlich sind Lage und Stadtbild: Auf einer Halbinsel zwischen Fluss und Fjord, vor der spektakulären Kulisse der Berge, schimmert eine Skyline aus Stahl und Glas. Vancouver demonstriert in vorbildlicher Weise das kanadische Ideal der »multikulturellen Gesellschaft«, in der das kulturelle Erbe der Einwanderer erhalten bleibt und jede Gruppe ihren spezifischen Beitrag zum Wohl der Nation leistet. So sind denn auch die vielen Ethnien wesentlich beteiligt am kosmopolitischen Flair und der Lebensqualität der Stadt.

Die Erkundung der Stadt beginnt man am besten in 160 Metern Höhe, nämlich auf dem *lookout* des Harbour Centre neben der eindrucksvollen Segel-Silhouette des Canada Place. Gastown, der älteste Teil der Stadt, beginnt am Harbour Centre. Links und rechts der gepflasterten Water Street mit Bäumen und antiken Straßenlaternen stehen liebevoll restaurierte Backsteingebäude in der charakteristischen Architektur, an der Ecke von Cambie und Water Street pfeift die vom städtischen Dampfnetz betriebene Steam Clock stündlich eine Melodie, die einen entfernt an die Glocken in der Westminster Abbey in London erinnert.

Ebenso sollte man den Stanley Park, das »grüne Herz« Vancouvers, nicht verpassen. Gleich zu Beginn des Stanley Park Drive, der den Park umrundet, funkelt die Skyline der City über dem Wasser des Coal Harbour. Vor der schimmernden Kulisse der Hochhäuser ragen neben den rundlich weichen Linien des Pan Pacific Centre die spitzen weißen »Segel« des Canada Place auf. Und auf dem Wasser herrscht reger Verkehr von Wasserflugzeugen, Fähren und Jachten.

Beliebter Anlaufpunkt für alle Besucher sind die originalen Totempfähle an der Engstelle der kleinen Halbinsel mit dem Leuchtturm von Brockton Point. Am Nordostufer bietet die Felskanzel des Prospect Point einen Ausblick auf Nord-Vancouver, auf die Berge und die Lions Gate Bridge. Nach dichtem Wald, in dem die letzten der mächtigen Urwaldfichten und riesige alte Zedern stehen, wird beim Ferguson Point wieder das Ufer erreicht. So ist für Radfahrer und Fußgänger die Seawall Promenade unmittelbar am Wasser des Burrard Inlet zur Umrundung des Stanley Parks zu empfehlen, wie auch das Vancouver Public Aquarium mitten im Park. Hinter einer Glaswand tummeln sich hier Beluga- und Schwertwale, und Seeottern spielen mit ihren Jungen im Becken.

1 Vancouver (British Columbia): die Lions Gate Bridge nach Nord-Vancouver. 2 Die imposante Skyline Vancouvers. 3 Die Steam Clock stößt alle Viertelstunde pfeifend Dampf aus. 4 Alt und Neu stehen in Downtown dicht an dicht: das Marine Building aus den frühen Jahren des 20. Jahrhunderts und sein modernes Pendant. 5 Café im Stadtviertel Gastown. 6 Vancouvers Chinatown, Einkaufsparadies für Fans chinesischer Spezialitäten.

Die lebendige, farbenfrohe Chinatown ist das Kultur- und Einkaufszentrum der chinesischen Bevölkerung. Entlang der quirligen Pender Street, zwischen Carrall Street und Gore Avenue, gibt es vom lebenden Karpfen über *bok choy* bis zur geräucherten Ente alles, was das Herz begehrt.
Sehenswert ist das Museum of Anthropology am Point Grey, das mit einer der schönsten Sammlungen aus dem Kulturkreis der Nordwestküstenindianer prunkt, so z. B. mit Totempfählen, Masken, Gebrauchs- und Kultobjekten. Die Rückfahrt sollte über die Strände der English Bay, die Skyline der Innenstadt vor Augen, nach Granville Island führen. Das Glanzstück hier ist der Granville Island Public Market, in dessen farbenfrohem Durcheinander sich Obst, fangfrischer Fisch, Krabben, Steaks und Räucherlachs auf den Tischen der Verkaufsstände türmen. Drinks und Dinner am Ufer des False Creek, mit Blick auf die in der Abendsonne funkelnde Skyline der Innenstadt, sind verlockende Aussichten zum Ausklang des Tages.

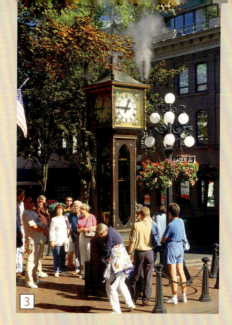

Von Watson Lake nach Vancouver

Die Straße zum Gold

Zur Versorgung der Goldgräber in den Cariboos wurde 1860 der Bau einer Straße durch den Fraser Canyon bis nach Soda Creek am Oberlauf des Fraser River in Angriff genommen. Der von den Royal Engineers aus der Wand des Fraser River Canyon herausgesprengte Teil der Straße galt als Weltwunder und war der ganze Stolz der jungen Kolonie British Columbia – die wegen der gigantischen Baukosten beinahe pleiteging.

Vom Bau der Straße stammen einige Ortsnamen auf dem Weg nach Norden. Die Orte 70 Mile oder 100 Mile entstanden aus *roadhouses*, Übernachtungsstationen für die Postkutschen-Reisenden, die man der Einfachheit halber nach ihrer Entfernung vom Ausgangspunkt nannte. So richtig ernst nehmen darf man diese Bezeichnungen allerdings nicht. Die Straßenbauer wurden damals nach gebauten Straßenmeilen bezahlt und waren entsprechend »großzügig« bei der Entfernungsmessung.

geworden, der integrierter Bestandteil der Vorderfront eines Hauses sein konnte oder vor dem Haus bis zu zehn Meter aus der Erde ragte. Es handelte sich um Wappenpfähle, auf denen mit *crests* die Ahnenlegende einer Sippe oder Geschichten aus der Vita eines Häuptlings erzählt wurden. Eindrucksvolle Beispiele finden sich in Museen und Museumsdörfern entlang der Nordwestküste.

Einmalig im Indianerland Nordamerikas war der *potlatch* der Küstenstämme. Man bezeichnet damit verschiedene Formen von Geschenkverteilungsfesten, die zum Beispiel anlässlich des Todes eines Würdenträgers, einer Heirat oder der Errichtung eines Totempfahles gefeiert wurden. Die aufwendigsten Potlatche wurden von Häuptlingen veranstaltet, wenn sie offiziell ihre neue Position antraten. Als Zeugen eines wichtigen Vorgangs erhielten die geladenen Gäste zum Dank Geschenke in Form von Essbarem, Gebrauchsgütern und – besonders hoch gehandelt – gehämmerten Kupferplatten, *coppers*, die mit jedem Wechsel des Besitzers in ihrem Wert stiegen. Der Gastgeber erwartete, dass sich die Beschenkten eines nicht allzu fernen Tages revanchieren würden. Aus diesem Ritual entwickelte sich eine »säkularisierte« Variante, in der es darum ging, andere an Aufwand zu übertrumpfen. Der Hausherr und sein Clan wollten demonstrieren, dass sie vermögender seien als die Konkurrenz. Zum Megahit wurde die Fete, wenn nicht nur Geschenke verteilt, sondern zentnerweise Lebensmittel vernichtet, haufenweise Geschirr zerdeppert und ein oder zwei Sklaven geschlachtet wurden. Solches Gehabe ruinierte ganze Sippschaften und veranlasste die kanadische Regierung 1884, den Potlatch zu verbieten. Seit 1951 darf man ihn offiziell wieder haben. Im Untergrund, namentlich bei den Kwakiutl, hatte er freilich nie aufgehört zu existieren. Einen eigenen Weg beschritten die Nordwestküstenindianer auch in Sachen Religion.

42 Kanada

1 Der Russel Fence, eine spezielle Holzzaunkonstruktion, am 108 Mile House an der Cariboo Wagon Road. 2 Auf dem Chilcotin Plateau gibt es noch Rinderfarmen mit echten Cowboys. 3 Jährliches Cowboyfest auf der Hat Creek Ranch bei Cache Creek. 4 Ein Grauhäher. 5 Ein winterweißes Schneehuhn, *Ptarmigan*. 6 In den Seen des Nordens tummeln sich kapitale Seeforellen. 7 Ein Objekt der Begierde aller Pelzjäger: der Biber.

Eingeschleppte Seuchen (Pocken, Cholera) hatten unter ihnen fast ungebremst gewütet. Als die Medizinmänner ihre Ohnmacht eingestehen mussten, ließen sich die Tlingit 1835 von russischen Ärzten impfen. Andere folgten ihrem Beispiel, was dem Schamanismus eine Vertrauenskrise bescherte. In das spirituelle Vakuum stieß der Küsten-Salish John Slocum, der 1881 in einen Trancezustand verfiel und bei seinem Erwachen behauptete, er sei im Himmel gewesen und habe dort den Auftrag erhalten, seinen Leuten die christliche Botschaft begreiflich zu machen. Er wurde zum Messias und gründete die Shaker-Kirche, die innerhalb von fünf Jahrzehnten die ganze Nordwestküste eroberte und eine Mischung aus christlichen und indianischen Elementen darstellte. Der Name Shaker erklärt sich aus den Ekstasen, die emotionalisierte Gottesdienste und Krankenheilungen bei Gläubigen auslösen können.

Die Schatzsucher – das Eldorado lockt

Im Laufe des Sommers 1848 überschlugen sich die Meldungen von märchenhaften Goldfunden am American River in Kalifornien. Ein Zeitzeuge weiß zu berichten, dass überall im Lande so lange von Gold gefaselt wurde, bis sich daraus ein Fieber entwickelte. Dieser pathologische Zustand erfasste den amerikanischen und kanadischen Westen während der nächsten 60 Jahre immer wieder. Als das kalifonische Oberflächengold nach ein paar Jahren abgeräumt war, zog die Karawane der Rastlosen zunächst nach Osten auf die andere Seite der Sierra Nevada, dann nach Colorado und schließlich in nördlicher Richtung bis nach Alaska – ständig ergänzt durch neue Opfer der Seuche. Als 1857 am Lower Fraser River Gold entdeckt wurde, fanden sich flugs Tausende der arbeitslosen Kalifornier ein, die den Fluss und sein Einzugsgebiet bis zum Oberlauf beackerten. Ergiebig erwiesen sich die westlichen Ausläufer der Cariboo Mountains. Barkerville entstand und wurde zur Versorgungsbasis der Region. Der Südosten British Columbias hatte seinen Goldrausch in den 1890er-Jahren, als Goldgräber aus Idaho und Montana beim heutigen Grand Forks fündig wurden. Das unglaublichste Spektakel bei der Suche nach Eldorado fand am Klondike statt, einem Nebenfluss des Yukon im Südwesten des Yukon Territory. (Dazu Näheres unter Goldrausch im 1. Kapitel, S. 20 f.)

Den damaligen Goldsuchern war ohnehin nur das sogenannte *Placer*-Gold zugänglich, nämlich das in Sand und Geröll eingelagerte Oberflächengold, das ohne schweres Gerät abgeräumt und herausgewaschen werden konnte. Im kanadischen Winter musste das Erdreich Schicht für Schicht mit Holzfeuern aufgetaut und abgetragen werden. Erst in der warmen Jahreszeit konnte das Haldenmaterial *pay dirt* ausgewaschen werden. Hinsichtlich der Verfahrensweisen und Institutionen kopierte man Kalifornien – mit einem gravierenden

Unterschied. Die amerikanischen Camps waren meist im rechtsfreien Raum entstanden. Polizeigewalt und Rechtsprechung wurden von *miners' meetings* ausgeübt, das heißt basisdemokratisch wurden per Abstimmung Strafen verhängt und Todesurteile gesprochen. Bei Bandenkriminalität formierten sich Selbstschutzgruppen, *vigilantes*, die Verdächtige kurzerhand am nächsten Baum aufknüpften. Am Klondike dagegen sorgten die mit militärischer und polizeilicher Macht ausgestatteten Mounties für Sicherheit und Ordnung. Eine Einheit war schon seit 1894 in Fortymile stationiert und hatte umgehend Miners' Meetings untersagt. Gangster wie Soapy Smith, der »Diktator von Skagway«, hätten in Dawson City kaum eine Chance gehabt.

Columbias Weg nach Kanada

Die Entdecker Juan Perez Hernandez (1774) und Captain James Cook (1778) begründeten spanische beziehungsweise britische Ansprüche auf Küste und Hinterland Nordwestamerikas. 1789 griffen die Spanier englische Schiffe im Nootka Sound an. Der Streit wurde drei Jahre später per Vertrag beigelegt, der für beide Mächte die gleichen Handelsrechte in der Region vorsah. Die Besitzfrage blieb ungeklärt. Die Kartierung der Küste durch George Vancouver 1792–1795 stärkte allerdings die Position Englands, aber außer den Pelzhändlern interessierte sich ohnehin niemand für das Land. Beherrschend war die Hudson's Bay Company (HBC), die Handelsposten bis tief ins heutige Washington und Oregon hinein unterhielt. Amerikanische Siedler, die in den 1830er-Jahren nach Oregon strömten, zeigten wenig Neigung, sich der Autorität der HBC zu beugen, obwohl deren Chief Factor, John McLoughlin, vielen von ihnen materiell und finanziell geholfen hatte. Die Irritationen beiderseits wurden mit der Festlegung der Grenze zwischen den USA und dem nördlichen Nachbarn am 49. Breitengrad 1846 ausgeräumt. Erst dann machte London Anstalten, seinen Besitz am Pazifik zu kolonisieren.

Den Anfang durfte die HBC auf Vancouver Island machen. Sie stellte auch den ersten Gouverneur der Kolonie, James Douglas. Hauptstadt wurde Victoria. Eine Kolonie auf dem Festland, British Columbia, entstand 1858 unter dem Eindruck der Wirren, die der Goldrausch am Fraser ausgelöst hatte. Auch hier wurde Douglas Chef. 1866 wurden die beiden Kolonien zusammengelegt und Victoria zur gemeinsamen Hauptstadt erklärt. Die 12 000 weißen Bürger votierten 1871 für den Anschluss an die Dominion of Canada – unter der Bedingung, dass der Bund für eine Bahnverbindung mit dem Osten sorgte. Die Canadian Pacific Railway (CPR) nahm 1885 den Betrieb auf und schuf die Voraussetzung für einen beschleunigten Zustrom von Menschen, vor allem in den Südwesten der Region. Heute hat British Columbia über vier Millionen Einwohner, von denen die Hälfte im Großraum Vancouver lebt. Innerhalb Kanadas gilt es wirtschaftlich als die bedeutendste Provinz des Westens und die Region Vancouver als die reichste des Landes. Die wichtigsten Wirtschaftszweige sind die Holz- und Papierindustrie, der Bergbau (Kohle, Eisen, Kupfer, Zink, Blei), die Fischerei und Fischverarbeitung, Energiewirtschaft (Strom aus Wasserkraft, Öl, Erdgas) und Landwirtschaft. Zur Wachstumsbranche hat sich der Tourismus entwickelt. Sechs Nationalparks, mehrere Provinzialparks und wahrhaft traumhafte Wintersportgebiete bieten alles für Erholungssuchende, Naturfreunde, Freizeitsportler und Indianerfreaks.

Kanadas legendäre Polizisten: die Mounties

Gelüste der Weißen auf indianisches Land schufen nicht nur in den USA ein Konfliktpotenzial. Das Ergebnis ist bekannt: Indianervölker wurden dezimiert, vertrieben oder zum Verzicht auf ihre Ansprüche gedrängt. Dennoch, den »Wilden Westen« amerikanischer Machart mit seinen Gewaltorgien gab es in Kanada nicht. Zu verdanken ist dies der North West Mounted Police (NWMP). Bis ins 20. Jahrhundert hinein fungierte sie als Polizei- und Militärmacht.

Ins Bewusstsein der Öffentlichkeit katapultierten sich die »Redcoats«, auch Mounties genannt, 1874 durch ihren 1100 Kilometer langen Marsch nach Westen, um Grenzverletzungen und den Schmuggel zu unterbinden. Schon wenige Jahre nach ihrer Gründung verfügten sie über ein ausgedehntes Netz von Stützpunkten. Wo Anarchie drohte – wie 1898 beim Klondike-Goldrausch –, waren die Mounties da und verdarben den Chaoten den Spaß. 1904 verlieh König Edward von England ihnen das Prädikat »Royal« (nunmehr also RNWMP) in Anerkennung militärischer Verdienste im Burenkrieg (1899). Mit der in den östlichen Provinzen Kanadas etablierten Dominion Police verband sich die RNWMP 1920 schließlich zur neuen Bundespolizei, der Royal Canadian Mounted Police (RCMP), die jetzt nur noch bei Paraden beritten ist.

1 Der Zug im Thompson River Canyon bahnt sich meilenweit seinen Weg durch das Gestein, immer an dem Fluss entlang, der diese Schlucht gegraben hat. 2 Der Sunwapta River wird vom Sunwapta Lake am Fuße des Athabasca Glacier gespeist, fließt durch den Jasper National Park und mündet kurz nach den Sunwapta-Wasserfällen in den Athabasca River (Alberta). 3 In British Columbia laden zahllose malerische Seen zum Verweilen ein. 4 Blick vom Whistler Mountain (670 m), gut 100 km nordöstlich von Vancouver, auf den Blackcomb Peak. Beide Berge haben dieser Region den Namen gegeben: Whistler-Blackcomb.

Von Watson Lake nach Vancouver

Durch die Bergwelten der Rockies und Coast Mountains

Zu den touristischen Höhepunkten dieser Region zählt eine Fahrt auf dem *Icefields Parkway* durch die Nationalparks Jasper und Banff. Kenner schwärmen von den schönsten 230 Gebirgskilometern Kanadas. Streiten mag man darüber nicht, denn wenn das Prädikat »grandios« je eine Bedeutung hatte, dann für den südlichen Abschnitt des Jasper und die sich anschließenden Teile des Banff. Es eröffnen sich atemberaubende Blicke auf gewaltige Gletscher, Felswände und Wasserfälle, aber auch auf einsame türkisklare, in ihrer kalten Schönheit unnahbar scheinende Bergseen. Der schönste ist vielleicht der Peyto Lake. Zugänglich sind diese Kostbarkeiten über markierte Aussichtspunkte entlang dem Parkway und über Fußpfade, die immer wieder zu kleinen Wanderungen einladen. Auf den Athabasca-Gletscher kann man gar – nicht ganz billig – mit einem dafür speziell konstruierten Monsterbus gelangen. Da man sich durch die Parks auf einer Höhe zwischen 1500 und 2100 Metern bewegt, kann es auch im Sommer passieren, dass sie sich über Nacht in ein Wintermärchenland verwandeln.

Weltberühmt ist der Lake Louise am südlichen Ende des Banff. Hunderttausende von Touristen werden jährlich vom spektakulären Panorama des Sees angelockt; andere von olympischen Skipisten. Nicht ganz so viele mögen von einem Luxusaufenthalt in dem eleganten, inzwischen aber in die Jahre gekommenen Hotel Fairmont Chateau träumen. Wie auch immer, der als Geheimtipp gehandelte Moraine Lake und fünf weitere Nationalparks (Kootenay, Yoho, Glacier, Mount Revelstoke und Waterton Lakes) befinden sich gleich um die Ecke. Auf keinen Fall versäumen sollte man das von der UNESCO ausgezeichnete Museum der Blackfoot-Indianer in der Nähe von Fort Macleod (Alberta) namens Head-Smashed-In Buffalo Jump, 170 Kilometer südlich von Calgary.

Die Blackfoot gehörten zu den Indianern der Großen Ebene, den *Plains Indians*, die vom Büffel lebten. Ehe um 1700 das Pferd zu ihnen kam und sie gleichsam »mobil« machte, wurden uralte Jagdmethoden wie Treibjagd und Kesseltreiben praktiziert. Bei der Treibjagd wurde eine Herde von einem als fliehendes Kalb getarnten »Läufer« in einen sich verengenden Korridor aus Steinhaufen, Strauchwerk und mit heulenden Wölfen (mit Wolfsfellen verkleidete Indianer) gelockt. Am Ende des Korridors gähnte ein Abgrund, an dessen Fuße Schlächter auf die herabstürzenden Kolosse warteten. Die Nachstellung einer solchen Hatz ist an historischer Stätte zu bewundern.

1 Das Prince of Wales Hotel im Waterton Lakes National Park, der im Süden in den amerikanischen Glacier National Park übergeht. 2 Ein Kleinod im Yoho National Park: der Emerald Lake. 3 Kenner der Region handeln ihn als Geheimtipp: den Moraine Lake am südlichen Ende des Banff National Park. 4 Spirit Island im Maligne Lake ist das Wahrzeichen des Jasper National Park. 5 Um 1900 war der Bison praktisch ausgerottet. Heute gibt es wieder kleinere Herden in Schutzgebieten Kanadas und der USA. 6 Eine in Nordamerika verbreitete Hirschart ist der Wapiti. Bei Angloamerikanern heißt er *elk*.

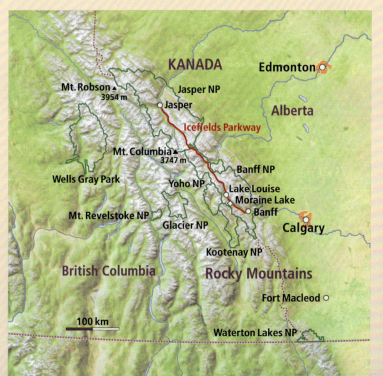

Die große Traumstraße an der Westküste der USA

Mitte des 19. Jahrhunderts waren Oregon und Kalifornien für Hunderttausende »das Land der Verheißung«. Der fruchtbare Boden, Bodenschätze und ein mildes Klima versprachen ein angenehmes Leben in Wohlstand. Heute werden die Menschen angelockt von den Schönheiten der Natur, die von schneebedeckten Vulkanen über Regenwald, traumhaften Flüssen und Seen, Sandstränden und grandiosen Küsten bis hin zur Wüste alles bieten.

Ort	Teilstrecke	Gesamtstrecke
Vancouver	0	4517
Seattle	234	4751
Cannon Beach	669	5420
Oregon Dunes	312	5732
Eureka	469	6228
San Francisco	690	6918
	2401	6918

Eine der Needles am Haystack Rock bei Cannon Beach, Oregon.

Großartige Landschaften und Städte voller Vitalität

Mitten im US-amerikanischen Westen jenseits der Rocky Mountains. Rückgrat des Landstrichs ist das bewaldete Kaskaden-Gebirge, das sich von British Columbia über Washington und Oregon bis in den Nordwesten Kaliforniens erstreckt und in der Sierra Nevada seine Fortsetzung nach Süden findet. Sein Markenzeichen ist der *Ring of Fire*, eine Kette imposanter, meist schneebedeckter Vulkane, die vom Mount Baker im Norden über Mount Rainier, Mount St. Helens, Mount Hood, Crater Lake, Mount Shasta (Kalifornien) bis zum Lassen Peak reicht. Zuletzt brachte sich 1980 Mt. St. Helens mit einem ungnädigen Ausbruch in Erinnerung. Zwischen den Kaskaden und den Rockies breitet sich in Washington und Oregon das Columbia-Plateau aus, ein regenarmes, bergiges Hochbecken mit endlosen Kiefernwäldern im Westen, während sich große Teile nach Osten als Halbwüste präsentieren. Unzählige Wasserläufe liefern jedoch genügend Nass zur Bewässerung, sodass viele Täler in wahre Paradiese verwandelt wurden.

Zwischen Kaskaden und Pazifik schieben sich in Oregon und Kalifornien die nicht ganz so hohen Coast Ranges, die zuweilen in eine fruchtbare Küstenebene auslaufen, mancherorts aber auch eine

spektakuläre Steilküste zum Meer bilden (Big Sur). Kaum eine Gegend des amerikanischen Westens ist dichter besiedelt und landwirtschaftlich intensiver genutzt als das Tiefland zwischen Kaskaden und Küstenbergen, das gegen Süden hin immer breiter wird. Ähnliche klimatische Verhältnisse wie an der Küste von British Columbia bedingen ähnliche Ökosysteme an den Küsten Washingtons, Oregons und Nordkaliforniens. Jahrhundertealte Baumriesen (Sequoias, Zedern, Douglasien), Regenwald und eine allerorten überquellende Vegetation versetzen den Betrachter in eine Märchenwelt.

Das Schicksal friedfertiger Indianervölker

Wie schon erwähnt, wurde auch dieser Küstenstreifen einst beherrscht von Indianervölkern, die zur Gruppe der Northwest Coast Indians gehören. Östlich der Kaskaden erstreckte sich das Reich der Plateau Indians. Sprachlich gehörten mindestens 20 Stämme entweder zur Familie der Binnen-Salish oder zu der der Sahaptin. Sieht man von den Modoc, Flathead und Nez Perce ab, sind uns ihre Namen

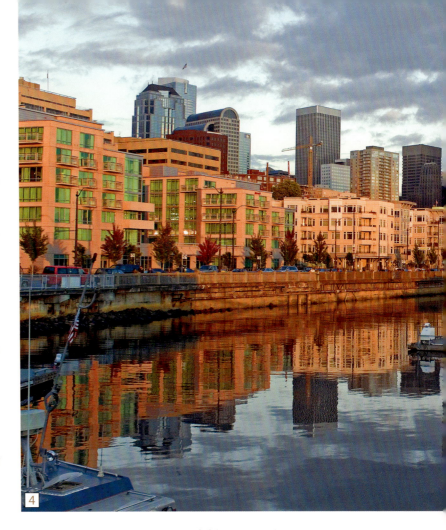

1 Stadthaus im Pioneer Square Historic District von Seattle (Washington), dem ältesten Teil der Stadt. 2 und 3 Ein Schlaraffenland für Genießer: der Pike Place Market über der Waterfront von Seattle. Dieser Bauern- und Fischmarkt existiert seit 1907 und ist damit der älteste in den USA. 4 Seattle mit 600 000 Einwohnern gilt heute als eine der lebenswertesten und wohlhabendsten Städte der USA, nicht zuletzt wegen seiner Lage und des Kultur- und Freizeitangebots. 5 Am Haystack Rock von Cannon Beach. 6 Ruby Beach, Olympic National Park (Washington). Aus den Bergen angeschwemmtes Treibholz bildet hier bizarre Skulpturengärten.

kaum vertraut, da Nespelem, Sanpoil, Shuswap und Konsorten nie den Sprung in den Western, ja nicht einmal in die Trivialliteratur schafften, u. a. weil sie friedliebend waren und so weder zum Schurken noch zum Helden taugten.
Bei ihnen gab es nur Gleiche unter Gleichen, trotz eines gehörigen Respekts für die Häuptlinge. Gesellschaftliche Hierarchien, die Idee von persönlichem Besitz und Reichtum sowie Sklavenhaltung kannte man nicht. Das entzog Eifersüchteleien und dem Streben nach Status den Boden. Familienzoff und Zwist innerhalb der Kommune wurden vom Häuptling geschlichtet. Man vermied Streit mit Nachbarstämmen und verzichtete auf Vergeltung bei feindlichen Übergriffen. Gemeinschaftlich beschaffte und verteilte man die Nahrung. Wenn der Frost vorbei war, gruben Frauen und Kinder nach Wurzeln und Knollen, *camas*, und sammelten Moose und Rinden, aus denen ein Brei zubereitet wurde. Später im Jahr suchten sie Beeren. Unterdessen fischten die Männer in Flüssen und Seen, jagten Vögel und Kaninchen. Wenn sich die ersten Lachse auf ihrem langen Zug die Flüsse hinauf zeigten, rief sie der Lachshäuptling in die Schwitzhütte zur

Auf dem West Coast Highway

Von den triefenden Regenwäldern bis zur sonnenverwöhnten Big Sur: Der West Coast Highway zählt zu den schönsten Straßen Nordamerikas mit ständig wechselnden Ausblicken und Perspektiven auf Küste, Wald und Klippen. Die Fahrt auf US 101 und California 1 bietet Abwechslung zuhauf: atemberaubende Steilküsten, einsame Leuchttürme, steilwandige Felsnadeln im Meer, traumhafte Strände, Wälder mit himmel-hohen Redwoodbäumen an der Avenue of the Giants und knubbelige Bäume, überwachsen von Moos und Bärlapp im immerfeuchten Regenwald der Olympic Mountains. Von der Olympic Peninsula bis ins sonnige, trockene Südkalifornien bleibt der kurvenreiche Parcours fast immer hart am Rande des Kontinents. Kontrapunkte zu den Highlights der Natur liefern Seattle und San Francisco.
Von Fort Ross, ehemals Russlands vorgeschobenem Außenposten, über viktorianische Villen der Edel-Sommerfrische Eureka bis Sausalito in Sichtweite von »everybodies favorite city«, von der Straße der Ölsardinen in Monterey über das Promireservat am 17-Mile-Drive bis zum Hearst Castle, dem Wohntraum eines Zeitungsmagnaten, »erfährt« man auf der California 1 einen Einblick in den *Californian Way of Life*.

Von Seattle nach San Francisco

rituellen Reinigung und zelebrierte ein Ritual zu Ehren des Fischgeistes. Wenn die kalte Jahreszeit nahte, begab man sich in höhere Regionen, um dem Bären, Wolf, Fuchs und der Antilope nachzustellen. Im Winter zog man sich in Dörfer zurück, die als organisatorische Einheit fungierten. Auch die Plateauindianer erhofften sich Beistand von Schutzgeistern. Dem Jugendlichen erschien sein Helfer in einer Vision im Verlauf endloser Nachtwachen. Einflüsse der Plains Indians, mit denen man Handel trieb, sind unverkennbar.

Ganz anders sah es im Indianerland Kalifornien aus. Unzählige Lokalgruppen hatten auf der Grundlage spezifischer ökologischer Gegebenheiten ein relativ einheitliches Kulturmuster entwickelt. Im Gegensatz dazu stand ihre starke sprachliche Zersplitterung. Allesamt waren sie Sammler von Wildfrüchten, die sie zu speichern verstanden. Die wichtigste Frucht war die Eichel. Sie hatten gelernt, ihr die Bitterstoffe zu entziehen, sie zu mahlen und daraus Brot, Suppe und Brei zu machen. Grassamen, Wildgemüse und Wildbret ergänzten das Nahrungsangebot. An der Küste kamen Fisch und Meeressäuger dazu. Aus Kleidung machte man sich nichts. Das Klima erlaubte es den Männern, meist nackt zu gehen. Die Frauen trugen ein Schürzchen. Jedes Dorf hatte einen Anführer, dessen Autorität sich aus seiner Funktion als Hüter sakraler Gegenstände ergab. Ihm zur Seite stand ein Schamane, der als Regenmacher und Ritualleiter auftrat. Zeugnisse dieser Kultur finden sich heute nur noch in Museen. Mit ihrer Demontage begannen spanische Franziskaner unter Pater Junipero Serra, die Ende des 18. Jahrhunderts 21 Missionen errichteten (die meisten davon noch zu besichtigen), die Indianer mit militärischer Unterstützung auf klösterlichem Land festsetzten, tauften, zu Handwerkern und Bauern ausbildeten und für sich arbeiten ließen. Das unabhängige Mexiko säkularisierte 1821 die Missionen. Deren Land nahmen sich die Großgrundbesitzer, was die Lage der Missionsindianer eher verschlechterte. Widerstand leisteten Gruppen im zentralen Norden, die als marodierende Viehdiebe die Rancheros piesackten. Das Aus für diese Kultur kam mit den Goldgräbern, die 1849 Kalifornien überfielen. Gruppen von »Indianerjägern« veranstalteten Massaker unter den Ureinwohnern und machten es sich zum Sport, sie zu jagen und wie Tiere abzuschießen.

Die Expansion verändert den Westen

Bei den anglokanadischen Pelzhändlern hieß das Land Anfang des 19. Jahrhunderts New Caledonia; bei den Amerikanern Oregon Country, wobei in deren Wahrnehmung Oregon bis an die Südspitze Russisch-Alaskas (54°40′ nördlicher Breite) reichte. Im Vertrag von 1846 gaben sich die USA schließlich mit dem 49. Breitengrad als nördliche Grenze zufrieden, weil man auf einen Krieg mit Mexiko hinarbeitete und sich nicht auch noch mit den Briten herumschlagen wollte. 1792 hatte der Yankee-»*sea peddler*« (Hausierer) Robert Gray, unterwegs in Sachen Pelze, die Mündung jenes Stromes gefunden, dem er den Namen seines Schiffes gab, »Columbia«. Gray entsandte einen Erkundungstrupp, der sich 50 Kilometer den Fluss hinaufquälte, und nahm die Region für die USA in Besitz. 13 Jahre später waren die Captains Meriwether Lewis und William Clark mit ihrem Expeditionskorps in die Gegend gekommen. Ihr Präsident, Thomas Jefferson, hatte sie beauftragt, über den Oberlauf des Missouri, die fast noch unentdeckten Rocky Mountains und den Columbia River zum Pazifik vorzustoßen, die gleiche Strecke in umgekehrter Richtung noch einmal zu

Das Häuschen im Nirgendwo – ein US Post Office

Seit einer kleinen Ewigkeit bewegt man sich unter Baumriesen, deren Kronen sich links und rechts über der Fahrbahn gleichsam zur Decke einer gotischen Kathedrale vereinen. Erhabene Gefühle beschleichen den Betrachter. Die Landung in der Wirklichkeit ist jäh und wird ausgelöst durch ein Blockhaus am Straßenrand, das sich mit einem wehenden Sternenbanner den Anschein von Bedeutsamkeit gibt. Das Häuschen im Nirgendwo ist ein US Post Office. Der Herr hinter der Glasscheibe verwickelt den Besucher sogleich in ein Gespräch. Es geht um Belanglosigkeiten, aber so entspannt humorig, als kenne man sich schon seit Jahren. Wie im Westen halt üblich. Der Fremde bittet um 75-Cent-Briefmarken – sehr zum Verdruss des Postlers. Dieser würde viel lieber 95-Cent-Marken verkaufen, obwohl er weiß, dass Postkarten nach Germany billiger sind. »Aber von den anderen hab ich doch so viele«, gibt er zu bedenken.

1 Regenwald im Olympic National Park: Nirgends in den Vereinigten Staaten fällt mehr Regen als hier; er lässt Farne, Pilze und Moose üppig gedeihen.
2 Hurricane Ridge im Olympic National Park (Washington), umwabert vom pazifischen Nebel. An klaren Tagen hat man von hier einen herrlichen Blick auf Gletscher und schneebedeckte Gipfel. 3, 5, 6, 7 Quinault Rain Forest im Olympic National Park. In diesem Teil des Parks wachsen mächtige Douglasien, Fichten, Zedern, Erlen und Ahorn. Manche erreichen eine Höhe von 90 Metern. 4 Im Olympic National Park, wo das Handy meist »No Signal« meldet, erfüllt die Telefonzelle noch ihren Zweck.

Von Seattle nach San Francisco

befahren und wissenschaftliche Daten zu dem von den Franzosen 1803 erworbenen Louisiana zu sammeln. In einem Behelfsquartier, Fort Clatsop, verbrachten die Männer den Winter 1805/06. Ihre Präsenz hatte deutlich gemacht, was die Amerikaner von Besitzansprüchen Englands oder gar Russlands hielten.

Ein verschrobener Typ, Hall Jackson Kelley, der sich von Gott ausersehen wähnte, eine Massenmigration nach Oregon anzuführen, machte dann Anfang der 1830er-Jahre mit einer Flut von Pamphleten so manchem Amerikaner Appetit auf das neue Paradies jenseits der Berge. 1832 siedelten sich die ersten drei, Überbleibsel einer Gruppe von 30 »Auswanderern« unter Nathaniel Wyeth, im fruchtbaren Willamette Valley an. Trapper hatten ihnen den Weg gezeigt, der als Oregon Trail in die Geschichte eingegangen ist. Die nächsten Initiativen gingen von Missionaren aus, deren erklärtes Ziel die Rettung indianischer Seelen war, die aber schnell einen patriotischen Hang zur imperialen Expansion entwickelten. Mit Unterstützung ihrer kirchlichen Geldgeber warben sie Siedler an – sehr zum Verdruss der Hudson's Bay Company und der Indianer in der Region. Die Methodisten Jason Lee (1834), Samuel Parker (1834) und der frisch verheiratete Marcus Whitman mit seiner Frau Narcissa (1836) kamen als Erste. Whitman wollte Oregon mit dem Planwagen erreichen, was er nicht ganz schaffte. Aber er überzeugte seine Landsleute, dass die Rocky Mountains für Wagenzüge kein unüberwindliches Hindernis darstellten. Die Katholiken traten 1841 in Gestalt von sechs Jesuiten unter Führung des im Nordwesten von allen Teufeln gefürchteten Belgiers Pierre Jean de Smet auf den Plan, und zwar mit solchem Erfolg selbst bei den als hartleibig geltenden Flathead, dass die andere Fakultät sich nur mit einer schmutzigen Diffamierungskampagne zu helfen wusste. Für die Jesuiten war Kolonisierung kein Thema; deshalb wohl die vielen Bekehrungen, was immer diese wert sein mochten. Die Whitmans bezahlten ihren Einsatz mit dem Leben. Nach dem Ausbruch einer von neuen Siedlern eingeschleppten Masernepidemie wurden sie von aufgebrachten Cayuse 1847 massakriert. Die frühen Zuwanderer profitierten von der Präsenz der HBC und deren oberster Repräsentanten, John McLoughlin und Peter Skene Ogden. Beide waren versierte Diplomaten im Umgang mit Indianern und schufen die Voraussetzungen für eine Koexistenz. Zudem war für beide nach Jahrzehnten an der Frontier Nachbarschaftshilfe eine Selbstverständlichkeit. Nach dem Rückzug Englands und der HBC aus dem Oregon Country wurden die Umgangsformen zwischen Siedlern und Ureinwohnern rustikaler.

Schon mit der Verkündung der Monroedoktrin 1823 waren latente imperialistische Regungen innerhalb der USA deutlich geworden. Ein Journalist gab ihnen 1845 einen Namen: *manifest destiny*. Dahinter verbarg sich die Vorstellung, dass der Herrgott auf amerikanischem Boden einen neuen Menschen geschaffen habe, der weiß, englischen und schottischen Blutes, protestantisch und demokratisch ist und dessen offenkundige Bestimmung es sei, den amerikanischen Kontinent zu beherrschen. Diese Botschaft wurde allenthalben als Legiti-

mation für die Eroberung des nichtamerikanischen Westens verstanden. Ein Expansionsfieber begann zu grassieren. Bis 1850 war die Zahl der Amerikaner in Oregon auf 44 000 gestiegen; bereits 1848 hatte es der Kongress zu einem Territorium gemacht. Der nördliche Teil wurde auf Betreiben seiner Bürger 1853 abgetrennt und unter der Bezeichnung Territory of Washington selbstständig. 1859 wurde Oregon Bundesstaat, Washington folgte 30 Jahre später.

Der Zustrom landhungriger Siedler sorgte unter den Indianern für Unruhe. Das Whitman-Massaker, das die Täter an den Galgen brachte, war ein deutliches Signal. 1855 informierte der territoriale Gouverneur Isaac I. Stevens nach Gutsherrenart die versammelten Indianerführer, dass sie sich auf Reservate zurückzuziehen hätten. Die meisten waren bereit, Gebiete gegen Häuser, Schulen, Vieh und Bargeld abzutreten – vorbehaltlich der Zustimmung des amerikanischen Kongresses. Stevens wartete die Antwort aus der Bundeshauptstadt gar nicht erst ab, sondern gab das Land zur sofortigen Besiedlung frei. Dies war der Auslöser für blutige Auseinandersetzungen in Oregon und Washington während der nächsten 25 Jahre. Der Landnahme widersetzten sich vor allem die Modoc, Yakima und Nez Perce.

Einen gänzlich anderen Verlauf nahm die Amerikanisierung Kaliforniens. Bei den spanischen Kolonialherren waren Amerikaner nicht erwünscht, bei den mexikanischen Kaliforniern nach der Revolution von 1821 dagegen schon. Sie brauchten die Güter, die amerikanische Kaufleute per Schiff ins Land brachten. Um 1830 agierten etwa 200 Yankees, sogenannte Bostons, in Los Angeles, Monterey und Umgebung, von denen einige mexikanisch geworden waren und in einflussreiche Familien geheiratet hatten. Angesichts von nur 3300 Ein-

heimischen, deren Oberschicht zudem zerstritten war, stellten sie eine Macht dar, die mehr oder minder unverhohlen auf ein amerikanisches Kalifornien hinarbeiten konnte. Als Antreiber taten sich der Kaufmann »Pferdegesicht« Abel Stearns, der amerikanische Konsul in Monterey Thomas O. Larkin und der Arzt John Marsh hervor. Stearns und Marsh waren Großgrundbesitzer geworden und hofften auf Siedler, die die Bodenpreise in die Höhe treiben würden. Gegen Mitte der 1840er-Jahre setzte prompt eine unspektakuläre, aber stetige Zuwanderung amerikanischer Farmer ein. Den Anfang hatte eine Gruppe von 34 Emigranten aus Missouri gemacht, die sogenannte Bidwell Party, die zunächst dem Oregon Trail folgte, im heutigen Idaho nach Südwesten ausscherte, es irgendwie schaffte, die Große Salzwüste (Utah) und die Sierra Nevada zu überwinden und die Ranch von

1 Redwoods im Nordwesten Kaliforniens. Die Giganten sind im Redwood National Park sowie im Humboldt Redwoods State Park zu bewundern. Ihre dicke Rinde schützt sie vor Feuer und Krankheit. Stirbt ein Baum aus Altersgründen, wachsen neue Triebe aus Stumpf und Stamm nach. 2 Zu den schönsten Abschnitten der Küste Oregons zählt Cannon Beach südlich des Städtchens Seaside. Einige der Felsen sind bei Ebbe beliebte Wanderziele. 3 Heceta Head Lighthouse nördlich von Florence (Oregon). Hierhin führt ein reizvoller Wanderweg. 4 Das Wrack der *Peter Iredale*. Das Schiff war 1906 unterwegs zum Columbia River, strandete jedoch wenige Kilometer vor der Flussmündung bei Warrenton an der Küste von Oregon.

San Francisco, das Paris des amerikanischen Westens

Im Jahr 1776 errichtete Spanien einen Militärstützpunkt am nördlichen Ende der Halbinsel von San Francisco. Im gleichen Jahr gründete der Franziskaner Junipero Serra nahebei seine Missionsstation San Francisco de Asis (Mission Dolores). Nach und nach entwickelte sich eine zivile Siedlung, die unter mexikanischer Herrschaft 1835 den Namen »Yerba Buena« (»gute Kräuter«) erhielt. Die Amerikaner machten 1847 daraus San Francisco und erhoben den Ort schon drei Jahre später zur Stadt. Mit dem 1849 einsetzenden Goldrausch hatte eine Bevölkerungsexplosion stattgefunden.

Der völligen Zerstörung 1906 durch ein Erdbeben folgte ein rasanter Wiederaufbau. Die Nähe zum St.-Andreas-Graben bedeutet indes eine ständige Bedrohung durch eine neuerliche Katastrophe. Dennoch leben im Großraum San Francisco rund sieben Millionen Menschen. Da die Stadt als tolerant und unkonventionell gilt, hat sie auf gesellschaftliche Randgruppen eine magnetische Wirkung. In den 1960er-Jahren kamen die Hippies, später die Schwulen und Lesben. Die Stadt sollte man sich erwandern, was nicht an einem Tag zu schaffen ist. Beginnen könnte man an der *Hallidie Plaza* am Visitors Information Center, U-Bahn-Station und einer Wendeplattform der Cable Cars, auf der die Wagen in Richtung *Fisherman's Wharf* oder *Nob Hill* gedreht werden. Der Platz liegt an der Market Street. In östlicher Richtung führt diese vorbei an einer Naturoase, den *Yerba Buena Gardens*, und dem als Herzstück von Downtown geltenden *Union Square*. Sie endet an der Südostecke des *Financial District* am *Embarcadero*, der Prachtstraße entlang der San Francisco Bay. Attraktionen sind das als Pyramide in den Himmel ragende *Transamerica Building*, das *Ferry Building* (einst Endstation des Fährverkehrs über die Bucht,

heute ein Gourmettempel) und der *Farmers' Market*, auf dem Obst- und Gemüsebauern ihre Erzeugnisse anbieten.

Westlich des *Financial District* liegt *Chinatown*. Man geht durch das malerische Tor Lion's Gate, hinter dem sich eine pulsierende exotische Welt auftut. Richtung Norden geht's durch einen der ältesten Stadtteile, North Beach, in dem sich der als Literatentreff bekannte Buchladen *City Lights* befindet, dann gelangt man zum *Telegraph Hill* mit dem 64 Meter hohen *Coit Tower*, von dem man einen herrlichen Blick

Vereinigte Staaten

1 und 2 San Francisco hat ein unverwechselbares Flair: tolerant und weltoffen, eine Plattform für Literaten, Künstler, Musiker, Intellektuelle. 3 Viktorianische Häuser am Alamo Square. Von hier hat man einen schönen Blick über die City. 4 Die sechsspurige Golden Gate Bridge über die San Francisco Bay am *Golden Gate*, einer Verengung der Bucht. Sie wurde 1937 eingeweiht.
5 Am Fisherman's Wharf herrscht stets touristische Betriebsamkeit. Köstliches aus dem Meer gibt es an jeder Ecke. 6 Ein Wahrzeichen der Stadt: die *Cable Cars*. Angesichts der vielen Hügel mit Steigungen von bis zu 20 Prozent sind die von einer unterirdischen Stahltrosse gezogenen Vehikel unverzichtbar.

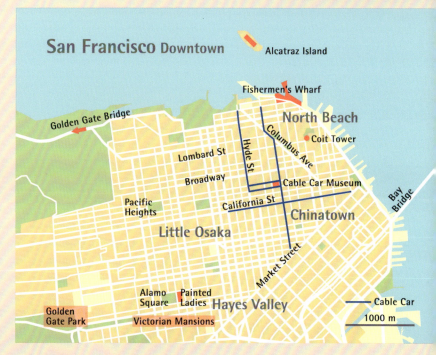

über die Bay hat. Von dort geht es hinunter zum ehemaligen Fischereihafen, *Fisherman's Wharf*, der mit Spezialitätenrestaurants und Straßenmusikanten lockt. Ausflugsschiffe fahren zur berüchtigten Gefängnisinsel *Alcatraz*. Parallel zur Hafenfront erstreckt sich *The Cannary* mit Hotels, Geschäften und Restaurants – in einiger Entfernung spannt sich die *Golden Gate Bridge* über die Bay.
Stadteinwärts Richtung *Russian Hill* kommt man in die berühmteste Straße, die *Lombard Street*, die sich in engen steilen Kurven nach *North Beach* hinunterwindet. Die feinen Leute der Stadt wohnten einmal auf dem Nob Hill. Ein absolutes Muss ist der Besuch vom *Cable Car Museum*, das einen Einblick in das technologische Innenleben der berühmten Straßenbahn gewährt.
Am südwestlichen Rande von Downtown ist die *Cathedral of Saint Mary's of the Assumption*, und im Mission District ein paar Straßenzüge weiter, die eindrucksvolle *Mission San Francisco de Asís* (Mission Dolores). Wir nähern uns wieder dem Ausgangspunkt an der *Market Street* via Civic Center (mit Rathaus) und der SOMA (= South of Market Street)-Museumsszene.

Von Seattle nach San Francisco

Fort Ross – Russen in Kalifornien

Alaska führte lange ein kaum beachtetes Eigenleben. Entdeckt wurde es für Europa 1728 von dem Dänen Vitus Bering, in russischen Diensten, der es 1741 für seinen Arbeitgeber in Besitz nahm. Die Zaren interessierten sich hauptsächlich für Pelze und Felle sowie für Walrosselfenbein. Die erste russische Kolonie entstand 1784 auf Kodiak Island. Sie diente als Basis für weitere Gründungen entlang der Küste – die südlichste, Fort Ross, vor den Toren des heutigen San Francisco.

Fort Ross wurde 1812 mit indianischer Hilfe gebaut. Von hier sollten vor allem landwirtschaftliche Erzeugnisse für die oft darbenden Siedlungen im Norden verschifft werden. Zeitweise tummelten sich im und um das Fort 60 Russen, 80 Kodiacs (Indianer von den Aleuten) und ebenso viele Indianer aus der Region. Mit schrumpfenden Profiten aus dem Pelzhandel schwand die Freude der Zaren an ihren nordamerikanischen Besitzungen. Fort Ross wurde 1842 geschlossen, Alaska 1867 an die USA verkauft.

Was heute von der schön gelegenen Anlage zu sehen ist, sind restaurierte oder rekonstruierte Bauten. Lediglich das Haus des letzten Kommandanten des Forts, Alexander Rotchev, hat die häufig wechselnden Hausherren und Naturkatastrophen halbwegs heil überstanden.

Marsh im San Joaquin Valley zu erreichen – allerdings ohne Ochsen (die in der Not verzehrt werden mussten) und Planwagen. Der Trapper Elisha Stephens geleitete 1844 den ersten Wagenzug über die Sierras via Truckee Pass (Kalifornien) und wurde so zum »Entdecker« des California Trail. Der Truckee wurde später umbenannt in Donner Pass zur Erinnerung an eine Tragödie des Jahres 1846, als hier die Donner Party fast vier Monate eingeschneit war, 45 von 89 Teilnehmern verhungerten oder erfroren, einige den Verstand verloren und andere nur überlebten, weil sie vom Fleisch der Leichen aßen.

Ganz ohne ein bisschen Krieg fiel Kalifornien allerdings nicht an die Amerikaner, wenngleich dieser etwas Operettenhaftes an sich hatte. Da gab es den Kommandeur eines amerikanischen Kriegsschiffes, dem 1842 an der Küste Perus zugetragen worden war, die USA befänden sich im Krieg mit Mexiko. In vorauseilendem Gehorsam segelte er nach Monterey, damals die Hauptstadt Kaliforniens, nahm es kampflos ein und hisste das Sternenbanner. Erst nach zwei Tagen kapierte er, dass er einem Gerücht aufgesessen war. Tatsächlich erklärte Amerika dann am 13. Mai 1846 den Mexikanern den Krieg (siehe Text S. 62 über J. C. Fremont). Zu Schießereien, die ein karrieresüchtiger Marineoffizier provoziert hatte, kam es im Raum Los Angeles. Die lustlosen Mexikaner ergaben sich am 13. Januar 1847 und überließen Kalifornien ziemlich emotionslos den Amerikanern. Wirklich in Besitz genommen wurde es freilich erst zwei Jahre später durch die einfallenden Horden von Goldsuchern, den sogenannten *Argonauts* oder auch *Fortyniners*.

Geografisch rückte Kalifornien durch diese Ereignisse kein bisschen näher an das Land, dessen 31. Bundesstaat es 1850 geworden war. Dazwischen lagen Ebenen, Gebirgsbarrieren, Wüsten und 3000 Kilometer, auf denen unberechenbare Indianer jederzeit für böse Überraschungen sorgen konnten. Priorität besaß deshalb die Einrichtung eines effizienten Postdienstes über Land. Eine von John Butterfield organisierte *Stage coach*-Linie begann 1858 mit der fahrplanmäßigen

Spanische Missionen in Kalifornien

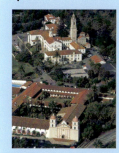

Die Anwesenheit russischer Pelzhändler in Kalifornien beunruhigte den Madrider Hof so, dass ein Siedlertreck 1769 von Baja California aus nach Norden beordert wurde. Der Franziskaner Junipero Serra gehörte auch dazu. Sie sollten Indianer zu Katholiken, Handwerkern, Bauern und Viehzüchtern machen. Ein Gesetz sah vor, dass bekehrte Indianer in einer Dorfgemeinschaft zu leben hätten. Also baute Serra mit indianischen Helfern Missionen, Dörfer mit einer Kirche und einer Wehrmauer aus Lehmziegeln, *adobe*, auf deren Innenseiten sich Wohnungen, Werkstätten und Stallungen aneinanderreihten. Lebenszentrum der Mission war der weitläufige rechteckige Innenhof. Serra & Co. bewegten einiges. Sie trafen auf nomadisierende Klans, die mehr schlecht als recht vom Sammeln lebten. Man bot ihnen Unterkunft, Mahlzeiten und Sicherheit. So ließ man sich zum »Mission Indian« umfunktionieren, auch wenn es die Freiheit kostete.

Zwischen 1769 und 1823 wurden entlang dem »Camino Real« von San Diego bis Sonoma 21 solcher Missionen errichtet, die 1833 säkularisiert wurden. Einige von ihnen sind in Teilen in ihrer ursprünglichen Form erhalten, wie Santa Barbara, Santa Ines (in Solvang), San Antonio de Padua (bei King City), San Carlos Borromeo de Carmelo (in Carmel), San Juan Bautista (bei Salinas) und San Francisco de Asis (in San Francisco). Sie sind in ihrer Ausgestaltung einmalig.

Beförderung von Post und Passagieren auf der sogenannten Oxbow-Route zwischen Tipton (Missouri) und San Francisco. Die Kutschen benötigten 24 Tage für die 4500 Kilometer lange Strecke. Auf dem Speditionssektor hielt ein 1854 gegründetes Netzwerk, Russell, Majors & Waddell mit Hauptsitz in Leavenworth (Kansas), über Jahre eine Monopolstellung. Mit Ochsen- und Mulizügen transportierte das Unternehmen Fracht für Militär und Goldgräber in die hintersten Winkel des Westens. Finanzielle Probleme, verursacht durch die miserable Zahlungsmoral der Armee, hoffte Russell mit einem postalischen Expressservice zwischen St. Joseph (Missouri) und Sacramento (Kalifornien), dem Pony-Express, zu kompensieren. Die galoppierenden Reiter, die die 3200 Kilometer in zehn Tagen bewältigten, waren von April 1860 bis Oktober 1861 im Einsatz. Ihre Leistung war phänome-

1 Point Cabrillo mit dem Cabrillo Lighthouse von 1909 liegt zwischen Fort Bragg und Mendocino (Nordkalifornien). Kein Punkt des amerikanischen Festlands ist näher bei Hawaii als dieser. Um 1900 benötigte die Holzindustrie eine bessere Orientierung für ihre Transportschiffe zwischen Point Arena und Cape Mendocino. 2 Die Unterkünfte der Leuchtturmwärter. 3 Das 1885 erbaute Carson Mansion in der Old Town von Eureka. Das Küstenstädtchen im Norden Kaliforniens ist bekannt für seine viktorianische Architektur.

Von Seattle nach San Francisco

Der Yosemite National Park und John Muir

Zwischen 1868 und 1914 war er unterwegs, um die unberührte Natur Amerikas zu erforschen – meistens zu Fuß, ohne Schlafsack, ohne Gewehr, ausgestattet lediglich mit einem Beutel trockenen Brotes und einer Packung Tee: John Muir. Der 1838 in Schottland geborene Chemiker, Geologe und Botaniker, der sein erstes Tagebuch mit dem Eintrag begann: »John Muir, Earth-Planet, Universe«, verstand sich offenbar als Anwalt der Schöpfung. Tatsächlich wurde er zu einem der ersten und einflussreichsten Naturschützer Amerikas. Ohne ihn wäre Yosemite nicht das, was es heute ist.

Kein von Menschenhand geschaffener Tempel halte den Vergleich aus mit Yosemite, glaubte Muir. Am liebsten hätte er hier Wurzeln geschlagen. Wer könnte es ihm verdenken? Er war fasziniert von den von Gletschern glatt geschliffenen Granitwänden des El Capitan, des Half Dome und der Liberty Cap; von tosenden Wasserfällen wie den Yosemite Falls, mit 739 Metern der höchste Wasserfall des Kontinents; von Bergwiesen und 3000 Jahre alten Riesensequoias; von 1500 Pflanzen- und 35 Baumarten, 90 Säugetier- und 150 Vogelarten. Was Muir gesehen hatte und in auflagenstarken Zeitschriften beschrieb, wollten sich andere nicht entgehen lassen. So entstand eine von Schriftstellern, Dichtern, Malern und Fotografen inszenierte Publicity, die Yosemite zum amerikanischen Mythos machte.

In den 3000 Quadratkilometer großen Nationalpark strömen jährlich rund 3,5 Millionen Besucher. Den meisten bleiben 90 Prozent des Parks mehr oder minder verborgen, weil es dorthin keine Straßen gibt oder, jahreszeitlich bedingt, Straßen gesperrt sind. So konzentrieren sich die Massen auf die Talsohle (knapp 20 qkm). Zur Hauptreisezeit der Amerikaner (Mitte Juni bis 1. September) führt das – zumal an Wochenenden – regelmäßig zum Verkehrsinfarkt. Yosemite ist also nicht nur ein Park der Superlative, sondern auch ein Park mit dem gigantischen Problem, den Besucherstrom zu managen.

Bei der Popularisierung der Nationalpark-Idee spielte Yosemite eine wegweisende Rolle. Das Thema generell hatte der bedeutende Indianermaler George Catlin bereits 1833 angesprochen. Er wollte einen

»nation's park«, in dem Indianer auf wilden Pferden Büffel und Hirsche jagten. Ob Yosemite der Status eines geschützten Raumes dieser Art zugebilligt werden würde, geriet zur Existenzfrage, als Goldsucher in das Tal eindrangen und von den dort lebenden Indianern, den Ahwahnee, zurückgeschlagen wurden. Letztere fanden gewichtige Fürsprecher: zuerst den Herausgeber der *New York Tribune*, Horace Greeley (1859), dann den Landschaftsarchitekten und Designer des Central Park in New York, Frederick Law Olmsted (1863). Sie machten sich für die Schaffung eines für alle offenen Parks stark, den Präsident

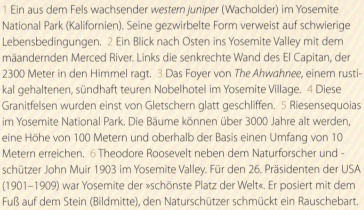

1 Ein aus dem Fels wachsender *western juniper* (Wacholder) im Yosemite National Park (Kalifornien). Seine gezwirbelte Form verweist auf schwierige Lebensbedingungen. 2 Ein Blick nach Osten ins Yosemite Valley mit dem mäandernden Merced River. Links die senkrechte Wand des El Capitan, der 2300 Meter in den Himmel ragt. 3 Das Foyer von *The Ahwahnee*, einem rustikal gehaltenen, sündhaft teuren Nobelhotel im Yosemite Village. 4 Diese Granitfelsen wurden einst von Gletschern glatt geschliffen. 5 Riesensequoias im Yosemite National Park. Die Bäume können über 3000 Jahre alt werden, eine Höhe von 100 Metern und oberhalb der Basis einen Umfang von 10 Metern erreichen. 6 Theodore Roosevelt neben dem Naturforscher und -schützer John Muir 1903 im Yosemite Valley. Für den 26. Präsidenten der USA (1901–1909) war Yosemite der »schönste Platz der Welt«. Er posiert mit dem Fuß auf dem Stein (Bildmitte), den Naturschützer schmückt ein Rauschebart.

Abraham Lincoln 1864 bewilligte und unter kalifornische Verwaltung stellte. Daraus wurde 1890 der zweite Nationalpark der USA. Zwei Jahre später konstituierte sich der Sierra Club, eine militante Vereinigung von Naturschützern, deren erster Präsident John Muir wurde. Der Club setzte sich für die Erhaltung und Erweiterung des Yosemite ein. Während einer dreitägigen Campingtour mit Roosevelt überzeugte Muir den damaligen US-Präsidenten von der Notwendigkeit dieser Maßnahme, aber auch davon, dass ein nationales Programm zum Schutze bestimmter Naturareale erforderlich sei. Entstanden ist aus dieser Initiative nach und nach eine schier unüberschaubare Zahl von Einrichtungen, die vom National Park Service betreut werden.

John Charles Fremont und die Eroberung Kaliforniens

Fremont (1813–1880), ein Südstaatler aus gutem, aber verarmtem Hause, war ein Ehrgeizling. Einer der mächtigsten Politiker seiner Zeit, Thomas Hart Benton, wurde zum Mentor und Schwiegervater des jungen Mannes, der es mit 25 bereits zum Leutnant im U.S. Topographical Corps, einer Eliteeinheit, gebracht hatte. Karrierefördernd war gewiss auch, dass der Boulevard ihn und seine zehn Jahre jüngere Frau zum Traumpaar kürte. Ganz Amerika war hingerissen von Jessie Bentons Schönheit.

Mit Unterstützung des Senators erhielt Fremont mehrere Berufungen in die Leitung von Expeditionen im Westen (teilweise mit Kit Carson), auf denen er sich als Kartograf auszeichnete. So z. B. war die Kartierung des Oregon Trail sein Werk. Sein Bericht darüber, geschrieben von Jessie, wurde zum Bestseller (1843). Während einer seiner Missionen erklärte Amerika am 13. Mai 1846 Mexiko den Krieg. Es dauerte Wochen, ehe man in Kalifornien davon erfuhr – zu lange für amerikanische Siedler, die sich um Fremont geschart hatten. Sie stürmten Sonoma und zwangen den mexikanischen Kommandanten zur Kapitulation. Sie zogen eine hausgemachte, mit einem Bären bemalte Fahne auf und riefen Kalifornien zur unabhängigen Republik aus, die als *Bear Flag Republic* in die Geschichte einging, aber nur von kurzer Dauer war. Bereits am 7. Juli besetzten amerikanische Marines Monterey und reklamierten Kalifornien für die USA.

Fremont landete vor einem Kriegsgericht, das ihn wegen Meuterei und Ungehorsam verurteilte. Trotz Begnadigung sah ihn die amerikanische Öffentlichkeit als Opfer militärischer Willkür und feierte ihn als Märtyrer. Dennoch verblasste sein Stern rasch. Er starb in Armut – ausgehalten von der schriftstellernden Jessie.

nal, ebenso die Pleite, mit der dieser Kraftakt endete, weil die Betriebskosten die Einnahmen bei Weitem überstiegen. Zum wichtigsten Bindeglied zwischen Ost und West wie auch zwischen Kalifornien und Oregon wurden Anfang der 1860er-Jahre Wells, Fargo & Company, die einen Teil des Butterfield-Konzerns erwarben und als Spediteure zum neuen Branchenprimus avancierten, allerdings auch nur auf Zeit, denn mit dem Fernschreiber (seit 1861) und der Eröffnung der ersten transkontinentalen Bahnlinie im Jahre 1869, der Union Pacific von Omaha (Nebraska) nach Sacramento, wurden viele ihrer Dienste obsolet. Für Oregon und Washington erfolgte die Anbindung an den Osten 1883 mit der Northern Pacific.

Der Nordwesten auf der Überholspur

Trotz Eisenbahn blieben die strukturellen Unterschiede zwischen Ost und West bis ins 20. Jahrhundert hinein beträchtlich. Von 17 amerikanischen Großstädten lag noch 1890 nur eine jenseits der Rocky Mountains, San Francisco, und die wurde 1906 durch Erdbeben und Feuer zerstört. Aber man war entschlossen, den Anschluss zu schaffen. San Francisco erlebte eine Renaissance, und Städte wie Seattle und Portland wuchsen mit atemberaubendem Tempo. Trotz Strukturwandels behielt das Hinterland seinen landwirtschaftlichen Charakter. Aus Getreideproduzenten wurden Obst- und Gemüseanbauer. Bewässerungssysteme und der Bahnversand mit Kühlwagen machten es möglich. Weinbau ist in Kalifornien schon seit langem, in

1 Der schönste und spektakulärste Abschnitt des kalifornischen Highway 1 liegt zwischen Carmel-by-the-Sea und San Simeon – Big Sur. 2 *Lone Cypress*, die berühmte einsame Zypresse auf Monterey, ist ein gefragtes Fotomotiv. 3 Die 90 Meter hohe Bixby Creek Bridge südlich von Carmel-by-the-Sea.
4 Über schroffe Steilwände zieht sich Big Sur die Küste entlang nach Süden.
5 Möwen finden hier stets Futter genug. 6 Abendstimmung am Big Sur.

Washington und Oregon seit einigen Jahren zu einem wichtigen Wirtschaftsfaktor geworden. Die einst dominierende Holzindustrie hat an Bedeutung verloren. Dennoch ist sie immer noch ein wesentlicher Bestandteil der regionalen Ökonomie, zumal man dank der Beharrlichkeit von Umweltschützern gelernt hat, mit der kostbaren Ressource Wald sorgsamer umzugehen. Fischfang und Fischverarbeitung spielen ebenfalls eine nicht unbeträchtliche Rolle. Um Seattle und Portland haben sich Ballungsräume entwickelt, in denen Fertigungsindustrien (Boeing, Microsoft, IBM), Dienstleistungen und Handel florieren. Städtebauliche und kulturelle Akzente, die von den beiden Metropolen gesetzt werden, zeugen vom Selbstbewusstsein ihrer Bürger. Heute leben etwa 1,6 Millionen Menschen im Großraum Seattle und über eine Million in Portland – mit steigender Tendenz. Kalifornien ist der bevölkerungsreichste Staat des Westens. Die Hälfte seiner 27 Millionen Einwohner lebt im Großraum Los Angeles, weitere fünf Millionen bevölkern die Bay Area mit San Francisco; die zweitgrößte Stadt ist San Diego (1 Mio. Einw.). Landwirtschaft, Südfrucht- und Gemüsebau herrschen im Inland des Staates vor. Fischerei, Fischverarbeitung, Werften, Bergbau und Dienstleistungen zählen zu den wichtigsten Erwerbszweigen, wenngleich die Filmindustrie (Hollywood) und Silicon Valley (als Synonym für Hightech-Industrien) im Bewusstsein der Öffentlichkeit möglicherweise präsenter sind.

Für Touristen, ganz gleich welcher Provenienz, war und ist der Nordwesten das Land der unbegrenzten Möglichkeiten. Das sehen auch die Einheimischen so und schwelgen in Superlativen: Bei ihnen steht der älteste lebende Baum, sie haben den längsten Badestrand mit dem weißesten Sand, und sie reklamieren für sich den kleinsten Seehafen, wobei meist unklar bleibt, ob sich solche Einschätzungen auf die Westküste, die USA oder die ganze Welt beziehen. Der Besitzer eines kleinen Lokals am Abzweig zu einem entlegenen Leuchtturm weist darauf hin, dass sein Etablissement die »letzte« Kaffeetankstelle »vor« Hawaii sei. Auf der Rückkehr vom Turm erfährt man dann, dass man in Kürze die »erste« Kaffeetankstelle »nach« Hawaii erreiche. Die Bürger eines Nestes mit dem programmatischen Namen Enterprise im Nordosten Oregons wähnen sich gar in höheren Gefilden, denn sie lassen ihre Besucher per Plakat wissen: »Für uns ist unser kleiner Ort wie der Himmel. Drum, bitte, fahrt hier nicht wie der Teufel.«

Steinbeck-Country in Salinas Valley

Leser der einstigen Kultbücher *Die Schelme von Tortilla Flat*, 1935, *Straße der Ölsardinen*, 1945, oder Kinofreaks, die die Verfilmungen von *Früchte des Zorns* und *Jenseits von Eden* mit der Ikone James Dean gesehen haben, wissen: Monterey, Salinas und das Salinas Valley – das ist Steinbeck-Country –, und sie werden nach Spuren der Ereignisse Ausschau halten.

Die Zeiten der verzweifelt ums Überleben kämpfenden Joads, die sich von ihrem versandenden Land in Oklahoma gewandt hatten, sind längst vorbei. Landarbeiter auf Jobsuche gibt es im Salinas Valley immer noch: Sie kommen aus Lateinamerika. Verschwunden sind die Fischkonservenfabriken, denen die *Cannery Row* in Monterey ihren Namen verdankt. Heute gibt es Restaurants, Ladengalerien und Souvenirshops. Und nach Lebenskünstlern wie in *Tortilla Flat* muss man andernorts suchen. Als Trost bleiben den Reliquiensammlern das 1998 eröffnete National Steinbeck Center sowie das Steinbeck House, das Geburtshaus des Schriftstellers in Salinas. Mit oder ohne Steinbeck, touristisch voller Reize sind das malerische Monterey und das nahe gelegene Carmel-by-the-Sea allemal.

Zwischen Pazifikküste und mexikanischer Grenze

So mancher, der in der Welt herumgekommen ist, schwört darauf, dass der Südwesten der USA zu den interessantesten und schönsten Gegenden der westlichen Hemisphäre zählt. Es gibt wohl nicht allzu viele Szenarien, in denen die Natur mit Farben und Formen so gewuchert hat wie hier. Die Nationalparks, die sich in Arizona, Utah und New Mexico aneinanderreihen, zeugen davon. Aber auch der Mensch hat eigenwillige, faszinierende Spuren gelegt, die indianischen, spanischen, mexikanischen und amerikanischen Ursprungs sind.

Ort	Teilstrecke	Gesamtstrecke
San Francisco	0	6918
Yosemite	549	7467
Death Valley	743	8210
Las Vegas	323	8533
Zion NP	334	8867
Bryce Canyon NP	213	9080
Arches NP	685	9765
Grand Canyon South	547	10312
Tucson	535	10847
El Paso	769	11616
	4698	**11616**

Golden Canyon im Death Valley National Park – Wüste, wohin man blickt.

Einzigartige Landschaften, indianisches Siedlungsgebiet, Glitzerstädte

Aus dem fruchtbaren kalifornischen San Joaquin Valley steigt im Osten die Sierra Nevada auf, die dem Prädikat »verschneit« alle Ehre macht und mit Mount Whitney (4500 m) die höchste Erhebung Kaliforniens vorzuweisen hat. Ein tiefer Einschnitt in ihre Westflanke mit dem höchsten Wasserfall Nordamerikas (750 m), mit gigantischen Granitwänden, alpinen Bergwiesen, Eichen- und Sequoiahainen ist 1890 zum Nationalpark erkoren worden – einem der schönsten im ganzen Land. Einer der Väter des Nationalpark-Gedankens in den USA, John Muir, fasste seine ehrfürchtige Bewunderung in den Satz, dass kein von Menschenhand geschaffener Tempel sich mit Yosemite messen könne. Ein paar Autostunden weiter südlich findet sich Amerikas größter Nationalpark außerhalb Alaskas, Death Valley. Geologisch handelt es sich um einen Graben, dessen tiefster Punkt fast 90 Meter unter dem Meeresspiegel liegt und damit in der westlichen Hemisphäre einmalig ist. Im Sommer erreichen die Temperaturen 50 °C, während im Winter schon einmal Schnee fallen kann. Die jährliche Niederschlagsmenge beläuft sich, wie es sich für eine Wüste gehört, auf 50 Millimeter. Hitze und Trockenheit bedeuten amerikanischen Rekord. Jenseits der Sierra breiten sich nach Osten hin das Great Basin Nevadas und das Colorado Plateau aus, das sich über den Süden Utahs, den Norden Arizonas und über New Mexico ausbreitet und vom Colorado River durchschnitten wird. Die Bezeichnungen Becken und Plateau suggerieren Flachland. In Wirklichkeit haben wir es in beiden Fällen mit einem Terrain unterschiedlicher Landschaftsformen zu tun, wobei das Plateau mit 1500 bis 2000 Metern über dem Meer insgesamt höher liegt. Beides sind sommerheiße Trockengebiete mit Niederschlagsmengen von durchschnittlich 200 Millimetern jährlich und kurzen, aber heftigen Kälteeinbrüchen im Winter. Bedingt durch Mikroklima und Topografie gibt es hier nahezu vegetationslose Wüstengebiete, baumlose Halbwüsten, kahle Felslandschaften, dicht mit Nadelhölzern bewaldete Bergregionen und – sehr charakteristisch – mit Gräsern bewachsene Tafelberge, *mesas*, auf denen Indianer seit vorgeschichtlicher Zeit Ackerbau betreiben. Mit dem

1 Zeugnis vergangenen Wohlstands: eine vor sich hinrostende Limousine in der ehemaligen Goldgräberstadt Bodie, die nördlich des Mono Lake an der Grenze Kaliforniens zu Nevada liegt. 2 In den 1870er-Jahren entwickelte sich Bodie zur Bergarbeiterstadt mit 10 000 Einwohnern und einem üblen Ruf. Als die letzte Mine in den 1950er-Jahren geschlossen wurde, hatte man den Ort aufgegeben, aber alles so belassen, wie es war. 3 Überall in Bodie liegt technisches Gerät herum, das – wie diese Zapfsäulen – leise vor sich hin rostet.

Colorado-Plateau hat sich die Natur einiges einfallen lassen, wie schon die Dichte der in dieser Region ausgewiesenen Nationalparks erahnen lässt. Wasserläufe haben sich bis zu 2000 Meter tief in die Erdkruste eingegraben (Grand Canyon) und monumentale, bizarre und verspielte Kunstwerke aus Stein und Sand geschaffen, die in roten, orangefarbenen und gelben Schattierungen in unendlicher Fülle und Vielfalt um die Wette leuchten. Nur wenige der Rinnen führen ganzjährig Wasser; die meisten, *arroyos* genannt, nur nach sommerlichen Unwettern. Sogar diese Sturzbäche lernten die indianischen Farmer für ihre Zwecke zu nutzen.

Das Leben der alten Farmer

Auf der Suche nach den sagenumwobenen sieben Städten aus Gold stieß der Spanier Francisco Vazquez Coronado 1540 am oberen Rio Grande auf sesshafte Indianer, deren Dörfer an mittelalterliche Fes-

Der Kampf um das Gold in Kalifornien

Auf der Domäne des in der Schweiz geborenen John A. Sutter entdeckte ein Handwerker, der den Bau einer Sägemühle am American River überwachte, in der Schleusenkammer des Mühlrades Nuggets. Sutter, der um sein Neu-Helvetien bangte, versuchte vergeblich, die Sache unter Verschluss zu halten. Ein Mormone, Sam Brannan, der von dem Fund Wind bekommen hatte, witterte ein Geschäft mit Schaufeln, Spitzhacken, Wannen, Mehl, Kaffee etc., die man an Goldgräber verhökern könnte. Besessen von seiner Idee, rannte er durch die Straßen von San Francisco, schwenkte ein Fläschchen und skandierte dazu: »Gold, Gold vom American River!« Die Masche funktionierte. Innerhalb von Tagen fand sich die männliche Bevölkerung ganzer Ortschaften am Fluss ein, um reich zu werden. Und Brannan war mit seinem Plunder schon da! Eine Regierungserklärung des Präsidenten James K. Polk zum Thema Gold in Kalifornien führte 1849 zur nationalen Hysterie. Allein in diesem Jahr wuchs die dortige Bevölkerung von 20 000 auf über 100 000 Einwohner an; 1852 waren es bereits 250 000.

Auf einer Strecke von 320 Kilometern entlang der westlichen Ausläufer der Sierra Nevada entstand ein Goldgräbercamp am anderen. Außer Amerikanern hielten sich in ihnen seit 1850 Mittel- und Westeuropäer, Chinesen, Australier, Lateinamerikaner und sogar Türken auf. Der Mix sorgte für ein raues Klima, geprägt von Kriminalität, Ausländerfeindlichkeit und Rassismus. Als Gewinner durften sich neben Brannan der aus dem fränkischen Buttenheim stammende Erfinder der Blue Jeans, Levi Strauss, und die Stadt San Francisco, das »Babylon am Pazifik«, fühlen, das in den 1850er-Jahren nach Einschätzung eines Kenners »the best bad things« im ganzen Lande (48 Bordelle, 537 Kaschemmen, 46 Spielhöllen) zu bieten hatte. Der eindeutige Verlierer in dem Spektakel war Sutter, der den Rest seines Lebens vergeblich versuchte, gerichtlich seinen von den Goldsuchern überrannten Besitz zurückzuerhalten. Er starb 1880 als armer Mann.

tungen erinnerten. Er sprach von *pueblos* (= spanisch Dorf). Diese Indianer lebten in fensterlosen Kastenhäusern aus Stein oder sonnengetrockneten Lehmziegeln, *adobe*, die zu langen Häuserzeilen oder gar zu mehrstöckigen Terrassenbauten zusammengefügt waren und im Idealfall ein in sich geschlossenes Viereck bildeten. Der Einstieg in ein Pueblohaus erfolgte durch eine Dachluke, die mit einer Leiter zu erreichen war; in den oberen Stockwerken durch eine fenstergroße Seitenöffnung. Auch ins Innere eines Dorfvierecks gelangte man nur über Leitern, die bei Bedrohung hochgezogen wurden. Das jahrhundertealte und immer noch bewohnte Taos (New Mexico) mit seinen bis zu fünf Stockwerken zeigt, wie es ging. Runde oder rechteckige kultische Bauten, *kivas*, d. h. nur teilweise aus der Erde ragende Zeremonialkammern, bestimmten den Dorfplatz. Das gemeinschaftliche Leben spielte sich weitgehend im Freien ab. Als Prototyp dieser Siedlungsform lassen sich die Klippendörfer, *cliff dwellings*, von Mesa Verde (Colorado) ausmachen, die aus unerfindlichen Gründen um 1300 n. Chr. von ihren Bewohnern, den Anasazi (»die Alten«), aufgegeben wurden. Die Anasazi bauten ihre Dörfer an steilen Talwänden in Höhlenmuscheln oder auf Felsterrassen. Von oben waren sie kaum zugänglich. In den aus der Ferne wie Bienenwaben wirkenden Siedlungen wohnten bis zu 900 Menschen, die vom Bodenbau lebten. Ihr bäuerliches Wissen hatten sie von altmexikanischen Agrariern.

Die heutigen Pueblos teilen sich in eine westliche und eine östliche Gruppe. Zur östlichen zählen Laguna, Acoma, Taos, Isleta und Jemez am oberen Rio Grande und am Jemez River (New Mexico), zur westlichen die Zuni südlich von Gallup (New Mexico) und die Hopi, die inmitten des riesigen Navajo-Reservates (Arizona) auf einem eigenen Stück Land leben. Trotz schwierigster Bedingungen betreiben sie einen intensiven Feldbau mit Mais, Bohne, Kürbis, Baumwolle, Tabak und, seit spanischer Zeit, mit Weizen, Hafer, Kartoffel und Obst. Als Experten im sogenannten *dry farming* haben sie genügsame Pflanzensorten gezüchtet, verschiedene Methoden der Bewässerung entwickelt und ein Pflanzverfahren, das geeignet ist, die Bodenfeuchtigkeit zu konservieren und optimal zu verwerten. Gleiches gilt für die Yumans (bestehend aus Yuma, Mohave u. a.) am Unterlauf des Colorado und Gila River und die Pimans (Pima, Papago) im südlichen Zentralarizona und mexikanischen Sonora. Sie gehören allerdings nicht zu den Pueblos.

Nicht so recht in dieses feldbäuerliche Bild wollen die Navajo, die größte Volksgruppe in der Region, und ihre Ableger, die Apache, passen. Sie sind Athapasken, deren Vorfahren vor 900 Jahren Kanada verließen und sich auf dem Colorado-Plateau als halbnomadische Jäger und Sammler einrichteten. Sie erwiesen sich als Meister der Anpassung. Durch das Beispiel der alten Farmer fanden sie zu einer produktiven Nutzung des Landes und wurden sesshaft, wenn auch auf andere Weise als die Pueblos. Voneinander unabhängige Lokalgruppen wurden Bauern; die meisten Navajo verlegten sich jedoch auf Haltung und Züchtung von Haustieren, die die Spanier mitgebracht hatten: Schafe, Ziegen, Rinder und Pferde. Das Dorf war für sie nicht die richtige Bleibe. Sie ließen sich inmitten ihrer weidenden Herden in über die Trockensteppe verstreuten Behausungen, sogenannte *hogans*, nieder, eine achteckige, blockhausähnliche Konstruktion mit Kuppeldach, wie sie bei den Navajo noch anzutreffen ist.

Wer in unseren Tagen nach ursprünglichem indianischem Leben sucht, wird es am ehesten bei den Pueblos, besonders bei den Hopi finden. Letztere sehen Fremde allerdings am liebsten nur aus der Ferne. Ihr Land war für weiße Siedler ohne Reiz, sodass sie durch den angloamerikanischen Kontakt nicht in ihrer Existenz gefährdet waren. Sie blieben verschont von schweren kulturellen Verlusten, sodass ihre archaischen Institutionen, die sozialen und religiösen Strukturen und ihr Wertesystem erhalten blieben, wenn auch mit Modifikationen.

Die Pueblos waren und sind anders als die meisten anderen Indianer. Man kämpfte, weil man sich gegen Angreifer verteidigen musste, aber nicht aus Prestigegründen. Doch konnten auch die Pueblos nicht in Frieden leben, wenn es den bösen Nachbarn nicht gefiel. Die spanischen Kolonialherren beispielsweise trachteten zwar nicht nach ihrem Land, aber sie erhoben Steuern in Form von Abgaben. Die ausgebeuteten Bauern schafften 1680 – ganz unindianisch – eine Allianz und vertrieben die Spanier für eine Weile. Unangemeldet kamen immer wieder die Navajo, Apache und aus der östlichen Ebene die Kiowa und Comanche. Vor allem Letztere gerieten zu einer Landplage, nachdem sie in den Besitz des Pferdes gelangt waren. Raubüberfälle waren für sie Krieg und damit Geschäft. Sie holten sich von den Pueblos, was sie selbst nicht hatten: Agrarerzeugnisse.

Die Navajo gelten als geschickte Verwerter von Errungenschaften anderer Kulturen. Den Spaniern schauten sie über die Schultern und wurden herausragende Silberschmiede und Weber. Original Navajo-Schmuck und Navajo-Rugs (Wollteppiche und -decken) sind kaum noch erschwinglich. Bei den Pueblos bedienten sie sich im familiären und sakralen Bereich. Sie kopierten deren matrilineares Klansystem; der junge Ehemann quartierte sich bei ihnen nicht bei der Schwiegermutter als Gast ein, sondern im Hause seiner Frau. Schwiegersohn und Schwiegermutter war es sogar untersagt, sich gegenseitig anzuschauen und miteinander zu sprechen. Von den Riten der Pueblos ließen sie sich ebenfalls inspirieren. Sie hielten Krankheit für ein untrügliches Zeichen einer Disharmonie zwischen dem »Großen Geist« und der Schöpfung. Krankenheilung stand daher im Mittelpunkt ihrer

Zeremonien. Heilige Bilder aus Pigmentpulvern, von den Pueblos zu bestimmten Anlässen auf den Fußboden der Kivas gestreut, regten sie zu ihren berühmten, symbolistisch komplexen Sandgemälden, *sand paintings*, an, die sie zu einem integrierten Bestandteil ihres Heilungskultes machten. Geholfen hat das nicht immer. Beim Tod hatten Hexen ihre Hand im Spiel, ein Umstand, der sie in höchstem Maße beunruhigte. Also wanderten Leichen und deren Habe zwecks Entsorgung umgehend auf den Scheiterhaufen.

In einem Punkt mochten die Navajo dem Beispiel ihrer Nachbarn partout nicht folgen: Sie blieben Krieger und Räuber. Dieser Spaß wurde ihnen erst 1863/64 von Oberst Kit Carson, ehemals Trapper und Scout, und seinen 400 Mannen verdorben, die ihre Viehbestände und Felder vernichteten, sie aushungerten und im Canyon de Chelly (Ari-

1 In den White Mountains östlich von Bishop (Kalifornien) stehen im *Ancient Bristlecone Pine Forest* Grannenkiefern, die als die ältesten Bäume der Erde gelten. 2 Mono Lake, das »tote Meer des Westens«, an der Grenze Kaliforniens zu Nevada. Die Kalktuffsäulen sind das Ergebnis chemischer Reaktionen: ausgelöst durch das Eindringen von Süßwasser in den alkalischen See. 3 Im Owens Valley bei Bishop auf der Ostseite der Sierra Nevada. 4 Ein Postbeamter war der Letzte, der 1919 die Goldgräberstadt Rhyolite, heute ein Freilichtmuseum, verließ. In der Ghosttown nahe Beatty lebten zwischen 1905 und 1910 über 10 000 Einwohner.

Von Bodie bis El Paso

zona) zur Aufgabe zwangen. Etwa 4000 Überlebende wurden zur Umziehung in ein Reservat, Bosque Redondo, bei Fort Sumner (New Mexico) getrieben. Dort drohte ihnen nach vier Jahren der Hungertod. Der Skandal löste in den USA eine solche Empörung aus, dass ihnen 1868 die Rückkehr in ihr Stammland im nordöstlichen Arizona gestattet wurde. Seither ist die Geschichte der Navajo, gemessen an der Geschichte vieler anderer Indianernationen auf US-amerikanischem Boden, eine Erfolgsstory – Rückschlägen und Stagnationen zum Trotz. Eine fähige und entschlossene Stammesregierung, *Tribal*

Extraterrestrial Highway – Erdenbewohner willkommen!

So steht es auf dem Kneipenschild des Little A´Le´Inn, direkt neben dem Straßenschild, das den Nevada Hwy. 375 zum Extraterrestrial Highway deklariert. Und prompt lugt auch ein eierköpfiger Alien, ein Außerirdischer durch die Jalousien der Kneipe. Wir sind in Rachel, einem gottverlassenen Nest, das aus einem Dutzend Wohnwagen und »*mobile homes*« mitten in der hitzeflimmernden Wüste Nevadas besteht. Rachel ist das Mekka aller UFO-Spinner dieser Welt, nirgendwo werden mehr fliegende Untertassen gesichtet als hier. Die strenge Abschirmung des hiesigen Luftwaffen-Testgeländes leistet den wildesten Gerüchten Vorschub, darunter auch, dass man das angeblich 1947 bei Roswell in New Mexico notgelandete UFO dort aufbewahrt und als Vorlage für eigene Entwicklungen benutzt. Die »Erdlinge« am Tresen des Little A´Le´Inn sind jedenfalls fest davon überzeugt, dass hier »die Regierung« zusammen mit der Industrie und mithilfe von Außerirdischen neuartige Waffen entwickelt. Testflüge der Luftwaffe halten sie für eine lahme Ausrede. UFOs haben sie schließlich alle schon gesehen, und den Verdacht, dass da die ungewöhnlich potenten Drinks der Wirtin eine Rolle spielen könnten, weisen sie nachdrücklich zurück.

Council, hat seit Mitte der 1920er-Jahre die Voraussetzungen geschaffen für eine solide Wirtschaft, für einen sorgsamen und gewinnbringenden Umgang mit den vorhandenen Ressourcen (Land, Öl, Uran und andere Rohstoffe) sowie für die Einrichtung eines leistungsfähigen Bildungs- und Gesundheitswesens. Die 200 000 Navajo haben gelernt, ihre Kunst- und Naturschätze (z. B. Monument Valley, Canyon de Chelly) in eigener Regie zu vermarkten. Man ist wieder stolz darauf, ein Navajo zu sein.

Machtwechsel schafft neue Verhältnisse

Die ersten weißen Machthaber im heutigen Südwesten der USA waren die Spanier, die während des 16. und 17. Jahrhunderts von Mexiko nach Norden ausschwärmten. Nach ihrer Vertreibung 1821 eröffneten amerikanische Kaufleute mit Billigung Mexikos eine Handelsstraße von Independence (Missouri) nach Santa Fe, den Santa Fe Trail. Gleichzeitig wurden Amerikaner von den südlichen Nachbarn ermutigt, in Texas zu siedeln. Die Launenhaftigkeit der politischen Führung in der fernen Hauptstadt vergrätzte die Texaner jedoch schon nach wenigen Jahren in einem Maße, dass sie sich 1836 von Mexiko lossagten und Texas in eine Republik verwandelten. Zum Unterhalt eines selbständigen Staates reichte indes das administrative, fiskalische und militärische Potenzial der *Anglos* nicht. Sie schlos-

sen sich deshalb 1845 leichten Herzens den Vereinigten Staaten an. Mexiko war natürlich »*not amused*«.

Texas war von den Mexikanern nicht freiwillig in die Unabhängigkeit entlassen worden, sondern erst nach einer empfindlichen Schlappe in der Schlacht von San Jacinto im April 1836. Das seit Längerem schwelende gegenseitige Misstrauen war in Feindseligkeit umgeschlagen, die in der Folge durch bewusste Provokationen beiderseits geschürt wurde. Nach der Eingliederung von Texas richtete sich der Groll Mexikos zwangsläufig gegen die USA. Verschiedenen politischen Gruppierungen dort kam das gerade recht. Ein konkreter

Momentaufnahmen – Leben im Tal des Todes

Ein faszinierenderes, fürs Auge reizvolleres und zugleich menschenfeindlicheres Szenario als Death Valley ist kaum denkbar. Extreme Trockenheit (mit jährlich 50 mm Niederschlag der trockenste Ort des gesamten Kontinents), gnadenlose Hitze (mit Temperaturen um die 40 °C von April bis Oktober), weiße Salzwüsten, kunstvoll geformte Sanddünen und nackte Berge machen die Senkung, deren tiefster Punkt fast 100 Meter unter dem Meeresspiegel liegt, zu einer nachgerade virtuellen Welt. Und doch leben und arbeiten hier echte Menschen, z. B. in der Oase Furnace Creek, die ein feines Hotel, eine komfortable Lodge und eine gepflegte 18-Loch-Golfanlage vorzuweisen hat. Echte Tiere gibt es übrigens auch.

Nach einer Golfrunde am Vorabend bei über 40 °C und einem atemberaubenden Sonnenaufgang am filmpreisgekrönten *Zabriskie Point* freut sich der Chronist auf ein kalorienträchtiges amerikanisches Frühstück. Sein Weg dorthin führt über den weitläufigen Parkplatz seiner Herberge. Ein Hund kommt ihm entgegen, der ihn mit Argwohn beäugt und sich anschickt, ihn im Abstand von ein paar Metern zu passieren. Auge in Auge auf gleicher Höhe schießt es dem Besucher durch den Kopf: Na ja, das Tier sieht aus wie ein Hund, aber eigentlich auch wieder nicht. Später bei der Abreise fragt er die Dame an der Rezeption, ob der Hund vielleicht ein Kojote gewesen sein könnte. »Wenn er kein Halsband hatte«, meinte sie, »war es ein Kojote.« Kojoten nämlich seien Gourmets und holten sich die von den Palmen gefallenen Datteln. Nun denn, das Accessoire, das im Tal des Todes einen Vertreter der Gattung *Canis* zum Hund macht, schmückte diesen Vierbeiner nicht.

1 Extraterrestrial Highway: das Hinweisschild spielt mit der Aussprache der Wörter *ale*, »Bier«, *inn*, »Gasthaus«, und *alien*, »Außerirdischer«. LITTLE ALE INN kann verstanden werden als »Kleine Bierkneipe« oder als »Kleiner Außerirdischer«. 2 Ein Außerirdischer am Fenster des LITTLE ALE INN. 3 Die Bar des LITTLE ALE INN. 4 Das ordnungsgemäße Einparken von UFOs muss jeder außerirdische Gast selbst in die Hand nehmen. 5 Ein Blick vom *Zabriskie Point* im Death Valley nach Westen auf die Panamint Range. 6 *Devil's Golf Course*: Salzkruste unweit der tiefsten Stelle des Death Valley.

Las Vegas – Wüstenmetropole und Stadt der Sünde

Dies ist eine von vielen mehr oder minder schmeichelhaften Bezeichnungen, die man der von stattlichen Bergen umgebenen Wüstenmetropole mit ihren 500 000 Einwohnern, 140 000 Hotelzimmern und 40 Millionen Besuchern im Jahr angehängt hat. Man hat sie aber auch als Zockerstadt, Unterhaltungshauptstadt der Welt, Stadt der verschollenen Gehälter und Stadt ohne Uhren gehandelt. Einst wurde dieser Schauplatz frequentiert von Anasazi- und Paiute-Indianern. Sie fanden Wasser und eine »Wiese«, das heißt, eine Oase, die 1829 für den Rest der Welt von einem mexikanischen Kundschafter entdeckt wurde. Ihm verdanken wir ihren spanischen Namen: Las Vegas = »die Wiesen«. John C. Fremont kampierte hier 1844 mit einem Expeditionskorps, und ab 1850 kamen mormonische Wagenzüge von Utah nach Los Angeles vorbei. Der Old Spanish Trail hieß fortan Mormon Trail. Mit der Eisenbahn kam 1902 endlich Betrieb in die Gegend. Las Vegas wurde zum Servicestopp zwischen Salt Lake City und der Westküste auserkoren. Der eigentliche Boom setzte in den 1920er-Jahren ein mit dem Bau des Megastaudamms Hoover Dam, 40 Kilometer südöstlich des Ortes, und – zum Entsetzen der amerikanischen Christenheit – der Legalisierung des Glücksspiels im Bundesstaat Nevada (1931). Der bevölkerungsarme und chronisch klamme Staat bedurfte dringend einer neuen Steuerquelle zum Bau von Schulen.

Das erste Kasino-Hotel, El Rancho Vegas, öffnete 1941 seine Pforten. Danach ging es Schlag auf Schlag. Heute reiht sich beiderseits des Las Vegas Boulevard, besser bekannt als *The Strip*, ein Etablissement ans andere. Die Bauten sind so miteinander verbunden, dass man allenfalls zum Überqueren der Straße ins Freie muss. Meistens handelt es sich um Themenhotels, die den Besucher nach Manhattan, Paris, London, Venedig, ins Mittelalter, ins alte Rom oder ins alte Ägypten entführen wollen. Weil sich Themen im Laufe der Zeit aber abnutzen, wird so ein Komplex auch mal abgerissen und durch einen neuen, möglichst noch größeren ersetzt. Zum Alltag auf dem Strip gehören deshalb auch Bauzäune und Kräne.

Wer mit einarmigen Banditen, Poker, Blackjack, Bakkarat oder Roulette nichts am Hut hat, kann sich auf andere Weise unterhalten lassen. Die Macher von Las Vegas versprechen ihren Gästen der Welt größten Aufmarsch an Spitzensängern, Tänzern, Musikern und Comedy-Stars. So ist denn vom Zirkus über Varieté, Revue, Musical, Kabarett bis hin zur Strip-Show und zum Bordell fast alles geboten,

72 Vereinigte Staaten

1 Die Leuchtreklame der Kasinos und anderer Etablissements verwandelt Las Vegas nachts in einen »Glitzerabgrund«. 2 Kasino-Hotel *New York New York*. Ein verkleinertes Greenwich Village vermittelt einen Hauch von Manhattan, vorne die auf 60 Meter ansteigende Achterbahn. 3 Der MGM-Löwe vor dem *MGM Grand*, dem einst größten Hotel der Welt. Innen führt ein Glastunnel mitten durch ein Löwengehege. 4 *Paris Las Vegas* – sein Eiffelturm ist aber nur halb so hoch wie das Original. 5 *Fremont Street Experience*. Die Straße überspannt ein Metallschirm, der als Projektionsfläche für Lichtshows dient.

was das Herz begehrt. Wem das nicht reicht, der kann in Edelboutiquen, die es in jedem Hotel gibt, shoppen gehen. Mit moderaten Preisen für Unterkunft und Verpflegung locken die Hotels auch Familien, denn die Kids sollen als Erwachsene wiederkommen – möglichst an die Spieltische.

Sein einzigartiges Flair entfaltet Las Vegas allerdings mit Einbruch der Dunkelheit. Raffinierte bunte Lichteffekte, hinreißende Wasserspiele, eine polyfone Geräuschkulisse, in der sich Stimmengewirr, Autohupen und von den Kasinos nach außen dringende Musikfragmente sowie das ewige Getingel Tausender von Spielautomaten vermischen, verwandeln den Strip in eine die Sinne berauschende Glitzerwelt, die ihresgleichen sucht. Man muss sie nicht mögen. Erleben sollte man sie schon, denn auch das ist Amerika.

Von Bodie bis El Paso

Kriegsgrund, der Mexiko als Aggressor erscheinen ließ, fand sich denn auch mühelos.

Die USA betrachteten den Rio Grande als Grenze zwischen Texas und Mexiko; Mexiko den weiter östlich fließenden Nueces. In Erwartung eines Krieges beorderte Präsident Polk im Januar 1846 General Zachary Taylor mit 4000 Mann in das umstrittene Gebiet. Drei Monate später rückten mexikanische Truppen an und eröffneten das Feuer. Am 11. Mai berichtete Polk dem Kongress, Mexiko sei in amerikani-

Kit Carson – der legendäre Western-Held

Kit Christopher Carson erblickte das Licht der Welt 1809 in Kentucky. Er wuchs in Missouri auf, dem damals westlichsten Außenposten amerikanischer Zivilisation. 1826 ließ er sich im mexikanischen Taos (New Mexico) nieder und verdingte sich als Lotse auf dem Santa Fe Trail, der von amerikanischen Wagenzügen mit Gütern für Nuevo Mexico befahren wurde. Es folgten Jahre als Trapper, in denen er sich zu einem der fähigsten *mountain men* mauserte. 1842 schloss er sich John Charles Fremont an, den er auf mehreren Expeditionen durch unerforschtes westliches Terrain führte. Sein Engagement im Krieg gegen Mexiko (1846–1848) wurde mit der Ernennung zum Indian Agent (Beauftragter für indianische Angelegenheiten) belohnt (1853–1861). Im amerikanischen Bürgerkrieg (1861–65) trommelte er ein Regiment von Freiwilligen zusammen, mit dem er auf Seiten der Nordstaaten indianische Verbände bekämpfte, die die Kriegssituation zu ihren Gunsten auszunutzen versuchten. Das brachte ihm die Beförderung zum Brigadegeneral ein. Er starb 1868 an den Folgen eines Jagdunfalls in Taos. So weit die Fakten. Die Fiktionen gab es auch.

James Fenimore Cooper hatte mit seinem Lederstrumpf 1823 eine Figur geschaffen, in der er kollektiven amerikanischen Sehnsüchten und Fantasien Gestalt verlieh. Coopers Held flieht vor den Zwängen, Normen und Gesetzen der Zivilisation in die unberührte, unverdorbene Natur. Er orientiert sich an deren Gesetzlichkeiten und findet so in den Stand der natürlichen Unschuld zurück. Er ist gleichsam der amerikanische Adam vor dem Sündenfall. Seine Flucht führt ihn zwangsläufig nach Westen, sodass er gleichzeitig zum *empire builder* (»Reichsgründer«) wird. An seine Stelle trat in den 1840er-Jahren der leibhaftige Kit Carson, von Jessie Benton Fremont in den Berichten über die Expeditionen ihres Mannes aufs adamische Podest gehoben und von Biografen zum makellosen Tugendbold veredelt. Carson war das eher peinlich. So urteilte er über DeWitt C. Peters, dass der in seinem Machwerk wohl etwas zu dick aufgetragen habe. Autoren von Groschenromanen war's egal. Sie verbreiteten dieses Image in millionenfacher Ausfertigung. Sie sorgten allerdings auch dafür, dass Carson allmählich zum Edelrambo verkam.

sches Gebiet eingedrungen und habe amerikanisches Blut vergossen. Zwei Tage später folgte die Kriegserklärung. Die Kämpfe währten 16 Monate und endeten mit der Niederlage Mexikos. Sie hatten amerikanische Truppen tief in gegnerisches Land geführt, einen Verband unter General Winfield Scott sogar bis Mexico City. Territorial ging die amerikanische Rechnung voll auf. Mexiko musste dies im Frieden von Guadalupe Hidalgo 1848 anerkennen. Immerhin wurde es für seine Gebietsverluste mit 15 Millionen Dollar abgefunden. 1853 handelten die Amerikaner ihrem Nachbarn für zehn Millionen Dollar dann noch ein Stück Land südlich des Gila River (Arizona) ab, weil eine problem-

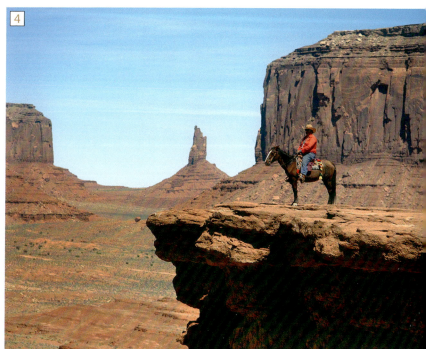

1 Auf dem Colorado-Plateau haben sich Wasserläufe bis zu 2000 Meter tief in die Erdkruste hineingefressen und eine von Canyons zerfurchte Landschaft hinterlassen. 2 Der Elves-Chasm-Wasserfall am Colorado River ist einer der schönsten Orte im Grand Canyon. 3 Der *Delicate Arch* im Arches National Park (Utah), wo durch natürliche Erosion über 2000 solcher Steinbögen entstanden sind. 4 Ein Navajo-Indianer blickt auf »sein« Land: Das Monument Valley ist der »Nationalpark« des Navajo-Volkes, das heute für seinen Erhalt sorgt.

lose Anbindung Kaliforniens an die Südstaaten nur über diesen Korridor machbar schien.

Einigen indianischen Zeitgenossen konnte der Frieden von 1848 gestohlen bleiben. Sie führten Krieg auf eigene Rechnung, und zwar gegen die alten Farmer, die weißen Rancher und das amerikanische Militär. Furcht und Schrecken verbreiteten unabhängig voneinander operierende Banden von Apache, besonders die Chiricahua unter Cochise, die als unbesiegbare Barbaren gehandelt wurden. Cochise hätte mit den Weißen lieber in Frieden gelebt, aber seltsame Verwicklungen trieben ihn und die Seinen in eine Spirale der Gewalt, die von Terror und Gegenterror geprägt war und erst 1872 durch einen besonnenen Emissär Washingtons, General Oliver O. Howard, friedlich gestoppt werden konnte. Cochise starb 1874 in einem Reservat. Seine Nachfolge trat der zum Mythos gewordene Geronimo an, ebenfalls ein Chiricahua, der unter seinesgleichen auf den Namen Goyathlay (»Der, der gähnt«) hörte. In den 1850er-Jahren hatten Mexikaner seine Mutter, Frau und zwei seiner Kinder ermordet. Seither nahm er Rache an den Weißen, wo immer sich die Gelegenheit bot. Aus Verstecken in der unwegsamen Sierra Madre terrorisierte er zwischen 1876 und 1886 mit 50 Getreuen die amerikanisch-mexikanische Grenzregion. Von Gähnen war da nichts. Eine amerikanische Übermacht von 5000 Mann zwang ihn schließlich in die Knie. Geronimo starb 1909 in militärischem Gewahrsam in Fort Sill (Oklahoma).

Arizona und der Goldrausch

Auch diese neue Domäne der USA wurde zunächst zur Spielwiese für Schatzsucher. Ihr erstes Ziel war ein namenloser Ort an der Ostseite der Sierra Nevada, der – Mark Twain lässt grüßen – schon bald Virginia City (Nevada) heißen würde. Dort wurde 1859 eines der bedeutendsten Silber- und Goldvorkommen auf amerikanischem Boden, die berühmte Comstock Lode, entdeckt. Arizona hatte seinen Goldrausch 1863, New Mexico folgte 20 Jahre später. Die Southern Pacific Railroad kam 1883 und verband den Südwesten logistisch mit dem Rest der Nation. Sie brachte Rancher, Farmer, Gewerbetreibende und Bergleute ins Land und damit die westliche Zivilisation. Utah mit seinen zivilisatorischen Anfängen fällt aus dem Rahmen. Dieses wurde

Tombstone (Arizona) und der Wilde Westen

Der sogenannte Wilde Westen war ein weitgehend rechtsfreier Raum, denn wo die Zivilisation schneller vorankam, als ihr das Gesetz folgen konnte, entstand ein Vakuum, in dem individuelle Entfaltung auf Kosten anderer zum Alltag gehörte. Das galt für Rancher, die Kleinsiedlern Land und Wasser nahmen, für Banden von Vieh- und Pferdedieben, die über Herden herfielen, für Outlaws, die Banken und Postkutschen ausraubten, und für Falschspieler, die ihre Tricks mit dem Schießeisen verteidigten. In Ermangelung staatlicher Autorität musste man das Recht dann selber in die Hand nehmen. Dabei siegte nicht immer die Gerechtigkeit, nicht einmal, wenn ehrbare Bürger sich zusammentaten, um mit einem vermeintlichen oder echten Ganoven abzurechnen. Ein per Akklamation mehrheitlich herbeigeführtes Todesurteil muss beileibe nicht objektiv sein.

Das alles ist nachvollziehbar. Weniger allerdings die Tatsache, dass es landauf, landab Sympathien für viele der Desperados gab, offenbar, weil sie als Opfer und nicht als Täter wahrgenommen wurden. Man sah sie als Underdogs, die sich gegen die selbstherrlichen Machenschaften der Reichen und Mächtigen auflehnten. Unters Volk wurde dieses Bild von Groschenromanen und der Skandalpresse gebracht. Eine dieser schillernden Figuren war Wyatt Earp, der in Kansas zeitweise als Polizist gearbeitet hatte und irgendwann nach 1879 mit seinen drei Brüdern in Tombstone (Grabstein) aufkreuzte, wo drei Jahre zuvor Silber entdeckt worden war. Zu ihnen gesellte sich der als Killer gefürchtete schwindsüchtige Alkoholiker Doc Holliday. Zwischen ihnen und den Viehzüchtern Billy und Ike Clanton sowie Frank und Tom McLaury kam es zu Streitereien, die 1881 zu einer Schießerei führten. Im Kugelhagel starben Billy Clanton und die beiden McLaurys. Ike Clanton konnte sich durch eine Tür retten. Holliday, Morgan und Virgil Earp wurden angeschossen. Obwohl Zeugen vor Gericht von kaltblütigem Mord sprachen, weil zwei der Getöteten nicht bewaffnet gewesen seien, wurden die Angeklagten, die sich auf Notwehr beriefen, freigesprochen. Wenige Wochen später zertrümmerte ein Geschoss Virgils linken Arm, Morgan wurde aus dem Hinterhalt tödlich getroffen. Wyatt und Doc töteten daraufhin zwei Männer, in denen sie die Mörder von Morgan vermuteten. Sie mussten fliehen und entkamen nach Colorado. Dort trennten sich ihre Wege. Wyatt Earp starb 1929 in Kalifornien.

Earps Rolle in Tombstone ist bis heute Gegenstand heftiger Kontroversen unter Historikern. Einige glauben, dass er sein beträchtliches Vermögen als Falschspieler und führender Kopf einer Bande von Kriminellen ergaunert hat; andere nehmen ihm seine Version ab, dass er es als Betreiber eines Saloons erworben habe. Earp selbst hat drei Versionen geliefert. Immerhin, das Städtchen Tombstone im Südosten Arizonas hat es durch die Episode zu Weltruhm gebracht. Der Schusswechsel wird jeweils am ersten und dritten Sonntag eines Monats nachgespielt und lockt Tausende von Touristen in den Ort. Trotz Kommerzialisierung wirkt dieser immer noch recht authentisch, da eine Reihe von Gebäuden aus der Gründerzeit erhalten geblieben ist. Tombstone wurde denn auch zur »National Historic Site« erklärt.

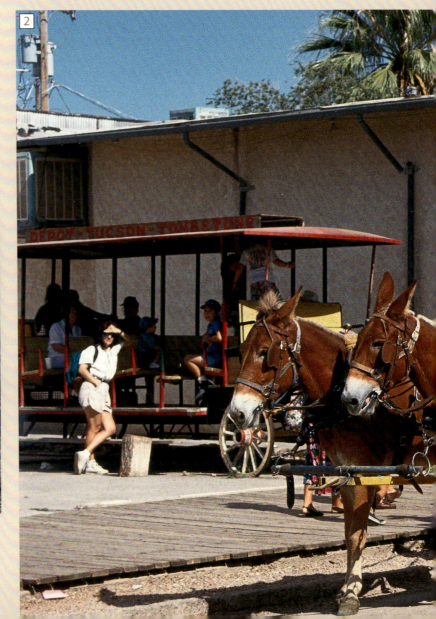

1 Auf dem Friedhof von Tombstone zeugen lapidare Grabinschriften vom glorreichen »wilden« Westen. 2 Zum Flair Tombstones (Arizona) gehört die Postkutsche. Sie wird hier von Maultieren gezogen, die im echten alten Westen jedoch eher für den Frachtverkehr eingesetzt wurden. 3 Kirk Douglas und Burt Lancaster in *Gunfight at the O.K. Corral* (1957), einer Verfilmung des berühmten *shootout* von Tombstone (1881). 4 Wyatt Earp (unten, zweiter v. l.) in seiner Kansas-Zeit als Mitglied der Dodge City Peace Commission. Die Herren galten allesamt als Experten im Umgang mit Schießeisen.

1847 von Mormonen unter Brigham Young gegründet, die vor ihren militant-christlichen Landsleuten aus Illinois geflohen waren. Bereits 1860 hatte Utah mehr als 40 000 Einwohner, weitaus die meisten von ihnen Mormonen. 1896 wurde es Bundesstaat.

Mexamerika – das Zusammentreffen verschiedener Kulturen
Landschaftliche Vielfalt mit imposanten Gipfeln, fruchtbaren Tälern, üppigen Wäldern, sanft gewellten Ebenen, beklemmenden Salz- und Alkaliwüsten, erhabenen Monolithen und gigantischen, farbenprächtigen Canyons ist ein Markenzeichen des amerikanischen Südwestens; ein anderes das Zusammentreffen mehrerer indianischer Kulturen mit der spanischen Kolonialkultur und den Kulturen der Mexikaner und der Anglos. Diese Kulturen sind nicht ineinander aufgegangen, sondern als solche identifizierbar für jeden, der sich ihnen wachen Sinnes nähert. Besonders aufschlussreich ist in diesem Zusammenhang die Architektur. Landschaft und Kulturen des Südwestens stellen in ihrer Gesamtheit ein Szenario von absoluter Einmaligkeit dar.

Seit der ersten Energiekrise in den 1970er-Jahren hat sich die Einwohnerzahl in Nevada fast verdreifacht, in Arizona verdoppelt, während Utah und New Mexico um jeweils mehr als ein Drittel angewachsen sind. Darunter sind viele Menschen mit Spanisch als Muttersprache, die meisten mexikanischer Herkunft. Verlässliche Zahlen zu ihrem Anteil gibt es nicht, da sich viele illegal im Land aufhalten. Trotz der Zuwanderung ist der Südwesten von einer dichten Besiedlung weit entfernt, da sich das Gros der Bevölkerung auf wenige Metropolregionen wie Las Vegas, Reno in Nevada, Phoenix, Tucson in Arizona, Salt Lake City, Provo, Ogden in Utah und Albuquerque, Santa Fe in New Mexico verteilt. Um die 80 Prozent der Bürger von Nevada, Arizona und Utah gelten deshalb als »metropolitan«. Amerikanische Soziologen sprechen von einer »urban oasis civilization«.

1 Der *Newspaper Rock* im Canyonlands National Park (Utah). Seit Jahrtausenden haben Menschen hier ihre Existenz verewigt und Bilder und Botschaften in den Fels geritzt. 2 Blick vom Mohave Point, South Rim, in den Grand Canyon (Arizona). Auf faszinierende Weise ändern sich Stimmungen und Farben am Canyon von Minute zu Minute. 3 White House Ruin: die Ruine eines Felsendorfes, *cliff dwelling*, im Canyon de Chelly National Monument (Arizona), wo einst Anasazi-Indianer lebten. Der Canyon wird heute von Navajo bewohnt und von deren Stammesregierung verwaltet.

Für den Boom lassen sich mehrere Ursachen ausmachen. Während des Zweiten Weltkrieges entdeckte das Militär die vielen mehr oder minder weißen Flecke auf der Landkarte und begann, sie für Test- und Übungszwecke zu nutzen. Bodenschätze wie Kohle, Uran, Öl und Erdgas, deren Abbau sich lange nicht gerechnet hatte, wurden angesichts der rasant steigenden Ölpreise nach 1973 plötzlich interessant. Und schließlich, der Südwesten ist Teil des sogenannten *sun belt* (Sonnengürtel). Viele Firmen der klassischen Industriegebiete im Nordosten verlagerten ihre Produktion an einen Platz an der Sonne, weil ihnen energiesparende und kostengünstige Möglichkeiten zur Expansion geboten wurden. Das alles schuf Jobs, besonders im

Hightech- und Dienstleistungssektor. Es kamen aber auch Tausende von Ruheständlern in ihren mobilen Einfamilienhäusern, die sich in Wohnwagenstädten, *trailer parks*, am Rande der Metropolen zusammenfanden. Hier verbringen sie in der Regel den Winter; sobald es heiß wird, ziehen sie in Konvois gen Norden.

Bei Planung und Durchführung infrastruktureller Maßnahmen sind den Südweststaaten die Hände gebunden. Nevada untersteht zu 87, Utah zu 66, Arizona zu 43 Prozent (von den restlichen 57 Prozent gehört ein Viertel den Indianern) der Bundesverwaltung. Regionaler Gestaltungswille und individuelle Profitgier werden deshalb öfters von Bundesinteressen ausgebremst. Zum Glück, möchte man sagen, denn nur so bleiben die Naturwunder der Region geschützt. Im Südwesten sieht man das jedoch anders. Man findet sich in Politik und Gesetzgebung der Bundesregierung nicht wieder und fühlt sich geknebelt. Von Zeit zu Zeit verkündet die Presse, man habe es satt, von Washington als Kolonie behandelt zu werden. In solchen Augenblicken trägt man sein Western-Outfit – Cowboyhut, Flanellhemd, Jeans, breiter Gürtel mit großflächiger Schnalle und Cowboystiefel – mit Stolz und Trotz.

Vom hohen Norden Mexikos bis in den tiefen Süden

Das offizielle Mexiko kokettiert gerne mit dem Label »Land der drei Kulturen« und meint damit das indianische und spanische Erbe und das daraus entstandene moderne Mexiko, in dem die Vergangenheit in all ihrer Widersprüchlichkeit auf Schritt und Tritt erfahrbar ist. Zum Beispiel in jeder beliebigen Kirche, die sich zwar katholisch gibt, in vieler Hinsicht aber ziemlich heidnisch wirkt. Vielleicht sind es gerade solche Widersprüche, die dem Land seinen geheimnisvollen, unverwechselbaren Charme verleihen.

Ort	Teilstrecke	Gesamtstrecke
Cuidad Juarez	0	11616
Monterrey	1135	12751
Xilitla	1105	13856
S. Miguel de Allende	381	14237
Mexico City	296	14533
Palenque	937	15470
Grenze Guatemala	743	16213
	4597	16213

Blick in den Copper Canyon von Divisadero aus.

Von Ciudad Juarez bis Guatemala

Von Norden nach Süden stellt sich der größere Teil Mexikos topografisch als ein verschobenes V dar, dessen Schenkel am Isthmus von Tehuantepec zusammenlaufen. Die Schenkel werden von jeweils einer Hochgebirgskette gebildet, der Sierra Madre Occidental im Westen und der Sierra Madre Oriental auf der anderen Seite. Die steilen Abhänge der Occidental zum Pazifik hin lassen Raum lediglich für einen schmalen Küstenstreifen, während die Ostflanke der Oriental in eine breitere Küstenebene übergeht. Zwischen den zerklüfteten und von Canyons zerfurchten Gebirgen mit Gipfeln von annähernd 4000 Metern Höhe erstreckt sich das sommerheiße, trockene Hochland von Mexiko mit einer durchschnittlichen Höhe von 2200 Metern über dem Meer. Dabei handelt es sich um die Fortsetzung der High Plains von Arizona, New Mexico und Westtexas. Im Süden endet das Hochland am einzigen von West nach Ost verlaufenden Gebirge des Kontinents, der Sierra Volcanica Traversal mit ihren vulkanischen Riesen Orizaba (5700 m), Popocatepetl (5400 m) und Iztaccihuatl (5300 m). Dem skizzierten Geländeprofil entsprechen drei Landschafts- und Klimazonen.

In den Niederungen entlang beider Küsten herrscht subtropisches bis tropisches Klima. An der Atlantikküste wechseln sich tropische Wälder mit Weideland, landwirtschaftlich genutzten Flächen und Trockensteppen ab. Hier gedeihen Bananen, Kakao, Kaffee und Vanille. Der pazifische Norden ist Wüste (Sonora), die vereinzelt mithilfe künstlicher Bewässerung in Ackerland verwandelt wurde. Üppige Vegetation, tropischer Wald, Bodenbau und Weidewirtschaft finden sich dagegen im feucht-heißen Rest weiter südlich. Diese als Tierra Caliente bezeichnete Zone reicht bis zu einer Höhe von 800 Metern über dem Meer und liefert eine Fülle exotischer Köstlichkeiten in Form von Obst und Gemüse. Darüber liegt die gemäßigt-heiße Tierra Templada (bis zu 1700 m), an deren Obergrenze der Anbau von Reis, Baumwolle und Zuckerrohr endet. Auch diese Zone variiert in Niederschlagsmenge und Vegetation; allgemein ist der Osten feuchter als der Westen. Anbaupflanzen sind vor allem Mais, Bohnen, Kaffee, Zitrusfrüchte und Zuckerrohr. Unter den Begriff Tierra Fria, kaltes Land, fallen die höheren Berg- und Plateauregionen, also praktisch das ganze mexikanische Hochland mit der Mesata del Norte (nördliches Plateau) und der Mesa Central (Zentralplateau). Etwa 20 Prozent der mexikanischen Bevölkerung sind über den trockeneren, heißeren nördlichen Raum verteilt, der sich größtenteils als vegetationsarme Halbwüste präsentiert und mit Sukkulenten, Kakteen, Yucca und anderen Trockengewächsen bedeckt ist. Ein genügsames Rind oder

82 Mexiko

1 Wer könnte da einen Drink ausschlagen? Eine Serviererin in El Fuerte an der »schönsten Bahnlinie der Welt« von Chihuahua nach Los Mochis am Pazifik. 2 Sie arbeiten nicht nur für Herren im feinen Zwirn: Schuhputzer in Chihuahua. 3 Warten auf die Ferrocarril Chihuahua al Pacifico, die für die spektakuläre Strecke durch die Sierra Madre Occidental 14 Stunden benötigt. 4 Im Land der Tarahumara: die Kirche San Francisco Xavier in Cerocahui nahe der Bahnstation Bahuichivo an der Linie Chihuahua–Los Mochis. 5 Behaglich-stilvolles Ambiente eines Hotels in El Fuerte.

noch genügsameres Schaf braucht da schon das Nahrungsangebot von einem Quadratkilometer Land, um nicht zu hungern. Deshalb die Haciendas, kleine Königreiche der Rinder, die es hier noch gibt, obwohl sie offiziell längst abgeschafft sind. Fast die Hälfte der 100 Millionen Mexikaner lebt indes auf dem etwas höher gelegenen Zentralplateau, zu dem die Metropolregion Mexico City gehört. Vom ewigen Schnee der Berge gespeiste Wasserläufe und Seen sowie ebene Flächen ermöglichen einen intensiven Bodenbau. Mais wird mancherorts noch in 3000 Metern Höhe geerntet. In den Gebirgen fehlt es im Allgemeinen nicht an Niederschlägen. Mit ihren tiefen Einschnitten, Mulden und Steilhängen erweisen sie sich allerdings als ausgesprochen kleinteilig. Feldbau heißt hier Terrassenbau.

Arme Erben einer einstigen reichen Hochkultur

Nach den Zerstörungsorgien spanischer Eroberer und mitgereister Pfaffen im 16. Jahrhundert sind Dutzende von Ruinenstädten zurückgeblieben, die selbst im Zustand des Verfalls noch von den grandiosen Leistungen der einstigen Hochkulturen der Maya, Tolteken und Azteken in Architektur, Kunst und Astronomie zeugen. Aber nicht nur Bauwerke wurden geplündert und niedergerissen; restlos entsorgt wurde auch die sakrale und profane Führungsschicht, die von der obersten Kaste einer streng hierarchisch gegliederten Gesellschaft gestellt wurde.

Ungeschoren ließen die Spanier die bäuerliche Unterschicht. Auf sie geht die heutige indianische Bevölkerung Mexikos zurück; sie lebt noch fort in teils geschlossenen, teils regional zersplitterten Resten inmitten einer ziemlich homogenen Mischlingskultur spanischer Prägung. Als indianisch gelten jene Gruppen, die wesentliche Bestandteile ihrer Kultur mehr oder minder unversehrt retten konnten, das heißt ihre Sprache und ihr Wertesystem bewahrt haben – wenn auch unter einer christ-katholischen Decke. Die so definierten Indianer, *Indios*, machen annähernd 30 Prozent der Gesamtbevölkerung Mexikos aus.

Mexiko ist Lebensraum einer beträchtlichen Zahl von Völkern, von denen nur die zahlenmäßig bedeutendsten erwähnt seien. In den Schluchten und Canyons des nordwestmexikanischen Berglandes finden sich 50 000 ziemlich menschenscheue Tarahumara; an der heißen Küste der Bundesstaaten Sonora und Sinaloa noch rund 15 000 Yaqui. Letztere bildeten einstmals die größere Gruppe, wurden aber nach 1917 vom Wind der Revolution in alle Richtungen verweht. Tarahumara und Yaqui sind sprachlich und kulturhistorisch mit den Pima und Papago verwandt, müssen also den Bodenbauern im südlichen Arizona zugerechnet werden. In der südlichen Sierra Madre Occidental um den See von Patzcuaro leben 45 000 Tarasken. Sie gehören zu den wenigen indianischen Völkern, die sich von den Azteken nicht hatten unterkriegen lassen und erst durch die Spanier ihre politische Unabhängigkeit einbüßten. Das Zentralplateau an ihrer Ostseite wird von Otomi bewohnt, von denen es gegenwärtig etwa 270 000 gibt. In der mittleren Sierra Madre Oriental bis hin zur Atlantikküste sind 70 000 Huaxteken beheimatet, die sprachlich mit den Maya verwandelt sind. Aus dem Norden waren einst die Nahua gekommen, die sich auf dem südlichen Zentralplateau ansiedelten. Mit geschätzten 650 000 Menschen bilden sie hier die größte indianische Gruppe. Promis in ihrer Verwandtschaft waren die Azteken, die wie sie auf Nahuatl miteinander parlierten. Die Osthänge der südlichen Oriental sind das Kerngebiet der rund 170 000 Totonaken. Kulturhistorisch standen sie in vorkolonialer Zeit den Hochkulturvölkern der Tolteken und Azteken nahe.

Unter kolonialen und postkolonialen Bedingungen haben diese Völker ein relativ einheitliches Kulturprofil entwickelt, durch das sie sich als Ethnie von den anderen Mexikanern unterscheiden. Ihre Gehöfte liegen um ein Dorfzentrum, das einem Schutzheiligen gehört. Administrativ sind ihre Dörfer in die von den Spaniern bzw. Mexikanern etablierte staatliche und kirchliche Ordnung eingebunden. Clans oder Sippen als Organisationsform innerhalb der Gesellschaft existieren nicht mehr, das heißt, die Familien sind selbstständige Einheiten. Heiraten werden von den Ältesten im Rahmen ritueller Besuche vermittelt, bei denen Geschenke ausgetauscht werden. Verschwunden sind auch die vorkolonialen Kastensysteme. Soziales Gefälle im Dorf beruht heutzutage auf Durchsetzungsvermögen, Besitz und persönlicher Leistung. Unter den Männern gibt es eine Altershierarchie, die bei der Vergabe politisch-religiöser Ämter eine Rolle spielt. Grundlage der bäuerlichen Wirtschaft ist der Maisbau; gesellschaftlicher und wirtschaftlicher Mittelpunkt ist der Markt. Die Teilung von Arbeit und Funktionen erfolgt nach Geschlechtern. Schwere Arbeiten und Leitung der traditionellen Kulte sind Männersache. Frauen verrichten häusliche Arbeiten und beteiligen sich an der Gestaltung religiöser Ereignisse der katholischen Kirche. Die übernatürliche Welt der Indios besteht aus einer vagen Hierarchie von Gottheiten mit einem obersten Gott und verschiedenen katholischen Heiligen, die oft ziemlich heidnisch daherkommen. Der Kult um diese Heiligen findet an Hausaltären oder in speziellen Tempeln statt. Die heidnischen Mächte andererseits werden mit Naturkräften wie Wind, Regen oder Blitz assoziiert. Dahinter steht der Glaube, dass die Welt von Geistern, Totenseelen und Zauberern beseelt sei. Träumen, Vorzeichen und Talismanen wird daher besondere Beachtung geschenkt. Um Krankheit kümmern sich Spezialisten, denen magische Fähigkeiten nachgesagt werden.

Ein Landvolk ohne Land in einem zerrissenen Staat

Als der spanische Eroberer Hernan Cortez mit seinem Heer von Abenteurern, Glücksrittern, Glaubenseiferern, landlosen Adligen und Bauern 1519 vor den Toren der Aztekenmetropole Tenochtitlan erschien,

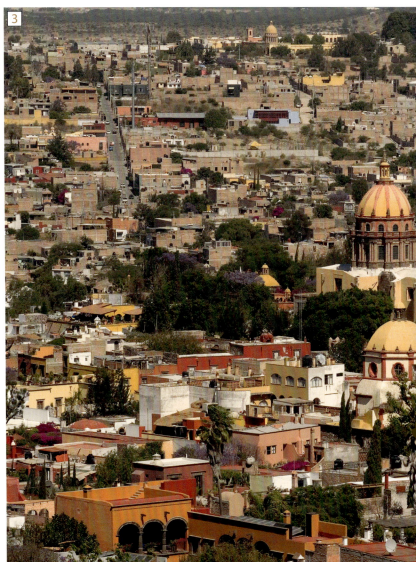

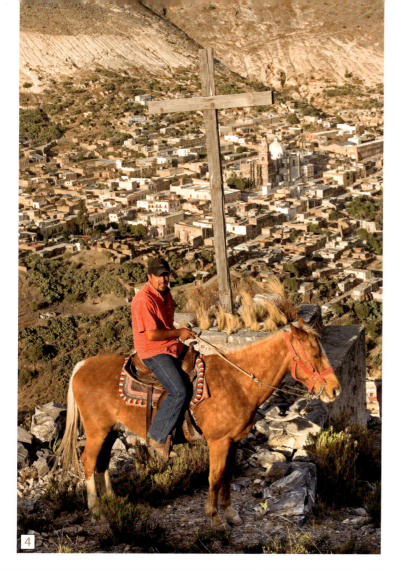

Die wiedererwachte Geisterstadt Real de Catorce

In prächtiger Lage, oben am Rande der Sierra Madre Oriental, liegt die Bergwerksstadt. Bis zum Beginn des 20. Jahrhunderts produzierten die Minen Silber im Wert von mehreren Millionen Dollar pro Jahr. Nach dem Verfall des Silberpreises und den Wirren der Revolution von 1910 bis 1920 lebten nur noch wenige Menschen hier. New-Age-Anhänger und Hippies auf der Suche nach dem Peyote-Kaktus (enthält Mescalin und andere Halluzinogene) waren die ersten Neubürger. Inzwischen gibt es eine schickere Klientel: Gut betuchte Gringos und Mexikaner restaurieren die verfallenen alten Gebäude zum Feriendomizil. Künstler eröffnen Studios und Galerien. El Quemado, der heilige Berg der Huicholes, Geburtsort der Sonne, Beginn alles Lebens, ist nur wenige Stunden zu Pferd entfernt. In der Wirrikuta-Wüste zu seinen Füßen wächst der begehrte Peyote-Kaktus. Jedes Jahr unternehmen die Huichol eine lange Wanderung von ihren 400 Kilometer entfernten Wohn- und Jagdgebieten hierher, um den Kaktus zu sammeln, der elementar für Rituale und spirituelles Leben ist. Schon wenig Peyote vertreibt Hunger, Müdigkeit, hilft Kälte zu ertragen. Größere Mengen versetzen die Schamanen in Trance, deren Visionen z. B. offenbaren, wo jagdbares Wild ist, wann der Mais zu pflanzen ist.

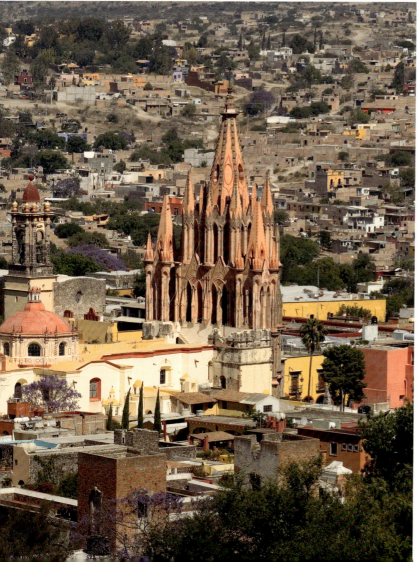

1 In Querétaro: die Statue eines Tänzers der Chichimeca, ein halbnomadisches Volk, das zu den Ureinwohnern Mexikos gehört. 2 Eine freundliche Mexikanerin vor der Kirche in San Luis Potosi. 3 San Miguel de Allende, eine der schönsten Kolonialstädte Mexikos. 4 In Real de Catorce lebten einst 50 000 Menschen, die Silber aus dem Berg holten. Reiche Mexikaner und Amerikaner sowie einige Künstler hauchten der Geisterstadt neues Leben ein. 5 San Miguel de Allende. Durch die Eingangstüren der farbenfrohen Häuser blickt man auf Innenhöfe *(patios)* von tropischer Schönheit.

Die grausamen Riten der Azteken

Sie waren vom Volk der Nahua und kamen aus dem Norden. 1325 verschlug es sie auf die sumpfige Insel im Texcoco-See, auf der sie ihre spätere Hauptstadt Tenochtitlan (heute Mexico City) gründeten. 100 Jahre lang leisteten sie Söldnerdienste für die umliegenden Stadtstaaten. In dieser Zeit lernten sie Härte gegen sich und andere und wurden zu brutalen Kriegern, die 1428 selbst zur Macht griffen und innerhalb von 60 Jahren ein Reich schufen, das von Küste zu Küste und im Süden bis Guatemala reichte. Grundlage dafür waren eiserne Disziplin und ein düsterer Glaube an Götter und die ordnende Macht des Todes.

An der Spitze der hierarchischen Gesellschaft standen ein Monarch, eine Priesterkaste und eine Adelsschicht. Unter ihnen gediehen Handel, Gewerbe, Handwerk, die Künste, Astronomie und Heilkunde. Vieles guckten die Azteken den Maya ab. Tenochtitlan wurde zu einer von Prachtstraßen und Kanälen durchzogenen und von schwimmenden Inseln umgebenen Tempel- und Handelsmetropole, in der 200 000 Menschen lebten. Die Inseln dienten ihnen als Obst- und Gemüsegärten; Dämme verbanden die Stadt, in der sich unvorstellbare Schätze in Gold, Silber und Edelstein ansammelten, mit dem Festland.

Ohne den Beistand von Göttern war das nicht zu schaffen. Diese aber verlangten menschliches Blut. Also floss Blut, und zwar bei Ritualen symbolischer Selbsttötung der Priester, die sich mit Obsidianmessern und Dornen an Zunge, Lippen, Genitalien und anderen Körperstellen Wunden beifügten. Ergiebiger jedoch waren Menschenopfer, für die Kriegsgefangene und vom Oberpriester ausgesuchte Männer, Frauen

86 Mexiko

1 bis 4, 8 Die Tempelfassade in Teotihuacan: Kopf und Körper der gefiederten Schlange, Symbol des Gottes Quetzalcoatl, sowie Schmuckreliefs. 5 Die 65 Meter hohe Sonnenpyramide von Teotihuacan. Die Tempelstadt wurde um 300 v. Chr. von einem unbekannten Volk gegründet. Rund 1600 Jahre später erhoben die Azteken die Ruinen zum mythischen Ort. 6 Tamtoc: Relief am heiligen Ort der Huesteca Kultur bei Tamuin. 7 Teotihuacan: Blick von der Mondpyramide auf die Straße der Toten, mit der Sonnenpyramide im Hintergrund. 9 Aufstieg auf die Sonnenpyramide.

und Kinder herhalten mussten. 18 Mal im Jahr war Opferfest. Das Schlachten konnte drei Tage dauern, da annähernd 200 Götter bedient sein wollten. Den Opfern wurde bei lebendigem Leib das Herz herausgerissen und den Überirdischen dargereicht. Das Blut ergoss sich derweil über die Tempeltreppe. Kannibalismus war Teil einiger Riten. Die Schädel der Opfer wurden aufgespießt und auf einem Gerüst verwahrt – als Leistungsnachweis gegenüber den Göttern. 136 000 Schädel sind von einem Chronisten einmal gezählt worden.

Dem unappetitlichen Treiben bereiteten die Spanier unter Hernan Cortez ein Ende. Sie nahmen 1519 den Aztekenkönig Montezuma gefangen, der während eines Aufstandes seiner Untertanen im folgenden Jahr getötet wurde. 1521 ließ Cortez Tenochtitlan dem Erdboden gleichmachen und die schwimmenden Felder zerstören. Mehr als die Hälfte der Bevölkerung kam dabei um. Für die Azteken bedeutete das letztlich das Aus.

Von Ciudad Juarez bis Guatemala

Las Pozas – ein surrealistischer Traum

Dieser Ort ist magisch. Las Pozas ist voll von esoterischen und Freimaurer-Symbolen: ein surrealistisches Gesamtkunstwerk aus Dschungelflora, Landschaft und absurder Architektur, geschaffen mit Intuition und Mimikry der umgebenden Natur. Gotische Fenster, Wendeltreppen, die nirgendwohin führen, Orchideen, die auf gigantischen bunten Betonblumen wachsen, Farne, die aus leeren Fenstern sprießen, Tempelchen und Pagoden neben idyllischen Wasserfällen, halb vollendete Gebäude, in die der Urwald eindringt. Geschaffen wurde das Ganze von Edward James, einem schottischen Aristokraten und Nachkommen von König Edward VII., der sich für surrealistische Kunst begeisterte und zu den Förderern von Picasso, Dalí, Magritte und Max Ernst gehörte. 1945 entdeckte er Xilitla, eine hübsche, abgelegene Kleinstadt auf einer Hügelspitze der Sierra Madre. Er war fasziniert von der exotischen Schönheit des Regenwalds, der Flora und Fauna. 1962 begann er neben einem Urwaldbach nahe bei Xilitla mit der Verwirklichung seiner Traumwelt. Bei seinem Tod 1984 war Las Pozas noch immer unvollendet, ganz im Sinne des surrealistischen Postulats, dass ein fertiges Kunstwerk ein totes Stück ist.

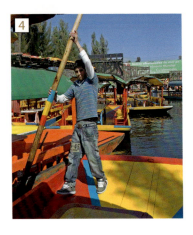

gab es rund 700 verschiedene indianische Stämme auf mexikanischem Boden, die aufgrund der geografischen Zerrissenheit des Landes ein weitgehend isoliertes Eigenleben führten. Was sie miteinander verband, war der Groll gegen einen gemeinsamen Feind, die übermächtigen Azteken. Unter diesen Voraussetzungen hatte Cortez leichtes Spiel, indianischen Widerstand zu brechen. Binnen zwei Jahren war Tenochtitlan (um die 200 000 Einwohner) dem Erdboden gleichgemacht und das Aztekenreich erobert. Wer von den Ureinwohnern spanische Gräuel und Intrigen überlebte, hatte eine reelle Chance, von Pocken oder einer anderen eingeschleppten Seuche ausgelöscht zu werden. Innerhalb eines Jahrzehnts sank die Zahl der Indianer Mexikos um die Hälfte. Die Usurpatoren brachten freilich nicht nur Not und Elend über das Land. Mit ihnen kamen Erfindungen und Errungenschaften der Alten Welt, von denen auch die Indios profitierten: Haus- und Nutztiere, neue Nutzpflanzen (Getreide), das Rad, der Pflug, die Buchstabenschrift sowie neue Technologien (Textil, Keramik, Glas, Metall). Und sie bauten Städte, in denen sich europäischer Barock und indianische Elemente zu einem einmaligen kolonialen Stil verbanden, dem *Churrigueresco*, dessen unverwechselbarer Charme vielerorts auch heute noch zu spüren ist. Während der ersten Jahrzehnte spanischer Herrschaft entstanden u. a. Mexico City (aus den Trümmern Tenochtitlans), Puebla (1531), Morelia (1540), Guadalajara (1541), Merida (1542) und Zacatecas (1546).

Das Interesse von Cortez an Mexiko beschränkte sich, nach eigenem Bekunden, auf das dort vermutete Gold. Als fröhlicher Landmann das

Feld zu bestellen, war seine und seiner Gefolgschaft Sache nicht. Darin zeigt sich ein grundsätzlicher Unterschied zur späteren angloamerikanischen Kolonisierung entlang der nördlichen Atlantikküste. Gleichwohl spielten auch in der kolonialen und postkolonialen Geschichte Mexikos das Land und seine Nutzung eine zentrale Rolle, wenn auch eine andere. Von weitreichender Bedeutung war darüber hinaus, dass Berührungsängste mit anderen Ethnien im damaligen Spanien seit der Reconquista, der Rückeroberung des Landes von den Mauren, von der politischen Führung nicht thematisiert wurden und dass eine päpstliche Bulle 1537 die Indianer gar zu Menschen deklarierte. Sie konnten deshalb nicht versklavt werden – zumindest vorerst nicht. Man fand daher nichts dabei, Indianerinnen zu heiraten und die Kinder aus solchen Verbindungen zu legitimieren. Dies galt für Adel, Militär und bäuerliche Siedler gleichermaßen. Unter diesen Voraussetzungen konnte eine Bevölkerung entstehen, die sich zu 60 Prozent aus Mestizen (weiß-indianisches Mischblut), zehn Prozent reinen Weißen (Kreolen meist spanischer Herkunft) und 30 Prozent Indios zusammensetzt.

Intrigen und Korruption

Bis weit ins 20. Jahrhundert hinein bestimmten Interessenkonflikte, Intrigen, Korruption und blutige Auseinandersetzungen die Geschichte Mexikos. Fast immer ging es dabei um eine Umverteilung von Grund und Boden.

Die spanischen Eroberer hatten Großgrundbesitz geschaffen. Einige wenige einflussreiche Familien und die katholische Kirche wurden mit riesigen Latifundien, *encomiendas*, bedacht. Mit dem Land gingen auch die darauf lebenden Indios in den Besitz der neuen Herren über. Gleichzeitig wurde das aztekische System der *ejidos*, des kommunalen Besitzes und der gemeinschaftlichen Bewirtschaftung des um die Dörfer liegenden Landes, beibehalten. Die Ejidos dienten dem Lebensunterhalt der Dorfbewohner, während diese mit ihrer Arbeitskraft gleichsam als Leibeigene den Großgrundbesitzern dienten. Im Lauf der Zeit wurden die meisten dieser Kommunen von den Großdomänen, den *haciendas*, verschlungen. Unter dem Diktator Porfirio Diaz (1877–1910), dessen Verdienste um die politische und wirtschaftliche Stabilisierung des Landes ansonsten unbestritten sind, wurden die letzten Ejidos an Günstlinge und ausländische Spekulanten verscherbelt. 1910, am Vorabend der Revolution, waren es nicht einmal mehr vier Prozent der mexikanischen Bauern, die noch Land besaßen. Alle anderen fristeten als Tagelöhner, *campesinos*, ein kümmerliches Dasein, während z. B. auf dem nördlichen Plateau eine einzige Familie eine Fläche von der Größe Dänemarks, Hollands und der Schweiz ihr Eigen nennen durfte.

Das drangsalierte Landvolk erhob sich 1810 unter dem Priester Miguel Hidalgo und – nach dessen Hinrichtung 1811 durch Regierungstruppen – unter Jose Maria Morelos gegen die spanischen Kolonialherren und die mexikanische Oberschicht (Kreolen). Morelos starb 1815 im Kugelhagel eines königstreuen Erschießungskomman-

1 Im Stadtviertel Coyoacan von Mexico City. 2 Eine junge mexikanische Schönheit mit Begeitung am »Tag der Jugend«. 3 Indianische Folklore in Mexico City. 4 Naherholung in Mexico City. Kähne in den schwimmenden Gärten von Xochimilco warten auf Gäste. 5 Junger Geiger einer Mariachi-Kapelle. 6 Die imposante Kathedrale von Mexico City. 7 Farbenfrohe Ausflugskähne in Xochimilco. 8 Die Fassade der Universität von Mexiko zeigt Motive aus der Kulturgeschichte des Landes.

dos. An seine Stelle trat Vicente Guerrero, der während der nächsten sechs Jahre einen erbitterten Guerilakrieg führte. Die Angst vor liberalen Tendenzen im Mutterland trieb 1821 das konservative Establishment Mexikos seinerseits dazu, sich von Spanien loszusagen. Mit der Unabhängigkeit kam General Antonio Lopez de Santa Anna an die Macht, ein korrupter diktatorischer Wendehals, der Staatspräsidenten nach Belieben ein- und absetzte, sich selber viermal in dieses Amt hievte, das Land an den Rand eines Bürgerkrieges führte und 1855 ins Exil entschwand. Der breiten Masse der Mexikaner brachten diese Wirren natürlich nichts. Ihre Hoffnung ruhte auf dem Zapoteken Benito Juarez, der 1858 Präsident wurde und entschlossen war, die katholische Kirche zu entmachten. Er verfügte die Trennung von Kirche und Staat, löste Klöster auf und verstaatlichte kirchliches und klösterliches Land, das er den Indios zurückgeben wollte. Es blieb bei der Absicht, da Spekulanten Wege fanden, es aufzukaufen. Wohl auch deshalb, weil der Staat pleite und Juarez gezwungen war, 1861 die Rückzahlung von Auslandsschulden zu stoppen. Das gab Ärger mit Frankreich, Spanien und Großbritannien, die Vera Cruz, Mexikos wich-

tigsten Hafen, besetzten. 1864 rief Napoleon III. Mexiko gar zum Kaiserreich aus – Spanier und Briten hatten sich längst zurückgezogen – und installierte den Habsburger Maximilian I. auf dem Thron. Die USA sahen darin eine Verletzung ihrer Monroedoktrin (einseitig verkündet 1823) und schickten Truppen an den Rio Grande, woraufhin auch die Franzosen abzogen. Der glücklose Maximilian I. wurde hingerichtet. Des Volkes Zorn entlud sich 1910 in einem Aufstand gegen das sich selbst perpetuierende Diaz-Regime. Man spricht von Revolution, die freilich eher einer sich über Jahre hinziehenden Anarchie glich, weil an verschiedenen Fronten so ziemlich jeder gegen jeden kämpfte. Nachfolger von Diaz wurde Francisco I. Madero, Spross einer Familie mit Geld und Einfluss, der den alternden Diktator ausmanövrierte. Madero seinerseits wurde 1913 Opfer eines Komplotts seines Generals Victoriano Huerta, dessen Machtübernahme einigen Herrschaften im Lande gehörig missfiel. Im Norden rebellierten Venustiano Carranza und seine Generäle Francisco »Pancho« Villa, Alvaro Obregon und Pablo Gonzales, im Süden Emiliano Zapata. Mit ihm und seinem Schlachtruf »Boden und Freiheit« bekam das Chaos endlich Konturen. Zapata wollte die Haciendas abschaffen und das Land den Campesinos geben. Er wurde zur Symbolfigur der Revolution und zum Idol der Besitzlosen. Carranza und Villa, die von den Amerikanern mit Waffen beliefert wurden, vermochten derweil, Huerta zu stürzen. Carranza folgte ihm als Präsident, während Pancho Villa nach einem Streit mit seinem Chef mit seiner Nordarmee im Untergrund sein eigenes Süppchen kochte und so für die einen zum Banditen, für die anderen zum mexikanischen Robin Hood mutierte. Unter Carranza, der Zapata meuchlings ermorden ließ, gab sich Mexiko 1917 eine sozialistische Verfassung. Die Ziele der Revolution blieben

> **Stark und unabhängig – die Frauen von Juchitan**
> Filme sind schon über sie gedreht, Bücher über sie geschrieben worden. Die Frauen vom Isthmus gelten als besonders stark, besonders unabhängig und haben mit dem mexikanischen *machismo* überhaupt nichts am Hut. Und schön sind sie auch noch: »Sie bewegen sich wie ein königlicher Pfau«, erzählt ein Reisebericht. Auf dieser Insel der Seligen regiert der Warentausch und der Nutzwert. Anhäufung von Geld wird nicht so gern gesehen – jeder, der etwas Geld eingenommen hat, schmeißt ein Fest mit Mariachigruppe und Essen. Das bestimmt den sozialen Status in Juchitan, nicht ein neues Auto. Für die aus der Machokultur gedrängten und verfolgten Homosexuellen bedeutet Juchitan oft Zuflucht und Lebensperspektive. Hier können sie unbehelligt leben und arbeiten.

Ein zauberhaftes Reiseland im Umbruch

Mehr als sieben Jahrzehnte stand Mexiko unter der Fuchtel einer Staatspartei, die seit 1946 unter dem Namen Partido Revolucionario Institucional (PRI) firmierte. Sie kontrollierte nicht nur den Staat, sondern auch die Medien, die Wirtschaft, das Bildungswesen, den Sport sowie religiöse und bürgerliche Gruppierungen. Wie man weiß, produzieren Systeme dieser Art über kurz oder lang eine aufgeblähte Bürokratie, politischen Filz, Misswirtschaft und alle erdenklichen Formen von Korruption. Mit der Präsidentschaftswahl im Sommer 2000 wurde das Machtmonopol der PRI gebrochen, was viele Wähler als zweite Revolution feierten.

Trotz der Schwächen des Einparteienstaates schaffte Mexiko in der zweiten Hälfte des 20. Jahrhunderts den Wandel vom Entwicklungsland zum modernen Gemeinwesen, auch wenn die Hälfte der Bevölkerung immer noch von Landwirtschaft und Viehzucht lebt. Im Wissen um den Reichtum an Bodenschätzen, die Anziehungskraft seiner Kulturdenkmäler und seiner Natur schuf das Land eine leistungsfähige Infrastruktur (Straßen- und Schienennetz, Transportwesen, Elektrifizierung, Wasserversorgung etc.) und damit die Voraussetzung für einen wirtschaftlichen Aufschwung, die Ansiedlung neuer Industrien und die Entwicklung eines längst boomenden Tourismus. Die wirtschaftlichen Veränderungen in der jüngeren Geschichte Mexikos begünstigten die Entstehung einer bürgerlichen Mittelschicht, die sich zwischen den pseudofeudalistischen Klüngel der Besitzenden und die Masse der Besitzlosen schob. Sie bietet die Gewähr für ein

jedoch unerreicht. Prompt wurde auch er 1920 per Attentat entsorgt. Nicht viel besser erging es einigen seiner Nachfolger. Die längst überfälligen Reformen kamen erst 1934 mit Lazaro Cardenas, einem Mestizen mit taraskischem Hintergrund, der innerhalb von sechs Jahren mehr Haciendabesitz unter die Bauern brachte als sämtliche Präsidenten vor und nach ihm zusammen: 18 Millionen Hektar für 800 000 Campesinos. Er restaurierte Ejidos, baute Schulen auf dem Lande, verstaatlichte die von Amerikanern und Briten kontrollierte Ölindustrie und stärkte die Position der Gewerkschaften.

1 Der Nationalpark Lagunas de Montebello mit seinen rund 50 Seen liegt südöstlich von Comitan de Dominguez (Chiapas) an der Grenze zu Guatemala. 2 Die Kaskaden von Aqua Azul südlich von Palenque (Chiapas), Aqua Azul ist ein Geheimtipp für Wildwasser-Kajakfahrer. 3 Im Nationalpark Sumidero Canyon am Grijalva River, nordwestlich von San Cristobal de las Casas (Chiapas). Der Canyon im Herzen des Parks ist 1000 Meter tief und mit dem Boot zu erreichen. 4 Der äußerst fotogene Tukan, ein Bewohner des tropischen Regenwalds, ist nur schön anzusehen, sein Gekreisch ist kein Ohrenschmaus

Zu Besuch beim Hexer von Catemaco

Catemaco ist voller schwarzer Magie. Wie jedes Jahr am ersten Freitag im März ist die Stadt voller Zauberer und Hexen. Sie kommen, um auf einem Hügel außerhalb der Stadt ihre Kräfte zu erneuern und sich von der negativen Energie zu befreien, die sie beim Praktizieren der schwarzen Magie auf sich laden. Hector ist einer von ihnen. Viele Leute suchen ihn auf, sagt er, um »*una Limpia*«, eine Reinigung von bösen Kräften, Geistern und Einflüssen, zu bekommen. Wenn nötig, kann man aber auch einen Todeszauber bei ihm kaufen. »Teuer, aber nicht so schwer«, sagt er. Was man dazu braucht, ist eine Puppe aus schwarzem Tuch, einen Knochen eines Menschen, eine Kröte und natürlich die Erlaubnis des Teufels. Die muss er persönlich einholen, in einer Höhle in den Hügeln draußen vor der Stadt, wo der Teufel »herumhängt«. Mit dessen Genehmigung bindet er Knochen und Puppe zusammen, schiebt sie der Kröte in den Hals und näht ihr das Maul zu. Auf einem Friedhof muss er dann nur noch die richtigen Worte in der richtigen Reihenfolge sagen, und die unglückliche Zielperson stirbt binnen 30 Tagen (die Kröte übrigens auch, nur schneller).

gewisses Maß an gesellschaftlicher Stabilität. Probleme wie Landflucht oder die schon fast obszöne Kluft zwischen Reich und Arm sind damit allerdings nicht gelöst, wie periodisch wiederkehrende Gewaltexzesse beweisen. Jüngstes Beispiel ist der Aufstand der sich auf den Revolutionshelden Zapata berufenden Indios von Chiapas und die ziemlich unsensible militärische Reaktion von Regierung und Großgrundbesitz in den 1990er-Jahren. Der zivile Ungehorsam dieser Nachfahren der Maya sollte indessen nicht verwechselt werden mit den Gewaltorgien rivalisierender Drogenkartelle, die in unseren Tagen vor allem Städten entlang der Grenze zu den USA und Touristenhochburgen an den Küsten zu schaffen machen. Grenzüberschreitungen in unserer globalisierten Welt sind zu einer solchen Selbstverständlichkeit geworden, dass man sie oft kaum noch wahrnehmen würde, wäre da nicht eine finster dreinblickende Gestalt in Uniform, die darauf erpicht ist, ihre Autorität in einen Reisepass zu stempeln. Wer freilich aus den USA nach Mexiko einreist, würde auch ohne diesen Hüter staatlicher Hoheit erkennen, dass er eine politische und zugleich eine Grenze zwischen zwei Kulturen überschritten hat: der angelsächsischen, puritanisch-protestantischen, kapitalistischen Kultur auf der einen Seite und der indio-mediterranen, katholischen, individualistischen und zugleich kollektivistischen, barocken Kultur Lateinamerikas. So jedenfalls hat es der bedeutende mexikanische Schriftsteller Carlos Fuentes formuliert. In der Tat, der Unterschied offenbart sich im typischen Bild eines mexikanischen Städtchens. Das Zentrum bildet ein Geviert, *plaza* oder *zocalo* genannt, das als Park angelegt ist – mit Blumenrabatten, Sträuchern, Schatten spendenden Bäumen und einem Musikpavillon. Gesäumt wird der Platz auf einer Seite von der Kirche, auf den ande-

1 Auf der Hauptstraße 20 de Noviembre von San Cristobal de las Casas (Chiapas) während der *semana santa* (Karwoche). 2 Teilnehmer an einer Osterprozession im Chiapas. 3 Jedes Jahr fertigt eine andere Familie in Chiapa de Corzo (Chiapas) den Kirchenschmuck aus Blättern und Blüten. 4 Osterprozession in Chamula (Chiapas). Im Glauben der Indios vermischen sich vorchristliche und christlich-katholische Elemente. 5 Ende der Osterprozession in San Cristobal de las Casas. Christus wird vom Kreuz genommen. 6 Wache vor der Kirche in Zinacantan, einem Dorf nördlich von San Cristobal. Die Colaflaschen enthalten ein berauschendes Getränk von religiöser Bedeutung. 7 Einer, der das Kreuz trägt – Osterprozession in San Cristobal de las Casas.

ren von arkadenbewehrten Ämtern und Geschäften. Der Zocalo erwacht zu prallem, pittoreskem Leben an Markt- und Festtagen, wenn Feuerwerk, Mariachiklänge, fremdartige Düfte und anmutig gekleidete, flanierende Menschen Lebensfreude pur verströmen. Entlang der oft mit Kopfstein gepflasterten Straßen, die vom Zentrum wegführen, stehen ein- oder zweigeschossige flache Häuserzeilen mit unprätentiösen Fassaden. Hinter den kargen Gemäuern verbergen sich indes oft Patios von paradiesischer Schönheit, in denen tropische Fülle und Farbenpracht mit der Buntheit exotischer Vögel wetteifern. Mexiko ist ein Fest für Auge, Ohr, Nase, Gaumen und angesichts der überwältigenden Gastfreundschaft – wenn man nicht gerade als Gringo (Amerikaner) gehandelt wird – für die Seele. Für die Bedürfnisse des Geistes hält das Land unvergleichliche archäologische Schätze in Museen und an Ausgrabungsstätten bereit. Und alles auf dem Hintergrund grandioser, atemberaubend schöner Landschaften. Zauberhaftes Mexiko.

Die Maya – Hochkultur und Untergang

Von den Niederungen Yucatáns, Guatemalas und Belizes bis in die Berge von Honduras erstreckte sich das Land der Maya. Als Bauern, die in Dörfern lebten und von Schamanen geführt wurden, betraten sie im ersten vorchristlichen Jahrtausend die Bühne der Geschichte. Um 300 v. Chr. entstanden die ersten Städte, aus denen im Lauf der Zeit mächtige Stadtstaaten wurden. Die imposanten Ruinen von Chichen Itza, Uxmal, Calakmul, Palenque, Bonampak, Tikal und Copan, um nur einige zu nennen, künden noch immer von ihrem Glanz. Trotz des babylonischen Gewirrs von 31 Sprachen und der ständigen Kriege gegeneinander entwickelten die Maya eine gemeinsame Religion und Lebensart; ein gemeinsames Reich aber schafften sie nicht. Die Blüte ihrer Kultur währte von ca. 300 bis 900 n. Chr. Die Stadtstaaten wurden jeweils von einem König, der sich gerne als Gott inszenierte, und einer Adelskaste regiert. Die Gesellschaft glich einer Pyramide, deren Last die Bauern trugen. Die Hierarchie spiegelte sich in der relativen Distanz der einzelnen Schichten zum sakralen Bereich der Stadt; die Hütten der Bauern lagen am weitesten davon weg. Ihren Göttern huldigten die Maya in Tempeln auf Plattformen, zu denen mächtige Stufenpyramiden hinaufführten. Menschenopfer und ein für die Verlierer tödliches Ballspiel waren Teil ihrer Riten.

Durch Handel mit Jade, Türkisen, Obsidian, Jaguarfellen, Federn von Papageien, Meeresmuscheln, Keramik, Baumwolle, Kakao und Tabak brachten es die Städte zu Wohlstand. Sie legten Bewässerungssysteme und Kanäle zur Wasserversorgung an. Ihre Gelehrten erfanden eine Schrift, an deren Entschlüsselung die Forschung immer noch zu knabbern hat, und einen Kalender; sie beobachteten die Bahnen der Planeten, führten Tabellen über Sonnenfinsternisse und betrieben Mathematik auf hohem Niveau.

Der ziemlich plötzliche Untergang dieser Hochkultur stellt die Forschung vor Rätsel. Man nimmt inzwischen an, dass er durch eine Reihe kausal zusammenhängender Umstände verursacht wurde, nämlich als Folge politischer Instabilität, eines raschen Bevölkerungswachstums und von Nahrungsmittelknappheit. Die Böden waren ausgelaugt, und neues Agrarland stand wegen der Bevölkerungsdichte nicht zur Verfügung. Das führte zu Verteilungskämpfen in Form von Kriegen zwischen den Stadtstaaten. Mayapan, die letzte große Stadt der Maya, wurde 1441 ausgelöscht.

1 Eingang zu Yaxchilan im Lacandonen-Urwald an der Grenze zu Guatemala. Die Ruinenstadt der Maya ist nur über den Rio Usumacinta zu erreichen. 2 Relief im nordöstlichen Teil des zwischen 615 und 783 erbauten Königspalastes von Palenque (Chiapas). 3 Der Sonnentempel in Palenque. Auf dem Dachkamm wird beschrieben, wie Kan B´alam auf den Thron kam. 4 Treppenaufgang zum Königspalast von Yaxchilan. 5 Tempel der Inschriften in Palenque. Die Pyramide diente als Totengruft für den Mayaherrscher Pacal den Großen.

Durch indianische Kulturen

Sechs Staaten schlagen die Brücke zwischen den beiden Amerikas: Guatemala, El Salvador, Honduras, Nicaragua, Costa Rica und Panama. Die Panamericana berührt auf ihrem Weg in den Süden indianische Kulturen und besondere Landschaften: Regenwälder, Seen, Vulkane, stille Hochebenen und auch ein Stück Wüste.

Ort	Teilstrecke	Gesamtstrecke
Guatemala City	0	16213
León	1023	17239
Panama City	1317	18556
Colón	82	18638
	2425	18638

Die Vulkane Toliman und San Pedro am Lago de Atitlan.

Von Guatemala bis zum Panamakanal

An die Straßenränder gerollte Autoreifen werben für die zahlreichen Mechaniker, Reifenflicker und Auspuffschweißer, die sich an der Peripherie der Panamericana niedergelassen haben. Eine Billigunterkunft reiht sich an die nächste. Dichte Abgase vernebeln den Blick, reizen die Nase, und sobald man aus dem Wagen steigt, legt sich ein Film aus Feuchtigkeit und Staub über die Haut. Wir befinden uns in der dampfenden Stadt Tapachula, die als die heißeste Mexikos gilt, an der Grenze zu Guatemala. Bald hinter der Grenze kühlt die Luft dramatisch ab, wenn die Panamericana durch die trockenen Ausläufer der Sierra Madre auf Quetzaltenango zukurvt. Der Ort des Quetzalvogels liegt auf 2400 Metern Höhe. Zwischen braungelben Sierras platziert, hat sich der Ort zu einer attraktiven Stadt entwickelt, mit Universitäten, bedeutsamen indianischen Festen und einer kolonialspanischen Architektur.

Auf dem Weg zum Lago de Atitlán führt eine Abzweigung nach Chichicastenango mit seinem farbenprächtigen Markt. Einen ersten Blick auf den malerisch gelegenen Ort hat man vom Mirador Santo Tomás aus, bevor die Straße in schwindelerregenden Kehren zunächst ins Tal des Río Grande hinab- und wieder hinaufklettert. In der Klosterkirche Santo Tomás mischen sich indianische mit katholischen Bräuchen: Die Stufen hinauf zum Portal sind indianischen Riten vorbehalten, im mit Kopalharz aromatisierten Kircheninnern werden christliche Heilige verehrt. Sololá heißt dann der Knotenpunkt, um zum Lago de Atitlán auf 1600 Metern Höhe zu gelangen, während Maisfelder die Straßen säumen.

Alexander von Humboldt war fasziniert von dem See

Der Lago de Atitlán war für den deutschen Gelehrten und Naturwissenschaftler Alexander von Humboldt der schönste des Subkontinents; und er müsste es eigentlich wissen, denn er hat Lateinamerika bereist und vermessen. Der erste Blick auf den See ist tatsächlich ver-

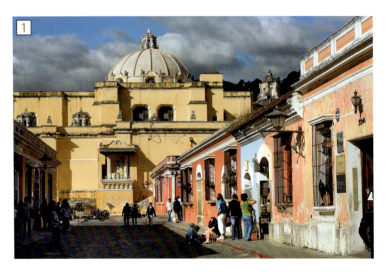

heißungsvoll: Tiefblau und von drei dicht bewaldeten, über 3000 Meter hohen Vulkanen umgeben präsentiert er sich. Kaffee- und Gemüsefelder sprenkeln die grünen Hänge. Bootsstege ragen ins tiefblaue Wasser, in dessen Oberfläche sich die Vulkane spiegeln.
Die ans Ufer geschmiegten indianischen Dörfchen tragen die Namen katholischer Heiliger: Santa Catarina, San Juan, San Marcos. Doch was ist indianisch, was katholisch? Junge Kakquichel-Frauen tragen T-Shirts zu ihren traditionellen knöchellangen Webröcken. Im Dorf Santiago de Atitlán wird ein schrulliger Heiliger verehrt, Maximón (siehe S. 99, Bildtableau), zu dem Tausende Gläubige pilgern. Die Figur der Catarina in Santa Catarina ist mit Lamettaketten herausgeputzt. In leeren Garagen dröhnt aus basslastigen Boxen die rabiate Predigt irgendeines evangelikalen Sektenpredigers.
Panajachel bildet die Eingangspforte zu diesem Reigen aus hochinteressanten Dörfern, ein Paradies für vornehmlich junge Gäste aus Spanien, Kanada, der Schweiz, den USA, Niederlande, aus Deutschland, Italien und Japan.

Antigua am Fuße der Vulkane

Santiago de los Caballeros de Guatemala hat einen hochfahrenden Namen: königliche Hauptstadt der spanischen Kolonie. Doch mit der Platzierung hatten die Eroberer kein Glück. Der Ort wurde 1543 zu

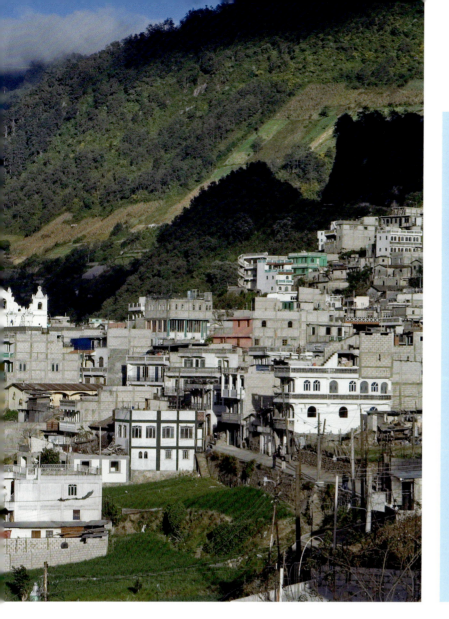

San Simon – Besuch beim Heiligen der Maya

Bei den Spaniern heißt er San Simon, die Ladinos nennen ihn Maximón, und die Maya kennen ihn als Riilah Mahm. Man hält ihn für die Vereinigung der alten Maya-Götter mit Judas aus der Bibel und Pedro de Alvaro, dem Konquistador Guatemalas. Maximón wird im ganzen guatemaltekischen Hochland als Heiliger mit überirdischen Kräften verehrt, dem man opfert und den man um Heilung oder einen Gefallen bittet.

In San Andres sitzt San Simon, flankiert von Statuetten christlicher Heiliger, als lebensgroße Puppe in einem Glaskasten. Die Schamanin Calixta besprüht ihn mit Aqua de Florida und beschenkt ihn mit Zigaretten und Rum. Irgendwas in der Maya-Sprache murmelnd, berührt sie seine Stiefel mit einem Sträußchen eines blühenden Krauts, mit dem sie danach meine schmerzenden Knie ausgiebig bewedelt.

Zum Abschluss der Zeremonie entzünden wir noch eine geometrische Anordnung farbiger Kerzen, um unseren Wünschen Nachdruck zu verleihen. Draußen im Hof, wo »Priesterinnen« für Besucher des Tempels Opferfeuerchen aus farbigem Reis und Kerzen mit den vorgeschriebenen Formeln begleiten, warten schon drei Mariachis auf uns. Wer Maximón ein Ständchen spendiert, dem ist er besonders gewogen. Geholfen hat es zwar nicht, aber es war den Versuch wert.

Füßen der Vulkane El Agua, Fuego und Acatenango gegründet, dekorativ zwar, aber von Erdbeben bedroht. 200 Jahre lang blühte die Stadt auf. Kirchen und Paläste und auch eine Universität entstanden. Letztendlich aber erwies sich der Platz als zu unruhig: 1773 vernichtete ein Erdbeben die Stadt. Die spätere Hauptstadt Guatemala wurde 45 Kilometer entfernt auf einer Hochebene neu gebaut.
Und so blieb von dem Namen Santiago de los Caballeros de Guatemala der Name Antigua Guatemala erhalten, und um es von dem neuen Guatemala zu unterscheiden, wurde der Name noch einmal verkürzt auf Antigua.
Doch auch nach dem Erdbeben wurde die Stadt nicht einfach aufgegeben. Viele prächtige Repräsentationsbauten und Klöster schmücken heute noch Antigua und machen es zu einem bezaubernden Reiseziel. Diese besondere Architektur steht seit 1835 unter Denkmalschutz. Die Mitte bilden der repräsentative zentrale Parque Central

1 Antiguas eindrucksvollste koloniale Kirche, Nuestra Señora de la Merced, steht am Nordende der Avenida 5a, die mit ihrer kolonialen Architektur zu den schönsten Straßen Antiguas gehört. 2 Zunil, eingerahmt von steilen Hügeln und einem Vulkan, ist ein hübsches Marktstädtchen in einem fruchtbaren Tal im westlichen Hochland Guatemalas. 3 Auf den quirligen Märkten Guatemalas bieten die einheimischen Frauen ihre farbenprächtigen selbst gewebten Textilien bevorzugt den Touristen an.

Von Guatemala bis zum Panamakanal

Unter Kaffeepflückern in El Salvador

»Ruta de las Flores« hat man die Strecke getauft, um Touristen ins westliche El Salvador zu locken. Tatsächlich gibt es etliche Gärtnereien, die auf der fruchtbaren vulkanischen Erde ihrem Gewerbe nachgehen. Prominent, unübersehbar ist das Schachbrett der Windschutzhecken in den Kaffeeplantagen an den Berghängen. Im Januar ist Erntezeit, in der die Kaffeepflücker die Plantagen bevölkern. Manchmal sieht man sie vom Weg aus zwischen den Kaffeesträuchern. Flinke Hände streichen die reifen, gelben und roten Früchte von den Zweigen und lassen die grünen unberührt, denn die sind weniger wert und müssen vor dem Wiegen mühsam ausgelesen werden, bevor der strenge Vorarbeiter den Sack akzeptiert. Nachmittags gehen sie zur Waage irgendwo am Wegrand mitten in der Plantage und lassen schweigend das Gewicht ihrer Tagesausbeute notieren. Die Kaffeepflücker sind Saisonarbeiter aus Ataco, Yuayua und den umliegenden Orten. Wer flink und sorgfältig arbeitet, kann 20 US-$ am Tag verdienen, viel Geld für das ländliche El Salvador. Kann man davon das ganze Jahr leben? Juan zuckt mit den Achseln: »Die ganze Familie hilft bei der Ernte mit, damit etwas übrig bleibt für den Rest des Jahres, und wenn man keinen anderen Job findet, dann muss man sich eben einschränken.«

und sein Musikpavillon. Wie aus dem Handbuch für Kolonialstilistik schmücken ihn schattige Arkadengänge, Lieblingsziel für Flaneure zu jeder Uhrzeit, denn dahinter verbergen sich Geschäfte, Museen, Cafés etc. Die Catedral de Santiago mit üppig dekorierter Fassade bedeckt einen ganzen Straßenblock. Das Kloster Santo Domingo wurde in ein Luxushotel umgewandelt. Seit 1965 Weltkulturerbe der UNESCO, zieht Antigua auch viele Sprachschüler an.

Ein Abstecher nach Guatemala-Stadt

Die auf einem Hochtal gelegene Stadtlandschaft von Guatemala City wächst beständig in die Umgebung hinein. Die besseren Wohnviertel überziehen die umliegenden Berge, denn wer mehr verdient, leistet sich den Luxus von weniger Abgasen, die sich im Zentrum akkumulieren. Zwei Millionen leben in einem Agglomerat der verschiedensten Bezirke, ordentlich durchnummeriert von 1 bis 21, wobei die Zona 1 der historischen Innenstadt entspricht. Restaurants und Hotels, Bars, Diskotheken und Kneipen liegen in der Zona 10, der »Zona Viva«. Der Stolz des neuen Guatemala ist der Konsumtempel Tikal Futura, ein großartiger Spiegelbetonpalast, der die Architektur einer Pyramide ins Moderne übersetzen will.

Zurück auf der Panamericana. Opulent vertreten präsentiert sich hier die guatemaltekische Imbisskette »Pollo Campero«. Sie hat sogar den

Sprung in die USA geschafft, wo sie McDonalds und Burger King Konkurrenz macht – die Guatemalteken schlagen die Fast-Food-Ketten mit ihren eigenen Mitteln –, und die Soßen sind köstlich und typisch für die Gegend.

In die Kaffeeanbauregion El Salvador

Gerade mal so groß wie Hessen ist *Pulgarcito*, der Däumling, El Salvador, das winzigste Land im mittelamerikanischen Potpourri, das mit viel Mühe sein Bürgerkriegsimage abzustreifen versucht. Die Regierungen jedenfalls strengen sich mächtig an, El Salvador auf der touristischen Landkarte zu verankern. Steht es landschaftlich seinen Nachbarn doch in nichts nach, denn es besteht ebenso wie alle anderen Länder aus Kordilleren voller Vulkane, Tropen und Meer. Surfer lieben die Wellen an den schwarzsandigen Stränden. Die unter einem dreigipfeligen Vulkan gelegene Hauptstadt San Salvador poliert ihren Ruf als modern-kosmopolitische Metropole auf, und Kolonialdörfchen und ruhige tropische Nationalparks locken mit dem Charme des Unentdeckten. Dennoch ist nach dem 1992 beendeten Bürgerkrieg die Gewalt geblieben. Vor allem in bestimmten Bezirken der Hauptstadt (1,5 Mio. Einw.) operieren die Jugendgangs *Maras*, die zu den brutalsten Banden Mittelamerikas zählen. So winzig der Däumling ist, so kurz sind die Wege und die Umwege von der sehr gut ausgebauten Panamericana aus zu den Küstenstränden wie Puerto de la Libertad und Playa Sunzal und den Kolonialorten sowie nach Sonsonate, der *Ciudad de las Palmas*, Palmenstadt, einer tropischen Schönheit mit einer Kolonialstilkirche. Wer sich anschließend auf den lohnenden Abstecher zur Ruta de las Flores in Richtung Ahuachapán begibt, dem wird es bald wieder kühler: Er führt unterhalb einer Vulkankulisse durch bergiges Kaffeehacienda-Gebiet nach Nahuizcalco, Juayúa, El Jardín de Celeste und Ataco, in pittoreske, hübsch gele-

gene Ortschaften. In östlicher Richtung von Sonsonate dehnt sich der Parque Nacional Los Volcanes aus, den man über eine gut ausgebaute, ziemlich kurvige Straße erreicht. Wir befinden uns jetzt im gebirgigen Herz von El Salvador, mitten in der Kaffeeanbauregion, und genießen wunderbare Aussichten auf den Cerro Verde und die Vulkane Santa Ana und den jungen Izalco, die den tiefblauen Vulkansee Lago de Coatepeque überthronen – eine stille, magische, fast meditative Landschaft. Die Vulkane kann man besteigen, aber auf keinen Fall unbegleitet, damit man die Wegstrecken nicht verliert, denn sie sind nicht markiert.

Noch ein Stückchen wieder zurück in Richtung Guatemala liegt der Kolonialort Santa Ana, ebenfalls ein kleines stilistisches Juwel mit einem sehenswerten Theater aus dem 19. Jahrhundert, das bezeugt, wie gut sich die Kaffeeexporte in klingende Münze umsetzen ließen, denn diese Schönheit mit marmornen Treppenaufgängen lieferte der reichen Oberschicht das polierte Parkett. Um den schönen Parque Central mit dem Rathaus und der neogotischen Kathedrale konzentriert sich das kleinstädtische Leben.

1 Der Kaffeeanbau ist eine wichtige Einkommensquelle in Mittelamerika. Hier reifen Kaffeekirschen am Strauch. 2 Lang ist die tägliche Schlange der Kaffeepflücker vor der Waage; ihr Lohn berechnet sich nach Gewicht.
3 Kaffeebohnen trocknen unter der Sonne El Salvadors; immer wieder müssen sie gedreht und gewendet werden. 4 Getrocknete Kaffeebohnen; eine Kirsche enthält zwei davon. 5 Es ist ein ganz besonderes Erlebnis, auf dem Vulkan Pacaya die aus der Bergflanke strömende Lava zu beobachten.
6 Guatemala ist das Land der Vulkane. Hier ein Blick vom Pacaya über das Tal des Rio Michatoya zum Volcán de Agua. 7 Die Stele des Maya-Königs Waxak Lahun Ubah K'awil (alias King 18 Rabbit) in Copan, Honduras, wurde 731 v. Chr. erbaut.

Der Filibuster William Walker

Die Länder der mittelamerikanischen Landbrücke schlossen sich 1838 zu den Vereinten Provinzen von Zentralamerika zusammen, doch dieses Bündnis hielt nicht lange. In die anschließenden politischen Wirren stürzten sich die USA und Großbritannien, und das umso mehr, als das Goldfieber in Kalifornien ausgebrochen war und Nicaragua als schmales Landband zwischen Atlantik- und Pazifikküste mit schiffbarem Fluss und See einen geeigneten und ausbaufähigen Handelsweg aufzuweisen schien. Der Arzt und Journalist William Walker wurde, mit finanzieller Protektion durch die USA, von den Liberalen Nicaraguas zum Söldnerführer gegen die Konservativen – und Großbritannien – berufen. Er setzte sich 1857 selbst zum Präsidenten ein und verkündete sein Ziel: weiße Plantagenbesitzerkolonien in der gesamten Landbrücke zu installieren.

In den von Moskitos wimmelnden Regionen herrschte damals Platz für solche wirren Expansionsgelüste. Doch Walkers Fortune war nicht von Dauer: 1860 wurde er in Honduras von der Armee erschossen.

Die Panamericana im Süden von Honduras

Den breitesten Teil der mittelamerikanischen Landbrücke teilen sich Honduras und Nicaragua, doch die Panamericana durchmisst Honduras lediglich im Süden entlang des Golfo de Fonseca, der mit vielen kleinen Vulkaninselchen geschmückt ist. Und so braucht es einige zeitintensive Abstecher von der Panamericana durch das gebirgige Zentrum, um das Land kennenzulernen. Das ist nicht so einfach, denn die Straßenverbindungen sind nicht immer von bester Qualität. In dem bettelarmen, von Hurrikanen und Erdrutschen geplagten Land kann das auch gar nicht anders sein, und so sind Kleinflugzeuge und

1 Ein alltäglicher Anblick im ländlichen Mittelamerika: Frauen tragen ihre Tageseinkäufe traditionell auf dem Kopf nach Hause. 2 Die Tempeltürme der Maya-Stadt Tikal ragen aus dem endlosen grünen Meer des guatemaltekischen Dschungels. 3 Einen Aufenthalt wert ist das hübsche Kolonialstädtchen Suchitoto in El Salvador, das für seine blütenweiße Kirche Santa Lucia und seine Kopfsteinpflasterstraßen berühmt ist. 4 Der Stausee Cerrón Grande (oder Lago de Suchitlan) ist ein wichtiger Rastplatz für Zugvögel.

Boote die üblicheren Verkehrsmittel: So lernt man die Kaffee- und Bananenplantagen kennen, die landwirtschaftlichen Haupteinnahmequellen in Honduras.

Ins Maya-Imperium Copán

Das Land gehörte einst auch zum Herrschaftsgebiet der Maya, die in Copán eine ihrer bedeutsamsten Kulturstätten hinterließen. Diese ist allemal einen Abstecher wert. Die Anreise verläuft in mehreren Etappen: Nach San Pedro Sula kommt man mit dem Flugzeug, und von dort geht es weiter nach San José de Copán, das im fruchtbaren Tal des Río Copán liegt. Archäologen vermuten, dass einstmals 24 000 Menschen in dem antiken Copán lebten. Das macht die Anlage zur größten Stadt des Maya-Imperiums (250–900 n. Chr.). Doch auch sie wurde wie die anderen im mexikanischen Tiefland auf der Halbinsel Yucatán verlassen. Die Gründe kennt man nicht.

Die künstlerische Hinterlassenschaft beeindruckt sehr. Die Vielzahl der kunstvoll bearbeiteten Stelen, Tempel und Pyramiden sucht ihresgleichen, eine monumentale Akropolis diente den Herrschenden als Prunk- und Verwaltungssitz, und ganz besondere Aufmerksamkeit verdient eine Treppe, die über und über mit unzähligen Schriftzeichen bedeckt ist. Sie erzählen die Geschichte von Copán. Für viele gilt diese Treppe als die aufregendste und erstaunlichste Überlieferung der Maya-Kultur überhaupt und Copán als das Zentrum, das alle anderen Fundstätten überstrahlt.

Mosquitia – ein karibisches Paradies

Der Weg zu einem weiteren landschaftlich-kulturellen Höhepunkt wird dann richtig umwegig. Mosquitia heißt das Ziel, und es handelt sich dabei um den größten zusammenhängenden Regenwald Mittelamerikas (32 500 qkm). Die UNESCO hat ihn zum Biosphärenreservat erklärt. Die schwierige und langwierige Anreise mit dem Flugzeug nach Brus Laguna und von dort aus mit dem Boot ist nur außerhalb der Regenzeit von September bis Februar möglich. Aber dann entfaltet sich ein kleines karibisches Paradies: Auf einem Teppich aus Feuchtwäldern, Mangroven, Sümpfen und Dschungeln entrollen sich Wasserfälle, Lagunen, Kokospalmenhaine, verschönt durch den größten Orchideenreichtum der Welt. Wer sich, angeleitet durch naturkundige heimische Reiseorganisationen, noch ein bisschen weiter in die Karibik wagt, erlebt die schwarze Kultur der Garifuna, die neben der indianischen Miskito, Pesch und Tawhaka an der Karibikküste zu Hause ist. Karibische Hafenatmosphäre verströmt die Kolonialstadt Trujillo, in der Nähe liegen wunderbare Strände.

Auf die Panamericana zurückgekehrt, geht es in Richtung Nicaragua über Choluteca, eine der heißesten Städte in Honduras. Sie ist eine uralte spanische Gründung mit der traditionellen, schönen Plaza inmitten eines Palastensembles aus der Barockzeit. Eine strahlende silberfarbene Bogenbrücke führt über den Río Choluteca in die Stadt hinein – und auch wieder hinaus in Richtung Nicaragua.

Pause in Nicaragua

Auf dem Weg von der heißesten Stadt des Landes, Chinandega, in die alte Universitätsstadt León sollte man zwei Dinge in den urigen Raststätten an der Panamericana probieren: *tiste* und *quesillo*. Alle Fern-

1 Im Handbetrieb wird Mais auf einer Hacienda auf dem Land gemahlen und … 4 … in der Stadt »mechanisiert«. 2 und 7 In Bananen- oder Maisblätter eingewickelt, werden die Tamales mindestens eine Stunde lang geköchelt oder gedämpft, bevor sie serviert werden. 3 Gekocht wird meist auf offenem Herdfeuer im Hof der Hacienda. 5 Tortillas backen in einem Straßenimbiss in Honduras. 6 Tamales, die »Sandwiches« der Lateinamerikaner, sind mit Hühner- oder Schweinefleisch gefüllte Taschen aus Maisteig. 8 Gekrönt wird der Quesillo mit einem Schlag saurer Sahne.

Mais – die Ernährungsgrundlage Mittelamerikas

Mais ist Religion, ist Lebensnahrung, ist Bezugspunkt der altamerikanischen Kulturen. Die Maya kennen einen Maisgott, und die aus geschrotetem Mais hergestellten Tortillas bilden die Ernährungsgrundlage. Der 1967 mit dem Nobelpreis für Literatur ausgezeichnete guatemaltekische Schriftsteller Miguel Angel Asturias widmete ihm seinen Roman *Maismenschen*.

Die Wirklichkeit ändert sich. Die Mittelamerikaner in ihrer Hassliebe zu den USA lieben nordamerikanisches Fast Food, das bei ihnen nicht im Mindesten den Ruch von Billiggerichten hat. Ganz im Gegenteil: Kartoffelchips, das margarineweiche Toastbrot »Pan Bimbo« (heißt wirklich so), Hotdogs und Hamburger haben Mittelklasse-Status. Empörung breitet sich aus unter den Traditionalisten, die ihre typische Kultur gefährdet sehen.

Und doch dominieren Produkte den Agrarmarkt, deren Anbau internationale Absatzmärkte erreichen: Soja und Sorghum – und nicht Mais, das alte indianische und so gesunde Lebensmittel. Das hat dazu geführt, dass von den einst über 100 bekannten Maissorten nur noch zwölf übrig geblieben sind. Mais muss in den Ländern der Maismenschen mittlerweile importiert werden – aus den USA.

Quesillo und Tortillas – Fast Food à la Nicaragua

Die halb verfallene Hütte am Straßenrand sieht nicht sonderlich gut aus. Aber Hector zeigt auf die lange Reihe geparkter Autos und auf die kauenden Gestalten davor: »Das musst du probieren, Alemán, gibt es nur in Nicaragua.« Hinterm Tresen streicht eine rundliche Doña Frischkäse auf eine warme, frisch gebackene Tortilla, rollt sie zu einer dicken Zigarre zusammen, steckt sie in eine schlauchförmige Plastiktüte und fragt freundlich lachend etwas Unverständliches. Ein kurzer Blick genügt ihr, und schwupps landet eine Kelle saurer Sahne mit Zwiebel-Konfit auf der Tüte. Die schmatzenden Kunden von Doña Martha um mich herum geben mir wortreich Nachhilfe im Quesillo-Essen: Tüte unten zuhalten, dann die Tüte oben vorsichtig zurückziehen, abbeißen und aufpassen, dass die Sauce nicht herauströpfelt. Schmecke gut – aber bekleckert habe ich mich trotz guter Tipps.

»Komm mit, Gringito!« Aus der Hütte taucht eine andere freundlich grinsende Lady auf und zieht mich hinein. An einem langen Tisch formt sie Kugeln aus Maismehlteig, die von ihrer Nachbarin sofort platt gedrückt, ausgerollt und auf ein Blech befördert werden, unter dem ein Holzfeuer lodert. Nummer drei wendet und trägt die fertigen Tortillas als dampfenden Stapel zum Tresen.

Von Guatemala bis zum Panamakanal

Die Casa de los Tres Mundos – eine Bildungsinitiative

Kunst als soziales Projekt – auf diese Idee muss man erst einmal kommen. In der Casa de los Tres Mundos, Haus der drei Welten, in Nicaraguas kolonialem Juwel Granada wird es ausprobiert. Ersonnen haben dieses Projekt 1988 der österreichische Schauspieler, Schriftsteller und Moderator Dietmar Schönherr gemeinsam mit dem Dichter Ernesto Cardenal; heute sind die beiden betagten Herren Ehrenpräsidenten und Henning und Luise Scherf, die sich seit Langem für Nicaragua engagieren, die Vorsitzenden der Stiftung. Diese Kultur- und Bildungsinitiative bietet Kindern und Jugendlichen in einem wunderschönen Kolonialhaus aus dem 17. Jahrhundert Workshops in Musik, darstellender und bildender Kunst an – Fächer, die im normalen Schulprogramm nicht enthalten sind. Dass Beschäftigung mit Kunst eine soziale Komponente enthält, die Kreativität, Teamgeist und Selbstwertgefühl fördert und kein elitäres Gedusel ist, dafür mussten Schönherr und Cardenal erst Überzeugungsarbeit leisten. Die Mannschaft der Casa de los Tres Mundos arbeitet auch außer Haus, in *barrios* und in Malacatoya, das vom Hurrikan »Mitch« zerstört und mit Spendengeldern aus der Stiftung wieder aufgebaut wurde.

fahrer essen die mit Frischkäse gefüllten Maistortillas und trinken den mit geröstetem Mais vermischten Kakao dazu. Erfrischt und macht total satt. Das flache grüne Land, das wir durchfahren, dient der Rinderzucht. Auf einigen kleinen Parzellen werden Ananas und Reis angebaut, es gibt Zuckerrohr- und Baumwollplantagen. León gilt neben Granada als die schönste Kolonialstadt Nicaraguas. Viele meinen, sie sei so schön, weil sie nicht so herausgeputzt ist. Sorgfältig restauriert wurden die Barock-Kathedrale Basilíca de la Asunción von 1747, auf deren Dach man spazieren kann und in der Rubén Darío beerdigt ist, und der Erzbischöfliche Palast. Gegenüber liegt der Colegio de San Ramón, in der einst die früheste Universität Nicaraguas untergebracht war, die Universidad Autonóma aus dem Jahr 1752. Auch León hat eine tragische Geschichte. Die Spanier hatten der Stadt zuerst einen Platz unterhalb des Vulkans Momotombo am Ufer des Managua-Sees zugedacht und dabei ignoriert, dass Momotombo auf Nahuatl »kochender Berg« hieß. 1580 brach der Vulkan aus, Lava begrub die koloniale Gründung. Erst 30 Jahre später und nach vielen weiteren Erdstößen verließen die Siedler die Stadt. Als ihre Nachfahren später den Ort ihrer Eltern suchten, fanden sie nichts – außer Asche. Sie ersannen die Legende von einer versunkenen Stadt, in der nachts ein zartes Glockengeläut zu hören war. 1967 gruben Archäologen an dieser Stelle und legten tatsächlich das untergegangene León frei, eine Plaza und auch die Kirche. León Viejo kann man heute besichtigen.

Wechselvolle Geschichte Managuas

Mitten durch Nicaraguas Hauptstadt schneidet die Panamericana. Sie beginnt im Südwesten und verlässt Managua am Flughafen Augusto César Sandino im Nordwesten. Dazwischen liegen auf Dutzenden von Kilometern Wellblech- und Holzverschläge, Palmenalleen, von Denkmälern gekrönte moderne Rotunden, helle Hochhäuser, Viertel mit Landhäusern und schmucken Gärten, auch Brachland, auf dem Kühe weiden – nur eine Mitte sucht man vergebens. Managua wurde 1972 vom Erdbeben zerstört. Die internationalen Hilfsgelder wanderten in die Privatschatullen des damals herrschenden ultrarechten Somoza-Diktatorenclans. Diese Unterschlagung brach ihr das Genick.

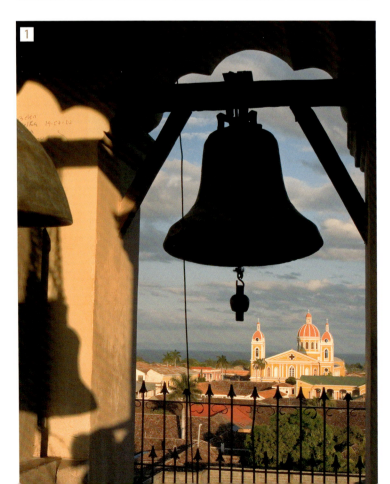

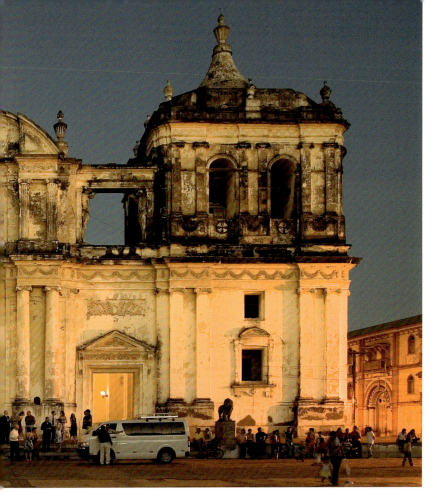

1 Blick von der Kirche La Merced zur Kathedrale von Granada. Granada ist die drittgrößte Stadt Nicaraguas und wahrscheinlich die älteste europäische Stadt auf dem amerikanischen Festland. 2 Die Basilica de la Asunción am Parque Central von León, Mittelamerikas größte Kathedrale. 3 Seit einigen Dekaden hat der Vulkan Masaya keine Probleme mehr gemacht, er ist aber immer noch aktiv, auch wenn sein Krater derzeit nur raucht. 4 Hinter Granadas pastellfarbenen Fassaden und geschnitzten hölzernen Toren findet man wunderbare Hotels, ausgezeichnete Restaurants und lebendige Bars.

Bis in die Spitzen der Oberschicht organisierte sich der Widerstand gegen das brutale Regime – und so erfocht die Sandinistische Befreiungsfront, unterstützt von nahezu allen Nicaraguanern, den Sieg über die Diktatur. Das am Ufer des Managuasees liegende brettflache Managua verwirrt durch seine vielen Gesichter. Ansehen sollte man sich den luftigen Nationalpalast, das Sandino-Museum hoch über der 1,5 Millionen-Stadt im ehemaligen Folterbunker von Somoza – und auch die neue Kathedrale, ein minimalistisches Meisterwerk des mexikanischen Stararchitekten Roberto Legorreta.

Die Panamericana wendet sich nun gen Norden in die gebirgige Kaffee- und Viehzüchter-Region, eine liebliche grüne Landschaft mit Stauseen und netten Städtchen wie Matagalpa und Jinotega. Die Fleischportionen kommen riesig auf die dortigen Teller, und um die zentralen, baumbestandenen Plazas, Parques Centrales, schart sich das Leben.

Granada am Lago Nicaragua

Eine der ersten Städte, die die spanischen Eroberer gründeten, war 1524 Granada am Lago Nicaragua. Strategisch lag es blendend, leider auch für Piraten, die vom 17. Jahrhundert an das Karibische Meer unsicher machten. Denn in den See mündet der Río San Juan, der wiederum in den Atlantik fließt und so die Verbindung zu Granada übers Wasser herstellt. Als Handels- und Verwaltungszentrum bot Granada genügend Reize und Reichtümer. Dreimal wurde es geplündert, unter anderem von dem berüchtigten Henry Morgan.

Heute spaziert es sich gut in den gepflegten Straßen entlang von restaurierten Palästen und barocken Kirchen. In der wunderbar restaurierten Casa de los Leones residiert die Bildungsstiftung Casa Tres Mundos von Dietmar Schönherr und Ernesto Cardenal, die ein interessantes Kulturprogramm meist gratis anbietet. Der von Mangobäumen und Jacaranda beschattete zentrale Parque Colón weist mit seinen Imbissbuden und Kunsthandwerksständen den typisch lateinamerikanischen Trubel auf. Nicht mehr ganz so gepflegt geht's weiter in Richtung Süden zwischen *malinches*, *chilamates* und Mangobäumen hindurch. Pflastersteine aus Beton bilden den Belag, in den der tropische Regen Lücken reißt. An den großen Straßenkreuzungen bestürmen in blütenweiße Spitzenschürzen gewandete Köchinnen mit Empanadas und weiteren Köstlichkeiten aus der nicaraguanischen Küche Bushaltestellen und Tankstellen.

Von Guatemala bis zum Panamakanal 107

Wie finde ich bloß …?
Sie wollen ins Hotel Casa Real? Kein Problem! Die Adresse lautet Lomas de Guadalupe, Rotonda Rubén Darío, 2 cuadras al Oeste, 2 cuadras al Sur, ½ cuadra al Este. Auf Deutsch: An der Rotunde Rubén Darío zwei Straßenblöcke nach Westen, zwei Blöcke nach Süden, dann noch einmal einen halben Block nach Osten – und schon sind Sie da! Kann doch nicht so schwer sein.
Verständnislos gucken hilft auch nicht bei folgender Adresse: Das Reisebüro, in dem Sie Ihre Flugtickets abholen können, liegt dort, wo einmal die Banco del Café stand, und von dort einen Block in Richtung See und dann einen Block nach unten. Natürlich wissen Sie, wo einmal die Banco del Café stand und was »ein Block nach unten« bedeutet. Und wenn nicht, ja, dann machen Sie sich nichts draus, diese in Nicaragua und Costa Rica übliche Adressensbezeichnungen irritieren zum Teil sogar Ortskundige. Vertrauen Sie sich einem Taxifahrer an – zum Laufen ist es eh zu heiß.

Sicher und bequem durch Costa Rica
Im Reigen seiner Nachbarn hat Costa Rica die eindeutig ruhigere Vergangenheit hinter sich, und für die Gegenwart hat es sich das Etikett, die Schweiz Lateinamerikas zu sein, redlich verdient. Das ist nicht nur auf seine Gepflegtheit gemünzt, sondern auch auf seinen politischen Status: 1948 erschütterte ein Bürgerkrieg das Land, der sechs Wochen

währte, also im Vergleich zu seinen Nachbarstaaten eine geradezu lächerlich kurze Zeit, und gleich danach wurde die Armee abgeschafft, das dabei frei gewordene Geld in die Bildung gesteckt. 1983 erklärte es seine »unbewaffnete Neutralität«. Und so reist es sich sehr sicher und bequem durch das kleine Land, *Tiquicía*, wie es sich selbst den Diminutiv gegeben hat. Erste und gleich überwältigende Station ist der Parque Nacional El Arenal, der den gleichnamigen Vulkan (1643 m) umschließt.

450 Jahre lang hatte der komplett von Vegetation bedeckte Arenal geschwiegen, 1968 ereignete sich die erste protokollierte Eruption. Seitdem sendet er immer wieder Rauchzeichen in die Luft. Der zweite Vulkan des Parks, El Chato, misst 1100 Meter und ruht tatsächlich. Im Nationalpark gibt es viele Wanderwege, die aufregendsten beginnen allerdings an der Forschungsstation Arenal Observatory Lodge außerhalb des Parks.

Monteverde, Santa Elena und Los Niños

Um zu den Nebelwäldern der Naturreservate Monteverde, Santa Elena und Los Niños zu kommen, geht's auf die Piste, und die ist ziemlich feucht und rutschig. Quäker aus Alabama besiedelten diesen Flecken in den 1950er-Jahren und begründeten dort eine Milchwirtschaft, die bald florierte. Sie waren die Ersten, die den ökologischen Gewinn der Nebelwälder mit ihren Baumstockwerken, Epiphyten und Unterholzdickichten verstanden und Schutzregionen, *reservas biológicas*, schufen. Man kann sich kaum vorstellen, welche Kreise diese Initiative international zog: Der benachbarte Bosque de los Niños, größtes Privatreservat des Landes, geht zum Beispiel auf Aktionen von europäischen Schulkindern in den 1980er-Jahren zurück. Der weitere Verlauf der Panamericana wird noch einmal richtig abwechslungsreich. Zunächst klettert sie die Sierra hinauf auf 3300 Meter, um wenige Kilometer danach über Nebelwälder und Moorlandschaften ins Tal des Río Grande de Terraba hinabzusteigen.

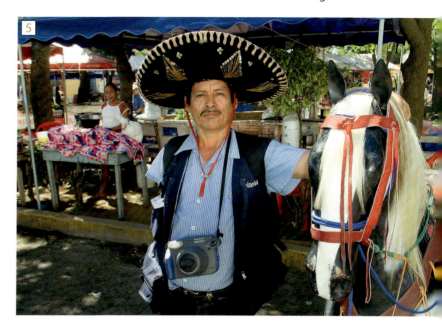

1 und 2 Durch den Regenwald an den Hängen des Vulkan Mombacho, einem Naturreservat mit exotischen Pflanzen und blühenden Sträuchern, führen schmale Pfade. 3 Ein neugieriger Bewohner der Isla de los Monos (Affeninsel). Vor der Haustür Granadas im Nicaragua-See liegt das Mini-Archipel Las Isletas. 4 Eine Schönwetterwolke verbirgt den rauchenden Krater des Volcán Concepcion auf der Ometepe-Insel im Nicaragua-See. 5 »Bitte aufsteigen!« – Erinnerungsfotos für die Durchreisenden. Das ausgestopfte Pony des Kollegen in Jinotepe hält bestimmt still. 6 Und träge fließt die Zeit – Siesta irgendwo auf dem Land.

Von Guatemala bis zum Panamakanal 109

Panama-Stadt – UNESCO-Welterbestätte und moderne Boomtown

Die erste angenehme Assoziation ist der Hut. Jeder weiß, wie der aussieht: hell, ein Fliegengewicht, geflochten, mit breiter Krempe. Er beschützt tropentauglich und dazu noch ganz attraktiv das Hirn vor der mittelamerikanischen Sonne. Allerdings liegt die Hochburg und Heimat des Panamahutes nicht in Panama, sondern in Ecuador, genauer gesagt in dem schönen Cuenca. Und der Hut hieß auch nicht immer so, sondern »jipi-jipa« nach einem ecuadorianischen Herstellungsort. Da kommen wir später noch hin.

Diese flexiblen Hüte aus Naturfasern sollen die Arbeiter beim Bau des Panamakanals getragen haben, womit wir bei der zweithäufigsten Assoziation wären. Der 1914 fertiggestellte Kanal zwischen den beiden Weltmeeren ging auf einen Bauplan des Franzosen Ferdinand de Lesseps von 1876 zurück. Das war damals eine Sensation, lag doch die einzige Öffnung und somit die Seetransportpassage für Güter 4000 Kilometer weiter südlich in der Magellanstraße kurz vor Feuerland. Die überwältigende Zeit- und Kostenersparnis ließen ein so kühnes Projekt wie diesen Kanaldurchstich zwischen den beiden großen Weltmeeren Atlantik und Pazifik als aussichtsreich und finanziell lohnend erscheinen, doch alarmierend viele Arbeiter starben und erkrankten an Malaria, dazu kamen große finanzielle Probleme. Die USA übernahmen schließlich den Bau und brachten ihn bis 1914 zu Ende – verbunden mit der Maßgabe, als Financier des aufwendigen und langwierigen Projektes die Kontrolle und Oberhoheit innezuhaben, was in der Praxis bedeutete, dass Panama einen kleinen US-Staat entlang dem Küstenstreifen errichtete. Das führte vollkommen voraussehbar zu Spannungen.

1 Tradition und Moderne: Kuna-Indianerin in einer Telefonzelle in der Casco Viejo. 2 Panama-Stadt, hier an der Punta Paitilla, wächst atemberaubend schnell. 3 Neugierige Kinder auf dem Paseo las Bóvedas. 4 Casco Viejo, die Altstadt von Panama, ist seit 2003 UNESCO-Welterbestätte. An der Bucht von Panama-Stadt beginnt der Camino Real, der über den Isthmus zur Karibik führt. 5 Fuerte San Jeromino, 1596 erbaut, sollte den Naturhafen Portobelo gegen Angriffe englischer Piraten schützen. 6 Blick auf den Stadtteil Bella Vista. Das moderne Panama City ist eine vibrierende Boomtown.

Jetzt zur dritten Assoziation, dem Kinderbuch *Oh wie schön ist Panama* von Janosch. Alle Panamaer werden dem überwältigend zustimmen, die finsteren Zeiten eines Manuel Antonio Noriega sind längst vorbei, die das kleine Land in die negativen Schlagzeilen brachten, und von einem Häuschen am langen Sandstrand träumt jeder. Der Beweis beginnt etwa 20 Kilometer jenseits der Grenze bei La Concepción, einem kleinen Handelszentrum für die reiche Palette landwirtschaftlicher Erzeugnisse wie Gurken, *ají*, eine süßscharfe Pfefferschote, Mais, Kartoffeln, Zwiebeln, Mais und Koriander.
Die Panamericana ist gut ausgebaut auf diesem Abschnitt bis hinunter nach Panama City, was sich von den anderen Straßen nicht unbe-

Von Guatemala bis zum Panamakanal

dingt behaupten lässt. Von dem gemächlichen, sauberen La Concepción aus lässt sich das schnell erfahren, denn um den Nationalpark mit dem einzigen Vulkan des Landes zu sehen, den 3475 Meter hohen Barú, geht's in den gebirgigen Norden. Der nicht mehr aktive Barú ist mit einem Jeep zu erklimmen. Schöner ist die nicht allzu anstrengende Wanderung, weil man die verschiedenen Vegetationsstufen wesentlich unmittelbarer erfasst. Wenn das Wetter mitspielt, kann man vom Gipfel des Barú Pazifik und Atlantik gleichermaßen erspähen. Überhaupt entpuppt sich der ganze Nationalpark, der den Vulkan umgibt, als ausgezeichnetes Wandergelände.

Die weiteren Städte entlang der Panamericana sind allesamt nicht die wahren Attraktionen. Die drittgrößte Stadt des Landes, David, verfügt als Handelsstadt für die landwirtschaftlichen Produkte der Region über alle Annehmlichkeiten, die ein Gast so braucht, Restaurants, Hotels etc., aber besonders schön ist sie nicht. Aber man kann sich gut einen Chirimoya-Saft kaufen, entspannen oder sich einige Abstecher gönnen. Wunderbar sandig und nicht überlaufen sind die Strände und natürlich auch die Bocas del Toro, eine malerische und typisch karibische Inselgruppe. Durchaus nachvollziehbar, dass jeder Panamaer von einem Strandhäuschen träumt.

Hinter dem heiß-schwülen David, wesentlich größer, aber vom Temperament her ähnlich nüchtern wie La Concepción, wechseln die Landschaften ab. Nördlich schließt sich das Kaffeeanbaugebiet an. Die imposante Puente de Américas überspannt mit 1624 Metern Länge den Panamakanal. Und schon sind wir in Panama City, das uns sein modernes Hochhausantlitz präsentiert, ein Glitzerturm neben dem nächsten, spiegelglatt und hochmodern. Und doch gibt es noch ein ganz anderes Gesicht: kleinstädtisch fast, mit schmalen Straßenzügen, Tante-Emma-Läden, bunt bemalten Fassaden, löchrigen Mauerwänden, aber auch schönen großzügigen Gebäuden im Kolonialstil, die durch gemütliche, beschattete Plazas miteinander verbunden sind. Panama ist Zentralamerikas »Boomtown«. Und speisen kann man hier – absolut international. Aber wir, ganz ehrlich, verzichten auf Sushi und Foie gras und gehen lieber Mais, Tamales, essen.

1 Die Panamericana überquert den Panamakanal auf der elegant geschwungenen Punte de las Americas. Die von den USA finanzierte und 1958–1962 errichtete Brücke galt über viele Jahre als eine der längsten Brücken der Welt. 2 Das Besucherzentrum der Miraflores-Schleuse am Pazifik-Eingang zum Kanal. Mehr als 14 000 Schiffe befahren jährlich den Kanal. 3 Dieselloks, die 45 Prozent Steigung überwinden können, ziehen die Schiffe durch die Schleusen. 4 Schichtwechsel an der Miraflores-Schleuse. 5 Auch für die Crew ist das Schleusen stets eine Herausforderung. 6 Im Gatun-See, vor der Gatun-Doppelschleuse (oben rechts) auf der Atlantik-Seite bei Colon, warten die Schiffe auf die Durchfahrt.

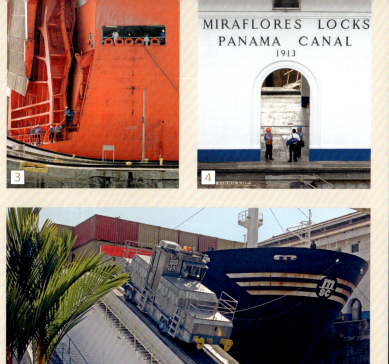

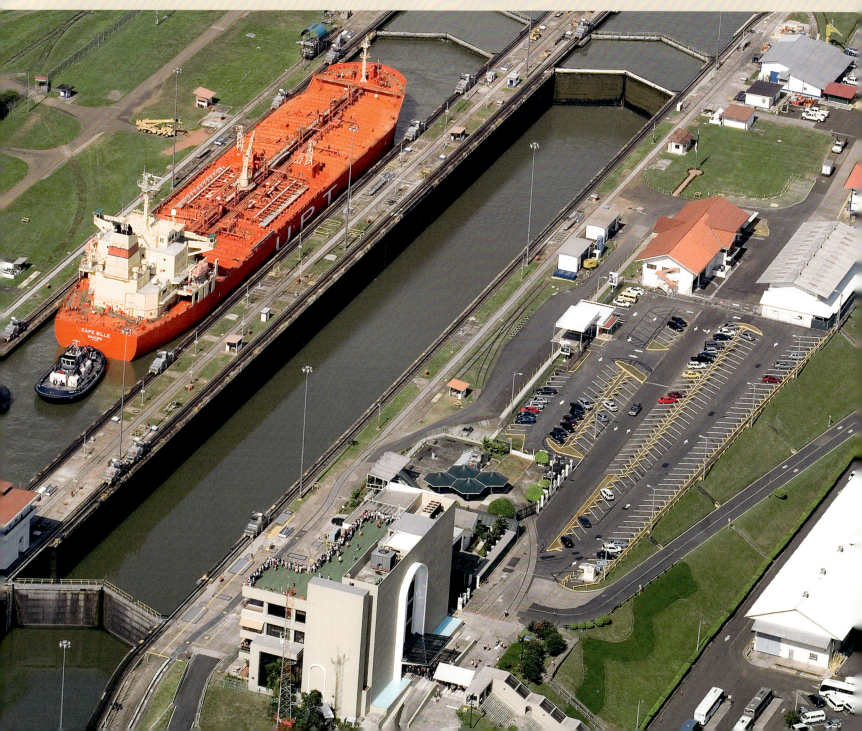

Die Panamericana erreicht den südamerikanischen Kontinent

Es ist eine indianische Welt, die die Panamericana hier verbindet, eine Welt, die im 14. und 15. Jahrhundert von den Inka beherrscht wurde – ein Gebiet, in das die spanischen Konquistadoren später ihre willkürlichen Grenzen zogen. In Lima errichteten sie ihr Vizekönigreich, von dem aus halb Südamerika kontrolliert wurde. Cusco war das Machtkraftwerk der Inka. Den südamerikanischen Kontinent erreicht die Panamericana im Norden Kolumbiens an der Karibik. Dieses Land steht heutzutage im Blickpunkt der Welt.

Ort	Teilstrecke	Gesamtstrecke
Cartagena	0	18638
Bogotá	1143	19781
Quito	1362	21143
Lima	1949	23092
Cuzco	880	23972
Puno	459	24431
	5793	24431

Nächtlicher Blick auf Kolumbiens Millionenstadt Cartagena.

Von Cartagena bis zum Titicacasee

Kolumbiens Ruf ist ruiniert. Kokain, Kaffee, Kartelle, FARC-Guerillas, Paramilitärs: Ein gefährliches Land. Darauf scheint sich das Wissen des Durchschnittseuropäers über Kolumbien zu beschränken. Und die deutschen Medien hauen eifrig mit in diese Kerbe.

In der Tat ist die FARC (Fuerzas Armadas Revolucionaries de Colombia) in den schwer zugänglichen Dschungelgegenden noch immer aktiv. Im ideologischen Lügenponcho der volksbefreienden Idealisten stecken heute machthungrige schmutzige Drogenhändler. Campesinos und arme Leute töten sie bei der Verfolgung ihrer Ziele genauso kompromisslos wie Angehörige der Mittel- und Oberschicht.
Die Calí- und Medellin-Kartelle sind Geschichte, die FARC zieht sich immer tiefer in den Dschungel zurück. Dafür wuchs der Hydra in den ärmeren urbanen Gegenden ein neuer hässlicher paramilitärischer Kopf. Hier verschwinden Tausende, deren einziges Verbrechen es ist, arm zu sein. Arme gibt es genug in Kolumbien. Schätzungsweise 40 Prozent der Bevölkerung leben an oder unter der Armutsgrenze. Und noch immer zwingen viele Großgrundbesitzer den Campesinos sklavenähnliche Arbeitsbedingungen auf.
Ist Kolumbien also ein gefährliches Land? Man kann über Präsident Uribe verschiedener Ansicht sein – doch schon in seiner ersten Amtsperiode (sie endete 2006) gab es ca. 40 Prozent weniger Morde, 79 Prozent weniger erpresserische Entführungen und 66 Prozent weniger Terroranschläge. Mit List und eiserner Faust hat er die Guerillas bekämpft (die Befreiung Ingrid Betancourts war einer seiner großen Erfolge) und seinem Land den Optimismus zurückgegeben. Der Kampf gegen Guerilla und Paramilitärs läuft noch, aber er läuft in die richtige Richtung.

Cartagena de Indias – Stadt der Legenden

Mythisches Weltkulturerbe, Stadt der Legenden und Romanze: Wo einst Gold-, Silber, Perlen- und Smaragdschätze Südamerikas in den Bäuchen spanischer Galeonen verschwanden, wo Freibeuter wie Sir Francis Drake unter der Totenkopfflagge Angst und Schrecken verbreiteten, hat man viele Piratenattacken erlebt und überlebt. Zuletzt scheiterte Admiral Vernon mit seiner Belagerungsflotte von 186 Schiffen und 18 000 Soldaten 1740 an den uneinnehmbaren Bollwerken und Tunnellabyrinthen. Anders als in den Zeiten der Kanonenkugeln und Enterhaken lümmeln sich heute Touristen zum Sundowner in den Sesseln des Café del Mar auf der Baluarte »Santo Domingo« und schauen hinüber zur Hochhauskulisse auf der schmalen Landzunge von Bocagrande, Kolumbiens Miami. Hinter Festungsmauern verbirgt sich die pastellfarbene Altstadt. Von den babyblauen, pistaziengrünen und ockergelben Wänden schauen hölzerne Balkone, von denen Blumenkaskaden auf die romantischen Kolonialgassen herabstürzen. Offene Pferdekutschen mit eng umschlungenen Pärchen prägen den Verkehr in der Ciudad Amurallada; in den Straßencafés mischen sich Touristen mit Einheimischen. Auf idyllischen Plätzen tummeln sich Feuerschlucker und Pantomimen, Zigaretten und Kaugummi verkaufende Kinder, Verkäufer von Lotterielosen und Mobiltelefonminuten zwischen den Open-Air-Restaurants.

Mompos – ein Weltkulturerbe

»Río Magdalena, lass mich rüber« lautet der berühmte Refrain eines Volksliedes über die Lebensader Kolumbiens. Auf einer Insel im riesigen Schwemmland hat das schwül-koloniale Weltkulturerbe mit warmherzigen, wenn auch hitzegestraften Bewohnern in ihren Mompos-typischen Schaukelstühlen, kolonialer Atmosphäre und allabendlichen Froschorchestern aufzuwarten. Träge wie der Rio Magdalena fließt hier das Leben von einem Tag zum anderen. Mompos präsentiert sich so wie Gabriel Garcia Márquez es in *Chronik eines angekündigten Todes* beschrieben hat: Schnuckelig ist die Kirche Santa Barbara, schmuddelig sind die Piratenbeizen am Flussufer. Spätestens am Ende der Regenzeit, wenn das Wasser aus dem Hochland das Delta in ein amphibisches Habitat verwandelt, in dem Boote einen höheren Stellenwert haben als Autos, übernehmen mit einsetzender Dunkelheit die Moskitos die Herrschaft über das Städtchen.

1 und 2 Kolumbien: Straßenszenen in der hübschen Kolonialstadt Cartagena de las Indias an der Karibik. 3 Das in der Kolonialzeit gegründete Santa Cruz de Mompós liegt am Río Magdalena. 4 Die schön restaurierte Altstadt von Cartagena de las Indias wurde in die Liste des UNESCO-Welterbes aufgenommen. 5 Der Tayrona-Nationalpark liegt an der karibischen Küste Kolumbiens, mittendrin stehen die Hütten des Ecohabs-Hotels. 6 Die Ciudad Perdida ist eine Stadt der Tairona aus und wurde erst 1975 entdeckt. Sie ist nur über einen dreitägigen Fußmarsch zu erreichen.

Von Cartagena bis zum Titicacasee

Die Flower Power der Silleteros

Neun Tage im August hält die »Feria de las Flores« Medellín in Atem. Konzerte, Orchideenausstellungen, ein Schönheitswettbewerb – für junge Frauen und alte Autos, eine Parade der schönsten Pferde und natürlich das Highlight: die »Desfile de Silleteros«, die Parade der Träger. In der Vergangenheit brachten die Blumenbauern der Umgebung wegen der schwierigen Geografie ihre Erzeugnisse in hölzernen Transportgestängen, den *Silletas* zum Markt in die Stadt. Zur Silletero-Parade tragen Hunderte Paisas in traditionelle Kleidung ihre blumenbeladenen Silletas durch die Stadt. Die durchschnittliche Silleta misst anderthalb Meter im Durchmesser und ist mit vielen Kilo Blumen beladen, die als nationale Symbole, abstrakte Bilder, politische Botschaften und auch Werbung für die Sponsoren arrangiert sind. Gleichzeitig säumt »ganz Medellín« die Straßen und feiert eine gigantische Party. *Aquardiente* fließt in Strömen, und alle, Silleteros, Tanzgruppen, sogar die Soldaten am Beginn und die berittene Polizei am Ende des kilometerlangen Zugs, werden mit frenetischem Beifall bedacht.

Kolumbien, Ecuador, Chile

Parque Botero in Medellín

Neben rauschenden Festen hat Medellín aber auch Kunst zu bieten. Im Skulpturenpark des berühmtesten Sohns der Stadt, Fernando Botero erwarten den Besucher dunkel schimmernde Bronzeplastiken, die einen weitläufigen Platz schmücken: seine Dickmamsell, das fette Pferd und seine Riesenkatze. Die Figuren sind ebenso voluminös und sinnlich, ebenso ein bisschen traurig in ihrer Monumentalität und bei dem allem ebenso skurril und lustig wie die Gemälde und Bleistiftzeichnungen des Künstlers.

Einem Betrachter scheinen sie ganz besonders zu gefallen. Jeden Tag kommt er hierher und poliert hingebungsvoll die sanften Kurven der Figuren auf Hochglanz, so hingebungsvoll und ernsthaft, dass die Stadt ihn jetzt zum offiziellen Skulpturenputzer ernannt hat und ihm für seine Mühen ein kleines Gehalt auszahlt. Magischer Realismus in seiner reinsten Form – in jeder anderen Stadt, vermute ich, würde der Skulpturenreiniger psychiatrischer Betreuung überantwortet.

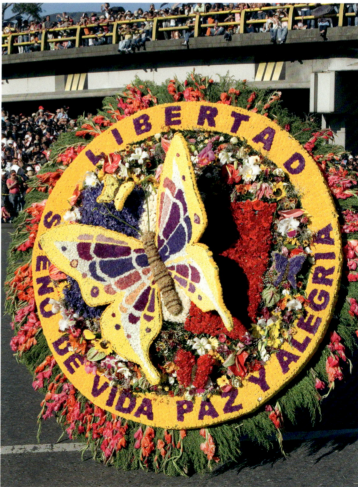

Von Cartagena bis zum Titicacasee 119

1 Die Plaza Bolivar Bogota ist das Zentrum von Santa Fe de Bogotá. 2 In den Schaukelstühlen im Hostal Doña Manuela lässt es sich aushalten. 3 Die 1547 gegründete Kolonialstadt Popayán, Hauptstadt der Cauca-Provinz, wurde 1983 von einem Erdbeben verwüstet. Blick in den Kreuzgang eines restaurierten Klosters. 4 Die Basílica Santuario Las Lajas wurde wegen einer Jungfrauenerscheinung in die Felsen gebaut. 5 Popayan ist wegen seiner kalkweißen Fassaden als »Ciudad Blanca«, weiße Stadt, bekannt. 6 Blick vom Cerro Monserrate auf die Hauptstadt und Sieben-Millionen-Metropole Bogotá. 7 Bei Pasto führen atemberaubende Serpentinen hinauf bis auf 3000 Meter Höhe.

Bogotá, die Metropole in den Anden

Mit 2600 Metern ist Bogotá (7 Mio. Einw.) neben La Paz und Quito die dritthöchst gelegene Großstadt Südamerikas. Die Stadt wächst unkontrolliert und füllt inzwischen fast das ganze Hochlandbecken »Sabana de Bogota« aus. Zentrum ist die Plaza de Bolívar, beherrscht von der Statue von Simón Bolívar. Im Osten schließt sich La Candelaria an, der noch teilweise im Original erhaltene historische Stadtteil. Die bunten Häuser mit ihren Terrakottaböden sind hübsche Anschauungsobjekte, gut als Einstimmung auf die weitaus attraktiveren kolonialen Städte Kolumbiens. Dem Chaos aus Abgasen entkommt man am besten mit der Seilbahn zum Cerro Monserrate, der einen grandiosen Ausblick aus 3000 Metern Höhe garantiert. Interessant ist auch ein Ausflug ins 50 Kilometer entfernte Zipaquira mit der unterirdischen »Cathedral del Sal«.

Kolumbien von seiner schönen Seite

Kolumbien heute ist ganz anders, als man denkt: Die Sicherheitslage hat sich in den letzten Jahren dramatisch verbessert. Das Risiko, Opfer einer Entführung oder eines Anschlags zu werden, ist minimal. Bis auf die wenigen Rückzugsgebiete der FARC kann man sich im ganzen Land gefahrlos bewegen. Entlang der Panamericana und den Hauptverkehrsadern des Landes trifft man in regelmäßigen Abständen auf die freundlich grüßenden Schutzengel der Armee in Tarnuniform. Immer hilfsbereit, taugen sie auch hervorragend als Anlaufstation für nach dem Weg fragende Touristen. Selbst in den Ruinen der präkolumbianischen Ciudad Perdida tief im Dschungel der Sierra Nevada de Santa Marta wacht ein Oberst mit seinen Mannen über das Wohl der wenigen Touristen, welche die tagelange Trekkingtour in das »Troja Kolumbiens« auf sich nehmen.

Kolumbien ist schön und mitreißend, seine Bewohner sind von unstillbarer Lebenslust erfüllt. Sie sind höflich, kultiviert und freundlich – kurzum, es lohnt sich, Kolumbien mit seinem wiedergewonnenen guten Image als Reiseland zu besuchen!

Ecuador – der Andenstaat am Äquator

Das klare, stille Licht der schneeigen Kordillere ist stets präsent im kleinsten Land der Anden. Die Panamericana hat hier ihre lieblichsten Momente, denn sie begleitet eine der malerischsten Gebirgsstrecken der Welt – hügelauf, hügelab zwischen 2000 und 4000 Metern Höhe und an schneebedeckten Vulkanen vorbei.

Zipaquira – Adam im Salz

Im Dunkel der Salzstollen von Zipaquira schimmern funzelige grüne, rote und blaue Inseln aus Licht. Kolumbianische Großfamilien stolpern andächtig von Salzkreuz zu Salzkreuz, jedes wird mit einem wahren Blitzlichtgewitter bedacht, auch wenn es genauso aussieht wie die zehn Kreuze vorher. Man befindet sich ja schließlich in der »Cathedral del Sal«, der unterirdischen »Kathedrale« im Salzberg von Zipaquira, also wird sich auch fleißig bekreuzigt – man kann ja nie wissen. Ab und zu gibt ein Balkon den Blick frei in eine große Halle, bestückt mit schwachen Lampen, deren Schein sich im Schwarz der Tiefe verliert. Zu sehen ist nichts – was soll in einer aufgegebenen Abbaustrecke auch zu sehen sein. Aber dann, tief unten im Berg, wird es doch noch kathedralenmäßig. Vom mit Engelchen geschmückten Balkon fällt der Blick auf ein riesiges, weiß be-leuchtetes Kreuz aus Salz, zu seinen Füßen, gebadet in mystisches blaues Licht, reckt ein Michelangelo nachempfundener Relief-Adam seinen Zeigefinger, um den Lebensfunken zu empfangen.

Otavalo, wo das Kunsthandwerk blüht

Der Andenort Otavalo genießt Weltruf. Unterhalb der Silhouette des erloschenen Vulkans Imbabura mit der stillen Laguna San Pablo zu seinen Füßen geht es besonders trubelig an den Samstagen zu, wenn die Feria Sabatina gefeiert wird, ein viel besuchter Kunsthandwerksmarkt, der aber innerhalb der Woche auch aufgeschlagen wird – kein Wunder, denn die *otavaleños* sind die geschäftstüchtigsten Kunsthandwerker in der an Kunsthandwerk nicht eben armen Andenregion. Nicht nur, dass auf der zentralen Plaza Ponchos, Teppiche,

Von Cartagena bis zum Titicacasee

Indigena-Markt in Saquisilí

Jeden Donnerstagmorgen verwandelt sich Saquisilí in ein merkantiles Tohuwabohu, wenn sich Heerscharen von bunten Poncho- und Filzhutträgern in den größten Indígena-Markt Ecuadors ergießen. Gefeilscht wird um Kartoffeln in allen erdenklichen Farben und Formen, um überquellende Frucht- und Gemüsestände, Mais- und Bananenberge, Körbe aus Schilfgras und Seile aus Kaktus, geröstete Meerschweinchen und lebend geschlürfte Schnecken, zusammengeschweißte Blechkanister und Pötte aus Autoreifen, gefälschte Markenjeans, Schrotgewehre und Macheten. Publikumsmagnet sind die mit Geduld und Spucke ausharrenden Lamas, Lämmer, Schweine, Esel, Enten und Gänse des Tiermarktes. Im Laufe des Nachmittags schleppen vollbepackte Mulis auf dem Nachhauseweg in die Anden ihre ebenso »sternhagelvollen« indianischen Besitzer vondannen.

Strickjacken, Perlenschmuck, Schnitzereien, Keramik und vieles mehr gehandelt wird, ihre Erzeugnisse exportieren sie auch. Kein europäischer Weihnachts- oder Kunsthandwerksmarkt, der nicht mit Ponchos und Musik-CDs *hecho en Otavalo* bestückt wäre. Die Feria wurzelt in prä-inkaischer Tradition – schon damals wurden hier Güter und Lebensmittel getauscht.

Zwei gemächliche, gemütliche Stunden durch die Täler der Andenkordillere braucht man auf der Panamericana hinunter in die Landeshauptstadt.

Quito – Hauptstadt mit Kolonialbarock

San Francisco de Quito schwebt malerisch auf einem Plateau von 2850 Metern Höhe mitten in den Bergen zwischen kleineren und grö-

1 Die Plaza in Quito bei Nacht: Die Hauptstadt von Ecuador liegt 20 Kilometer südlich des Äquators auf 2850 Metern Höhe. 2 Die Teufelsnasenbahn befährt einen besonders spektakulären Streckenabschnitt in Ecuador. 3 und 4 Schweinefleisch darf auf keinem Indiomarkt fehlen, ob gegrillt oder lebend zur Aufzucht. 5 Zwiebeln, Tomaten und 100 Kartoffelsorten: Das riesige Angebot auf dem Indiomarkt von Saquisili nutzen vor allem die Einheimischen aus dem Hochland. 6 Diese Indigenas interessieren sich mehr für die Touristen als für die Laguna Quilotoa, einen mit Regenwasser gefüllten Krater, unter dem ein noch aktiver Vulkan sitzt.

Zaruma – die Stadt auf dem Gold

Zaruma heißt das Kleinod, von spanischen Gründervätern mit bildhübschen Dekor-Holzhäusern aus der Goldgräber-Blütezeit um 1900 ausgestattet. Besonders schön die Calle Bolívar und die Plaza de la Independencia, auf denen das Leben seinen geordneten, latino-langsamen Gang geht. Derweil wird in den Stollen unter der Stadt hart gearbeitet: Druckluftbohrer fressen sich in den goldhaltigen Fels, und einmal am Tag, zum Schichtende, treibt die Spreng-Sirene alle *Mineros* aus dem Berg, der nach dumpfem Grollen eine Staubfahne aus den Luftschächten spuckt. Im Tal stampfen die Hammermühlen die Eingeweide des Berges zu Staub, damit im Quecksilberbett auch das letzte mikroskopische Goldkrümelchen hängen bleibt.

Alexander von Humboldt und die Allee der Vulkane

Alexander von Humboldt, der auf dem Subkontinent als der wahre Entdecker Südamerikas verehrt wird, bereiste und erforschte im letzten Jahrzehnt des 18. Jahrhunderts neben vielen anderen Ländern, deren Grenzen damals unter der kolonialspanischen Herrschaft noch nicht fixiert waren, auch Ecuador. Von ihm stammen die Entdeckung der drei verschiedenen Klimazonen Lateinamerikas: wie die *tierra fria*, *templada* und *caliente*, (kalt, gemäßigt und heiß), die bis heute noch gültig ist, sowie der Name »Allee der Vulkane«. Diese Avenida bezeichnet eine eisglitzernde Vulkanparade auf einer Strecke von über 300 Kilometern zwischen Tulcán und Riobamba, und die schönsten der insgesamt 22 sind der Cotopaxi, der Altar und der Chimborazo (6310 m). Letzteren bezwang Humboldt mit einer Ausstattung, die heute jedem Bergsteiger das Mitleid, die Ungläubigkeit und die Bewunderung ins Herz senken würde.

Ein schneebedeckter Vulkan nach dem anderen, der niedrigste mit 3300 Höhenmetern, die meisten über 4000 Meter hoch – und alle von der Panamericana aus in recht bequemer Sichtweite gelegen, teilweise eingefasst von Nationalparks (Antisana, Sangay und Cotopaxi) – das ist fürwahr eine wahre Sensation!

5

6

ßeren Vulkanen, von denen der Pichincha aktiv ist. Bei gutem Licht hat man einen Blick in den Süden auf den Vulkan Cotopaxi.
Es geht aber noch ein Stückchen höher, und dann liegt einem Quito, verstreut über verschiedene Hügel und Senken, zu Füßen. Man muss nur ein Stück des Pichincha mit der Seilbahn emporgondeln. Die Ausgewogenheit des Stadtbildes, das sich akribisch an das Schachbrettmuster des kolonialspanischen Stadtentwurfs hält, wird von hier oben klar ersichtlich.
Das im Jahr 1534 gegründete San Francisco de Quito (1,3 Mio. Einw.) wirkt kleiner und ländlicher. Das liegt vermutlich an der Homogenität seiner Straßenzüge, der unaufgeregten Architektur der Stadt. Quito wuchs sehr langsam und lebt heute in einem gemächlichen Rhythmus. Der Start in die neue Welt allerdings war bombastisch. Die Inka hatten Quito aufgegeben und zerstört, als die Invasion der Spanier begann. Diese gründeten 55 Klöster und 100 Kirchen und machten Quito zu einem stilistischen Vorbild des Kolonialbarock für viele weitere Stadtgründungen. Mit seinen restaurierten Klöstern, Kirchen und Repräsentierpalästen errang Ecuadors Kapitale 1978 als erste Stadt das Prädikat Weltkulturerbe der UNESCO.

Mitad del Mundo – am Äquator

Das versäumt wohl kein Besucher: den Ort zu sehen, der Ecuador seinen Namen gegeben hat, den Äquator. Er verläuft nur 23 Kilometer nördlich von Quito und wird in einem großen Park gewürdigt. La

Haciendas an der Avenida de los Volcanes

Eine Zeitreise in die koloniale Gutsherren-Epoche: meterdicke Wände, sonnendurchflutete Pflasterstein-Patios mit plätschernden Brunnen, Steinbänke unter blumenumrankten Arkadengängen, Himmelbetten und Heiligenschreine, Bolleröfen, Bimssteinkreuze und Butzenscheiben. Verwunschene Gärten laden zu sinnlichen Spaziergängen mit Kolibris ein. Besonders schön sind die Haciendas Zuleta mit frei fliegenden Kondoren, die Araukarien von Cusín, das aristokratische Chillo Jíjon und die Inka-Mauern von San Agustín, mit Kandelaber-Speisesaal in schauriger Dracula-Manier. Die Hacienda San Augustín de Callao besteht zum Teil aus originalen Inka-Steinwänden mit Trapezfenstern. In der über 300 Jahre alten Hacienda La Ciénega wohnte vor 200 Jahren Alexander von Humboldt. Historie-Fans können sich heute in seinem Zimmer einmieten.

Mitad del Mundo heißt er, die Mitte der Welt. Ein Monolith mit Weltkugel bezeichnet ihn, und es gibt niemanden, der sich nicht mit einem Bein in die nördliche, mit dem anderen in die südliche Halbkugel stellt, denn es geht ja nur um eine Sache von Millimetern.

Cuenca – Kolonialschönheit mit gepflegter Altstadt

Die Allee der Vulkane endet in einer Kolonialschönheit, in der 350 000-Einwohnerstadt Cuenca, heute ein beliebtes Sprachferienzentrum für Europäer und absoluter Spitzenkandidat bei der Produktion von Panamahüten. Nicht nur restaurierter Kolonialstil, sondern auch Gebäude aus dem 19. Jahrhundert bestimmen das Bild der gepflegten Altstadt, die sich nördlich des Flusses Tomebama ausdehnt. Für diese Architektur steht Cuenca seit 1999 auf der Liste des Weltkulturerbes. Außerdem war der Ort ein wichtiger Stützpunkt der Inka-Herrschaft, der schon vor Ankunft der spanischen Konquistadoren zerstört war. Man geht von Machtkonflikten zwischen den zwei indianischen Herrscherlinien aus. Spuren vom Tempel und Palast wurden 1925 gefunden.

Peru – reiches Erbe der Inka-Kultur

Der nördlichste Zipfel, den die Panamericana in Peru berührt, ist die Sechura-Wüste, die sich einer riesigen flachen Pfanne gleich zwischen Pazifik und Anden schiebt. Wenn man sie am Nachmittag durchfährt und die Sonne allmählich Plastizität in die ockerfarbenen Nischen und Abhänge der Hügel und Dünen zaubert, ist das ein ganz besonderes Erlebnis.

1997 wütete in dieser Wüste der Wirbelsturm El Niño auf eine besonders aufsehenerregende Weise; die Senken verwandelten sich in Seen und ließen eine Vegetation sprießen, die sich an die klimatischen Bedingungen adaptiert hat und immer noch anhält. Die die Panamericana kreuzenden Pisten führen scheinbar nirgendwohin.

> **Die Kulturen der Moche und der Chimu in Peru**
>
>
>
> Die Besichtigung der Relikte dieser beiden Kulturen ist außerordentlich eindrucksvoll. Im Tal von Moche lebten bis ungefähr 800 n. Chr. die Mochica und erbauten grandiose Lehmziegelpyramiden, die der Sonne und dem Mond gewidmet wurden. Sie sind mit bunten Freskenbändern voller Götterdarstellungen und mit geometrischen Motiven bedeckt. Die Sonnenpyramide, Huaca del Sol, gilt gar als größtes sakrales Bauwerk ganz Südamerikas.
>
> Die Chimu kamen ungefähr um die Jahrtausendwende in dieses Tal und errichteten ihr religiöses Zentrum und eine Palaststadt, Chan Chan, in der zu ihrer Blütezeit etwa 60 000 Menschen gelebt haben dürften. Sie war damit vermutlich die größte Stadt auf dem Subkontinent. Viel ist davon leider nicht gut konserviert. Man sieht ein riesiges, 28 Quadratkilometer großes, klar strukturiertes Areal voller Lehmbauten und hoher Mauern, die mit Reliefs geschmückt sind, von Pyramiden und Zitadellen umschlossen. Seit 1986 gehört Chan Chan zum Weltkulturerbe. Doch Klimaschäden nagen arg an den Lehmbauten; auch El Niño hat seine Spuren hinterlassen.

Doch müsste das 50 Kilometer landeinwärts liegende Piura eigentlich auf jeder literarischen Weltkarte verzeichnet sein, ist es doch die Heimat des Leutnants Lituma, der bei dem berühmtesten peruanischen Schriftsteller Mario Vargas Llosa in mehreren Romanen ein bewegtes und auch trauriges Leben lebt.

La Raya und Lambayeque – die »Täler der Pyramiden«

Während der Weiterfahrt herrscht dann nur ein Farbton vor: der der Wüste. Flussoasen unterbrechen ihn nur an wenigen Stellen. Ein ganz besonderer Abstecher entführt in die Vergangenheit: Im »Tal der Pyramiden«, das sich unterhalb des Berges La Raya ausbreitet, sieht man aus einer graubraunen Ebene rätselhafte Gebilde aus ungebrannten und mit Stempelabdrücken versehenen Lehmziegeln emporragen, die Archäologen dem Volk der Sican zuordnen und die um 1000 n. Chr. entstanden sein sollen. Bei ihnen handelt sich um heilige Stätten, die sogenannten Tempelberge, *huacas*; sie sind umgeben von einer Festungsanlage, von Grabstätten und von einer Oberstadt, in der die Oberschicht und die herrschende Priesterschaft lebten.

Um noch tiefer in die Geschichte vorzudringen, braucht es einen Besuch des fruchtbaren Tals von Lambayeque. Die weltweit größte Ansammlung von Pyramiden steht hier versammelt, größer als jede in Ägypten: 250 sind es insgesamt, um drei Machtzentren gruppiert, dazu Plattformen und Mauerreste. Die Huaca Larga allein liefert eine beeindruckende Ansicht. Sie ist 100 Meter breit, 700 Meter lang und 40 Meter hoch.

Die Kultur als Erster erforscht zu haben, diese Ehre gebührt dem deutschstämmigen Ingenieur und Ethnografen Heinrich Brüning. In dem nach ihm benannten Museum in Lambayeque sind in dem Goldsaal über 500 Goldgegenstände und Goldmasken ausgestellt, Symbole der Machtfülle der Herren der Huacas. Und noch eine weitere große Sehenswürdigkeit für alle archäologisch Interessierten bietet die Stadt seit 2002 mit dem Museo Tumbas Reales del Señor de Sipán. Dem peruanischen Archäologen Walter Alva nämlich gelang 1987 ein Sensationsfund: ein nahezu unversehrtes Grabmal eines großen Herrschers einer prä-inkaischen Kultur aus dem 2. Jahrhundert. In einer grandios-pompösen Inszenierung wird diese untergegangene Kultur jetzt dem Besucher nahegebracht.

1 Im Tal des Moche River in der Nähe von Trujillo in Peru findet man mehrere *huacas*, Heiligtümer, Pyramiden, die zwischen dem 3. und 8. Jahrhundert aus Lehmziegeln errichtet wurden. Hier ein Fresko des Moche-Gottes Ai-Apaec aus der Mondpyramide Huaca de la Luna. 2 Blick auf die Cordillera Blanca oberhalb von Carhuaz. Sie ist 180 Kilometer lang und fast 6000 Meter hoch und damit die höchste Gebirgskette des amerikanischen Kontinents. 3 Die aus dem Fels gehauenen Bewässerungskanäle von Cumbe Mayo bei Cajamarca stammen aus der Prä-Inka-Periode und sind ca. 3000 Jahre alt. 4 Das Tal des Río Santa führt von der Cordillera Blanca hinunter zum Pazifik.

Von Cartagena bis zum Titicacasee

Trujillo – elegante Universitätsstadt

Das nun folgende Trujillo mit seinen 630 000 Einwohnern erfrischt unsere Augen. Es hat einen wohlkonservierten, bunten Kolonialstilkern und eine großzügige Plaza, hat Eleganz und Temperament und als Sitz mehrerer Universitäten eine lebhafte Atmosphäre. Und freundliche Temperaturen obendrein: Die haben Trujillo das Etikett »Stadt des ewigen Frühlings« beschert. Das ist jetzt die zweite Stadt nach Medellín mit diesem Beinamen. Und es wird noch eine folgen. Wir verlassen die Panamericana bei Casma an der Pazifikküste, um zu einem landschaftlichen Höhepunkt der gesamten Fahrt zu reisen: in das Herz der sagenhaften Cordillera Blanca, einem der spektakulärsten Gebirgszüge der Welt. Für die 120 Kilometer braucht man über fünf Stunden, denn die Straße klettert auf über 4200 Höhenmeter.

Huaráz – im Reich der Sechstausender

Keine andere Provinzhauptstadt, so sagt man, hat einen derart unvergleichlichen Blick. Wendet man sich nach Norden, sieht man den majestätischen Huascarán mit 6793 Metern Höhe, der von dem gleichnamigen Nationalpark umschlossen wird, und viele weitere Sechstausender der Cordillera Blanca. Im Schatten dieses Gebirges dehnt sich das Hochandental Callejón de Huaylas aus. Alle sprechen von Magie bei diesem Anblick, der eigentlich nur noch gesteigert wird, wenn man den Nevado Alpamayo vor sich sieht, den viele für den schönsten Gipfel der Welt halten, denn er baut sich als schneeige Pyramide auf, das Eis leuchtet scharf gegen den blauen Himmel. Durch das von Matten und Hochweiden besetzte und oft dunsterfüllte Tal des Río Santo gelangt man von Huaráz aus, das selbst schon auf 3000 Metern Höhe liegt, in diese stille, magische Landschaft.

Lima – Zentrum kirchlicher und weltlicher Repräsentanz

Die Stadt der Könige, Ciudad de los Reyes, macht auf den ersten Blick seinem Namen keine Ehre. In Küstennähe reihen sich die Viertel der Armen aneinander, Fischerkaten säumen die staubigen Straßen. Ganz allmählich nähert man sich dem Mittelpunkt eines der wichtigsten

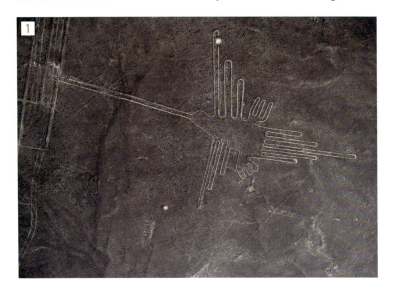

1 Die geheimnisvollen Nazca-Linien in der Wüste Nazca in Peru sind riesige Geoglyphen, die wahrscheinlich aus der Zeit der Nazca-Kultur zwischen 200 v. Chr. und 600 n. Chr. stammen: Sie zeigen Abbildungen von Menschen und Tieren, hier einen Kolibri. 2 Diese spektakuläre Passtraße führt von Carhuaz zum 4900 Meter hohen Pass Punta Olimpica. 3 Hinter dem Kloster Santa Catalina in Arequipa erhebt sich der 5822 Meter hohe El Misti, das Wahrzeichen der »weißen Stadt«, der drei immer noch ab und zu rauchende Vulkankrater besitzt. 4 Der Kondor, der mythische Vogel der Inka, fliegt über dem Colca Canyon.

spanischen Vizekönigtümer: Lima, gegründet von Francisco Pizarro 1535, nachdem die Inka zuvor brutal ihrer Herrschaft beraubt worden waren.

Limas Befugnisse reichten weit bis in den südamerikanischen Subkontinent hinein. Über den Hafen Callao wurde der gesamte Handel mit Spanien abgewickelt, das erbeutete Gold und Silber verschifft. Die ganze Machtfülle dieser Epoche versinnbildlicht die Größe der Plaza Mayor – in jeder kolonialspanischen Stadt Zentrum der kirchlichen und weltlichen Repräsentanz. Hier versammeln sich die Kathedrale, das Rathaus, der Palast des Erzbischofs und der lang gestreckte Regierungspalast, vor dem in Buckingham-Manier um Glockenschlag zwölf Uhr ein viel fotografierter Wachwechsel vollzogen wird. Neben den sorgfältig gepflegten Repräsentierbauten mit ihren prächtig geschnitzten hölzernen *miradores*, den Aussichtsbalkonen,

Viele Museen, Klöster und Bibliotheken beleben Perus wichtigste und schönste Stadt im Süden, darunter ein Museum, das einen wirklich ergreift: Das Museo de Santuarios Andinos zeigt die Mumie eines jungen Quechuamädchens, die 1995 gut konserviert auf dem Vulkan Ampato gefunden wurde. Sie belegt, dass die Inka Ritualmorde vollzogen, um das Wohlwollen ihrer Götter zu erlangen. Hochrangige Familien bestimmten Töchter und Söhne, die die Besteigung des Vulkans in einer prozessionsgleichen Zeremonie auf sich nehmen mussten, denn die Götter akzeptierten nur adeliges Blut. Doch das Museum stellt unmissverständlich klar, dass wesentlich häufiger Kinder von Bediensteten dabei starben.

die so typisch sind für Peru, beeindrucken vor allem die in Klöstern und Adelshäusern untergebrachten Museen. Im Kloster der Unbeschuhten (Descalzos) sieht man Werke der indianischen Schulen aus Cusco und Quito, die Casa Aliaga zeigt Wanderausstellungen auch moderner Künstler.

Die nächste Etappe erfordert Geduld. Es ist eine lange, monotone Fahrt den Pazifik entlang, zu dem sich die Ausläufer der riesigen Andenkette hinunterfingern.

Arequipa – Inka-Fundstätten hoch in den Bergen

Sieben Stunden dauert es, bis man die 350 Kilometer von der Küste hinauf in die weiße Stadt Arequipa auf 2300 Metern Höhe gegondelt ist, aber die Fahrt ist so aufreibend wie schön. Wenn man abends in der Stadt eintrifft, dann kommen einem die Assoziationen der Inka und Aymara, die Vulkane als Götter interpretierten, keine Spur abwegig vor. Der über 5800 Meter hohe Vulkan Misti mit seiner Kuppel aus ewigem Eis sendet einen ganz unwirklichen Glanz hinunter in die lebendige, junge Kolonialstadt, in der die traditionelle Plaza de Armas, die Kathedrale und vor allem das viel verzweigte Katharinenkloster aus dem 16. Jahrhundert die größten Sehenswürdigkeiten sind. Obwohl zahlreiche Erdbeben die Baustruktur häufig geschädigt hatten, wurde die Stadt stets neu aufgebaut, und sie steht seit 2000 als Weltkulturerbe unter dem Schutz der UNESCO.

Historisches Zentrum des Inka-Reiches – Cusco

Cusco hat sich zum Mittelpunkt der Welt für Südamerika-Reisende entwickelt, wie es einst der Nabel der Welt des Inka-Reiches war.

Am besten, man trinkt zuerst den auf 3400 Metern Höhe obligatorischen Koka-Tee. Und dann schauen und staunen: Die Plaza de Armas, vollkommen spanisch, elegant und geräumig. Mit Schindeln gedeckte Dächer und Fassaden in sanften Erdfarben. Prachtvolle Arkadengalerien tragen geschnitzte hölzerne Terrassen und Balkone. Zu ebener Erde findet sich alles versammelt, was den Gästen das Leben in Cusco schöner machen soll: Souvenirgeschäfte, Reisebüros, Cafés. Mit etwas Glück speist man im ersten Stock auf den Balkonen. Gleich um die Ecke erheben sich die berühmten Inka-Mauern. Dunkle, glatte Steinquader, unvorstellbar schwergewichtig, genau passend aufeinandergeschichtet, sie sind eines der vielen kleinen Wunder der Stadt. Cusco zeigt aber auch die Geschichte einer Hierarchie. Die Kolonialherren ließen Klöster und Kirchen bauen. Mit der Vernichtung der Bauwerke der Inka, deren Hauptstadt Cusco war, sollte gleichzeitig deren Geschichte vernichtet werden. Dem mit Gold verkleideten Sonnen- und Mondtempel Coricancha pfropften die Spanier das Kloster Santo Domingo auf. Mühselig wird hier rekonstruiert.

Felder mustern Arequipas Umgebung wie ein Patchwork. Von hier aus erreicht man den Cañon de Colca, die tiefste Gebirgsschlucht der Welt, für die man sich am besten zwei Tage Zeit nimmt.
Wir folgen jetzt einer Seitenlinie der Panamericana, die in Buenos Aires endet. Die Hauptroute verläuft entlang der Pazifikküste und berührt bei Tacna den Nachbarstaat Chile.

Cusco – in geschichtsträchtigen Mauern

Cusco war einst eine hochherrschaftliche Stadt mit berühmten Bauwerken und prunkvoller Sitz des allmächtigen Priester-Herrschers Inka Huáscar. Es hieß, die Wände dort seien mit Silber verkleidet, die goldenen Paläste mit Smaragden, die Tempel mit Türkisen und Perlen geschmückt. Für die Inka war es der Nabel der Welt, die Mitte ihres Königreiches der vier Himmelsrichtungen, Tahuantinsuyu, das sie von 1438 an über Bolivien und Ecuador bis hinunter nach Chile ausdehnten. 200 000 Menschen lebten in der mit Tempeln übersäten Stadt auf 3300 Metern Höhe inmitten der Anden.

Eine straffe Hierarchie hielt dieses Reich zusammen, das auf Expansion ausgerichtet war. Doch die spanischen Konquistadoren beendeten 1533 den Siegeszug der Inka. Der letzte Krieger, Túpac Amarú, wurde auf dem Hauptplatz von Cusco hingerichtet. Die Berichte über seine Tapferkeit, seinen Mut und seine List wuchsen rasch ins Legendäre. Die kolonialspanische Plaza de Armas, gerahmt von Kathedrale und ehemaligen Adelspalästen mit kostbar geschnitzten Holzbalkonen, liegt wie in einen Strahlenkranz aus schmalen Gässchen gebet-

1 Auf der Plaza in Cusco, dem einstigen Mittelpunkt des Inka-Reiches, starten die Umzüge zum Nationalfeiertag, *fiestas patrias*, am 28. Juli. An diesem Tag wurde 1821 Spaniens Unabhängigkeit ausgerufen. 2 Diese aus Steinquadern gefügte Mauer stammt noch aus dem Inka-Reich. 3 Ein ehemaliges spanisches Kloster beherbergt das Hotel Monasterio, das beste der Stadt. 4 Bunt und heiter geht es am Nationalfeiertag in Cusco zu. 5 Flöten spielen lernen schon die Kleinen. 6 Bei den Tänzen für die *fiesta* sitzt jeder Schritt.

tet, die hügelauf, hügelab über den Stadtgrund fließen, gerahmt von weiß getünchten Häusern mit roten Ziegeldächern und alten Steinportalen, ländlich, alt, indianisch und städtisch zugleich.
Und in den schmalen Gassen von Cusco entdeckt man wie in einem Vexierbild die kunstvollen Mauern aus der Inkazeit. Woran man sie erkennt? Ganz einfach, sie sind besser gebaut als die spanischen, sagen die Quechua, die hier leben.

Machu Picchu – rätselhafte »Perle« im peruanischen Regenwald

Pause von der Panamericana. Der Weg ins Urubamba-Tal ist obligatorisch, denn am Ende wartet das Schönste, was auf dem Subkontinent geschaffen wurde: Machu Picchu. Die Quechua nannten dieses Tal *willka*, heilig: Es barg ganz besonders fruchtbare Erde, extrem wichtig für die Versorgung der Menschen im trockenen Andenhochland.

Unterhalb der verschneiten Andenkette wird dieses Tal auch heute landwirtschaftlich genutzt. Auf den Märkten der Dörfer Pisaq und Ollantaytambo gibt es Mais in allen erdenklichen Farbschattierungen, Karotten, zahllose Kartoffelsorten, Quínoa, Knoblauch, Paprika, Tomaten – alles Gemüse, das auch schon die Quechua auf ihren handtuchgroßen Feldern über dem sprudelnden Urubamba angebaut hatten. Am Ende dieses Tals, das sich immer stärker dem Regenwald entgegensenkt, wartet Machu Picchu, die vermutlich beeindruckendste Stadtanlage der Welt. Zu Beginn des 20. Jahrhunderts wurde sie von Harold Bingham entdeckt, lag über Jahrhunderte still und unbemerkt da, überwuchert von den Dschungelgewächsen des Regenwaldes. Vor einer Kulisse aus emporragenden Bergkuppeln, die mit dichtem Wald überzogen sind, scheinen die steinernen Mauern der teilweise zweistöckigen Häuser, die Treppen, Steige und von Mauern gefassten Plätze über einem Abgrund zu schweben.
Die Rätsel von Machu Picchu sind noch nicht gelöst. Neueste Theorien vertreten die These, dass sich der Ort, dessen wirklichen Namen man nicht weiß, noch im Bau befand, als die Spanier über das Reich der Inka herfielen. Seine Abgeschiedenheit half ihm vermutlich, nicht aufgefunden zu werden. Das Terrain lässt auf eine Bevölkerung von etwa 1000 Menschen schließen, unterhalb der Stadt waren Terrassen für landwirtschaftliche Nutzung eingeschnitten.

Inti Raymi – das große Fest des Sonnengottes

Eine Woche lang wird auf der Plaza de Armas in Cusco gefeiert: Ausstellungen, Umzüge, Musik und Tanz. Glanzvoller und farbenfroher Höhepunkt ist am 24. Juni Inti Raymi, das Fest der Sonne. Inti Raymi ist bis heute das größte, spektakulärste und wichtigste Fest der Quechua sprechenden Bevölkerung. Von den Spaniern nach Eroberung des Inkareiches verboten, lebte es in abgelegenen Weilern und in der mündlichen Überlieferung weiter, bis es in den 1940er-Jahren neu belebt wurde.

Das Fest beginnt am Morgen auf dem Quoricancha-Platz. In nachempfundener bunter Inka-Kleidung strömen Musikanten, Soldaten und Tempeldienerinnen mit Opfergaben aus einer Tür in den Mauerresten des Sonnentempels, über denen sich heute die Kirche Santo Domingo erhebt. Mit einer Anrufung der Sonne durch Sapa Inka beginnt eine grandiose farbenfrohe Inszenierung des historischen Sonnenwendfestes der Inka.

Auf einem goldenen Thron, getragen von 30 Kriegern, erscheint der Inka auf der Plaza de Armas. Frauen fegen vor ihm die Straße, um sie von bösen Geistern zu reinigen, und streuen Blumen auf seinen Weg. Noch einmal ruft er die Sonne an und hält eine Rede an sein Volk, das er auffordert, mit ihm ins Sacsayhuamán zu gehen, um dort die Sonne anzubeten, ihr für die Getreide- und Maisernte zu danken und sie um eine noch reichere Ernte im nächsten Jahr zu bitten.

Im Sacsayhuamán nimmt der Inka die Huldigungen und Geschenke der Abgesandten aus allen vier Himmelsrichtungen des Reiches entgegen, entzündet das gelöschte heilige Feuer aufs Neue und bittet seinen Vater, die Sonne, um Weisheit, Wohlstand und eine gute Ernte für sein Volk. Zum Abschluss tötet der Hohepriester ein Lama und liest aus seinen Eingeweiden, wie das nächste Jahr und die nächste Ernte werden wird.

Die grandiose Show mit Tausenden Mitwirkenden ist eine mehr oder weniger getreue Wiedergabe des von den Inka zur Zeit der Wintersonnenwende gefeierten Festes zu Ehren der Sonne. Ihr Hauptgott Pachacamac (Erschaffer der Welt) lebte einst unter den Menschen, um ihnen als Lehrer zu dienen, verließ sie aber, als seine Mission erfüllt war. Sein Lieblingssohn war die Wärme, Licht, Energie und Leben spendende Sonne. Da die Sonne zur Zeit der Wintersonnenwende am weitesten von der Erde entfernt war, feierte man dann ein Fest zu Ehren der Sonne, um sie zur Rückkehr zu bewegen. Da die Sonnenwende auch mit dem Ende der Erntezeit zusammenfiel, dankte man auch gleich den anderen Göttern für die Ernte und bat sie um eine neue reiche Ernte.

Kolumbien, Ecuador, Chile

1 bis 8 Das traditionelle Fest Inti Raymi, das Fest des Sonnengottes (Quechua: Inti – Sonne, Raymi – Fest), beginnt am 21. Juni in Cusco. 1 Die Frau des Inka wird auf ihrer Sänfte zum Festplatz getragen. 2 Ein Diener des Inka und … 3 eine Tempeldienerin. 4 Die Armee des Inka marschiert auf. 5 Auf der Plaza de Armas ruft der Inka die Sonne an und bittet sein Volk, mit ihm nach Sacsayhuamán zu ziehen, um seinen Vater, den Sonnengott, anzubeten. 6 Musikanten in der indigenen Kleidung der Provinzen des Inka-Reiches. 7 Ein Inka-Krieger und … 8 Tempeldienerinnen des Sonnengottes.

Valle Sagrado de los Incas – das heilige Tal

Eine Reise in das Valle Sagrado de los Incas, ins Heilige Tal der Inka, ist gleichzeitig auch eine Reise in die Vergangenheit und in die Zukunft. Nicht weit von Cusco beginnt sie – und sie endet kurz vor Aguas Calientes, dem Portal zu Machu Picchu. Aber nicht wegen seiner Nähe zu Machu Picchu ist dieses landschaftlich wunderbare Tal heilig, sondern weil sich hier wichtige und beeindruckende archäologische Stätten befinden wie Ollantaytambo – und weil es obendrein die Obst- und Gemüseanbaugebiete sowie die Kornkammer Perus beheimatet.

Der mächtige Urubamba, der auch Machu Picchu umrundet, durchfließt dieses weite prachtvolle Tal, das von schneebedeckten Anden gesäumt wird. Um Anbauflächen zu schaffen, schlugen die Indígenas Steige in die Berghänge und erfanden auf diese Art den Terrassenfeldbau, die *andenes*. Die in halsbrecherischen Höhen übereinandergestaffelten Terrassen liefern Quínoa, Knoblauch, Bohnen, Okraschoten, Zwiebeln, Kartoffeln, Karotten, Lauch, Kräuter und Mais in Hülle und Fülle. Sie bilden seit Jahrhunderten die Lebensgrundlage für die Bevölkerung – und eine absolut gesunde dazu.

132   Kolumbien, Ecuador, Chile

Mit dem Zug nach Machu Picchu

So vielfältig wie die Szenerie entlang der Strecke sind die Fahrgäste der Züge nach Machu Picchu. Auf den Schienen der 1923 gebauten Schmalspurstrecke – sie führte ursprünglich bis an den Rand des Urwalds zu den Kaffeeplantagen bei Quillabamba – fahren der Deluxe-Zug »Hiram Bingham« und der deutlich einfacher ausgestatte »Local« oder »Backpacker Train«. Hier Dreigänge-Menüs für frisch rasierte Anzugträger und Marken-Trekking-Klamotten an weiß gedeckten Tischen mit Stehlampe und Blumenvase, dort Müsliriegel, bunte Indiomützen mit Ohrenklappen, Blue-Jeans und Pullover in verschiedenen Stadien der Auflösung und Verschmutzung auf harten Bänken.
Alle haben das gleiche Ziel: Puente Ruinas, die Bahnstation, von der aus Busse die 400 Meter Höhenunterschied vom weiß schäumenden Rio Urubamba hinauf nach Machu Picchu bewältigen. Zwei Stopps macht der Zug unterwegs: In Ollantaytambo am Ende der Straße steigen die letzten Gäste zu, und in Chilca am Kilometer 88 steigen die Wanderer aus, um den »Inka Trail« nach Machu Picchu, 44 Kilometer steil bergauf und bergab, in Angriff zu nehmen.

1 Die Hochebene oberhalb des Valle Sagrado, am Fuße der Anden gelegen, wird vor allem für den Getreideanbau genutzt. 2 Zum Weltkulturerbe wurde die Ruine von Machu Picchu geadelt, die der Urubamba in einer Schleife umfließt. Das Bauwerk wurde im Jahr 1911 von dem amerikanischen Wissenschaftler Hiram Bingham entdeckt – damals verbarg es sich unter dichter Vegetation. 3 Die Salinen von Maras wurden schon von den Inka zur Salzgewinnung genutzt. 4 Auf den Terrassen unterhalb der Festung von Pisac lagen die Felder der Inka-Bauern.

Der Titicacasee – Ort indianischer Mythen

Zurück nach Cusco, um der Panamericana weiter zu folgen. Sie beginnt in dem religiösen Zentrum der Inka und endet am höchst gelegenen schiffbaren See der Welt, dem Lago de Titicaca, der ebenfalls in der indianischen Mythologie eine bedeutsame Rolle spielte. Es entrollt sich die typische Landschaft der peruanischen Hochebene. Die Innenhöfe der Bauernkaten sind meterhoch mit Maiskolben angefüllt. Frauen in ihren Trachten aus schwarzem, bortenbesetztem Stoff weiden die wenigen Kühe und Schafe, Kinder beaufsichtigen die Lamas, die als Lastenträger dienen. Niemand besitzt hier viel. Die Häuser sind häufig aus ungebrannten Lehmziegeln gebaut, selten hat das Geld für einen weißen Verputz gereicht.

Und plötzlich sehen wir ein weit gespanntes Leintuch über der Straße: *Festival del rico cuy*, das Festival des köstlichen Meerschweinchens, wird in Caicay gefeiert. Auf dem Fest – das ahnt man schon – wird nicht etwa das schönste Meerschweinchen prämiert, sondern es wird verspeist. Meerschweinchen bildeten neben dem Alpaka die Fleischlieferanten für die indianische Bevölkerung der Anden, die vor

der Eroberung durch die Spanier weder das Rind noch die Ziege, noch das Schaf und das Schwein kannte.

Puno – schwimmende Inseln und indianische Marktfrauen

Die ersten sanften Ausläufer des Titicacasees mit seinen von Binsen bestandenen Ufern – schon zeigt sich Puno, baut sich sacht in die Höhe. Hier beherrschen die *cholitas*, die indianischen Marktfrauen, das Stadtbild. Zu bieten haben sie einiges: rosafleischige Forellen aus dem See, *chirimoyas*, Oliven, Avocados, Kartoffeln, Zwiebeln und Orangen.

In Puno auf der peruanischen Seite des Titicacasees besuchen wir die Uro auf ihren schwimmenden Inseln aus Totoraschilf. Glatt wie ein Spiegel reflektiert das Wasser die Silhouetten der Binsenboote. Wir erschrecken ein wenig, als wir vom Boot auf die Insel springen, denn der Untergrund aus *quincha* ist elastisch und wippt bei jedem Tritt zurück. Die in farbenprächtige Trachten gekleideten Frauen schmunzeln, sehen sie stolpernde Touristen doch jeden Tag. In der Hauptstadt Catatorani residiert der Bürgermeister, daneben liegen Kindergarten und Schule. Auch eine Radio- und eine Krankenstation wurden auf den Inseln eingerichtet. Hier halten die Uro Kleinvieh, Fische tauschen sie auf dem Markt von Puno. Gäste bringen neben Neugier auch Geld mit: Ihnen verkaufen sie Miniaturschiffchen aus Totora und Stickereien.

Die Uro sind ein unabhängiges Volk mit einer eigenen Kultur und Sprache, die von den Inka nicht usurpiert wurden. Doch ihre Sprache

1 Der hoch gelegene Titicacasee zwischen Bolivien und Peru zählt zu den magischsten Orten der Welt. 2 Baumaterial Binsen: Daraus werden Boote und sogar Hütten gefertigt. 3 Besuch auf den schwimmenden Inseln der Uro, wo es ein Bürgermeisteramt, eine Radio- und eine Krankenstation, eine Schule und einen Kindergarten gibt. 4 Die Esel auf der Sonneninsel im Titicacasee transportieren Lasten vom Hafen zu den Siedlungen. 5 Replica des bei den Uro gebauten Binsenbootes Ra II., mit dem Thor Heyerdahl von Marokko nach Barbados gesegelt ist. 6 Bowlerhüte gehören zu der Tracht der Frauen der Aymara, in Peru wie in Bolivien. 7 Auch der Hut des Uro-Kindes ist aus Schilf.

verloren sie, und viele blieben auf dem Festland und lebten unter den Aymara, von denen sie laut einer Legende allerdings eines wesentlich unterscheidet: Schwarzes Blut fließe in ihren Adern, und aus diesem Grund hielten sie die Kälte auf immerhin 3710 Metern Höhe aus.

Der Himmel spannt sich weit über den meergleichen See. Das Grün und das Blau des Wassers, das helle Gold der Binsen leuchten wie Farben aus dem Tuschkasten. Am östlichen Zipfel ragt die schneeglitzernde Königskordillere aus der Hochebene empor. Weit über 6000 Meter ist sie hoch. Der Anblick ist unvergleichlich.

Die Sage berichtet, dass aus dem Lago de Titicaca der indianische Schöpfergott Huiracocha entstieg. Von hier aus befahl er Mond und Sonne an das Firmament. Keinen besseren Platz konnte er dafür finden, denn wenn es Nacht wird über dem See, dann meint man tatsächlich, die Sterne fielen vom Himmel.

Leben ganz nah am Himmel

Die Wüste ist bunt. Und sie ist eine Leinwand, auf die Menschen seit Jahrtausenden ihre Geschichte gemalt haben: Die Panamericana erzählt hier von Ehrgeiz, vom Scheitern, von religiösen Ritualen, von grandiosen Vorhaben und vom Leben in 4500 Metern Höhe auf der Puna, dem Hochplateau in Südbolivien, in Nordargentinien und im Norden Chiles.

Ort	Teilstrecke	Gesamtstrecke
La Paz	0	24431
Uyuni	549	21980
San Pedro de Atacama	706	25686
Copiapó	864	26550
Passo San Francisco	298	26848
Mendoza	1111	27959
	3528	27959

Die weiße Wüste des Salar de Uyuni ist über 10 000 Quadratkilometer groß.

Von La Paz bis Santiago de Chile

Ein Meer schwebt zwischen Himmel und Erde, ein Meer, in dessen Oberfläche sich die Wolken spiegeln und dessen Ränder die schneebedeckten Sechstausender der Königskordillere bewachen. Als Mittelpunkt des Universums muss dieser magische Platz auf 3818 Metern Höhe, der Titicacasee, höchster schiffbarer See der Welt, seinen Anrainern erschienen sein. Und so nimmt es nicht wunder, dass sich südlich davon eine der bedeutungsvollsten archäologischen Stätten ausbreitete, die heilige Stadt Tiwanaku (Tihuanaco), die bis tief in den Norden Chiles ausstrahlte und im 12. Jahrhundert nach 2700 Jahren ganz plötzlich erlosch.

Nur ein Bruchteil ist von dieser Kultur bekannt, ganz wenig von dem etwa 420 000 Quadratmeter großen Ausgrabungsgelände tatsächlich bearbeitet. Die Fassaden der Tempel waren mit Gold geschmückt und wurden von den Spaniern geraubt. Bis zum 20. Jahrhundert wurden indianische Kulturen kaum gewürdigt und deren Nachfahren diskriminiert. Wir laufen über Terrassen, sehen Tempelanlagen, monumentale Statuen und das berühmte Sonnentor, das dem Schöpfergott Hiuracocha gewidmet wurde. Der Solitär aus einem Andesitblock steht Blicke heischend über dem Seeufer und hat ein kunstvoll geschmücktes Mittelteil.

La Paz – die etwas andere Hauptstadt

Quínoa- und Kartoffelfelder begleiten die Strecke bis in Boliviens Hauptstadt La Paz. Der Illimani überthront sie, Gletscherfelder reichen von seinen 6800 Meter hohen Zacken herab. Die Stadt liegt auf 3600 Metern Höhe, in eine riesige Senke gebettet, einige Wolkenkratzer ragen aus der Masse der Häuser heraus, aber es sind nicht übermäßig viele. La Paz erweckt einen anderen Eindruck als die übrigen Hauptstädte Lateinamerikas – nicht ganz so hektisch, nicht so zerfranst. Die Hierarchie allerdings ist klar: Wer oben wohnt, bekommt

Segen und Fluch des Kokastrauches

Um Koka toben Kriege, wegen Koka sterben Menschen, Koka bedeutet Macht und sagenhaft viel Geld. Eigentlich ist die heilige Pflanze der Anden-Bevölkerung Aymara und Quechua eine mild betäubende, Hunger und Durst stillende, anregende Pflanze und wird in deren Glaubenskosmos als Heilmittel eingesetzt. Andererseits bildet sie die Basis für Kokain, und der Rauschgifthandel ist das lukrativste Geschäft der Welt.

Kein Wunder also, dass Koka polarisiert. Der bolivianische Präsident Evo Morales begann seine politische Laufbahn als Gewerkschaftsführer der *cocaleros*, der Kokabauern, und trat für den (un)kontrollierten Anbau der Pflanze ein, da die Bauern sich mit anderen landwirtschaftlichen Produkten nicht ernähren könnten. Den Plan Coca Zero des Ex-US-Präsidenten George W. Bush, der Kolumbien vom Drogenanbau »befreien« sollte, geißelte er als heuchlerisch, da damit Lebensgrundlagen der Bauern zerstört würden, die Drogenmafia aber unangetastet bliebe.

Gute Fahrt – Autosegnung in Copacabana

Wochenende: Um die Kathedrale herum sind die Straßen verstopft. »Cha´lla, Benedicion de Movilidades«, sagt Jorge und erklärt, dass mit Cha´lla ein rituelles Opfer, die Bitte um einen Segen, gemeint ist. Ob man den Sonnengott der Inkas, die Götter der Aymara oder christliche Heilige in die Pflicht nehmen will, alles ist »Cha´lla«. Geduldig kriechen die mit Fähnchen, bunten Bändern und Girlanden, geflochten aus echten Blumen und aus Papier, geschmückten Vehikel langsam hinauf zum Platz vor der strahlend weißen Kathedrale. Zuerst sind die alten Götter an der Reihe: Es werden Blumen auf die Haube gestreut und, wie bei Opfern für Pancha Mama üblich, Schnaps oder Sekt daraufgegossen. Hat Pancha Mama ihren Teil bekommen, ist die Kirche an der Reihe: Geschwinden Schrittes eilt eine braune Mönchskutte, Baseball-Mütze auf dem Kopf und Emaille-Eimerchen mit Weihwasser in der Hand, herbei und besprengt freigiebig alle und alles. Auch der Innenraum und der Motor bekommen etwas ab. Ein kurzes Gebet zur heiligen Jungfrau vor der geöffneten Motorhaube, ein Erinnerungsfoto mit der zum Fahrzeug gehörigen Großfamilie, die Spende für die Kirche verschwindet blitzschnell in der Kutte. Fertig! Der nächste Wagen rollt schon heran. Ist auf die so in die Pflicht genommenen höheren Gewalten Verlass, will ich wissen. Jorge zieht die Schultern hoch und sagt: »Ist auf jeden Fall billiger als Versicherung!«

weniger Luft. Die guten Wohngegenden liegen im Tal, so auch die Flanierstraße Prado, an der das Viertel Sopocachi grenzt, mit seinen Bars und schönen Villen.
Mittelpunkt der Stadt, auch in geschichtlicher Hinsicht, ist die Klosterkirche San Francisco von 1784. Das barock gestaltete Portal versinnbildlicht die Synthese katholischer und indigener Kultur, mischen sich doch unter christliche Symbole indianische – Indígenas haben die Fassade gestaltet. Das Ergebnis ist ein Augenschmaus aus katholischen Heiligenfiguren, Drachen und indigenen Kultmasken.

1 Die alte Straße von La Paz nach Coroico war bis zu ihrer Schließung für den Transportverkehr die gefährlichste Straße der Welt. Jährlich stürzten über 20 Fahrzeuge in die Tiefe. 2 La Paz, die höchste Hauptstadt der Erde, liegt 3600 Meter hoch in einem Tal mit Blick auf den Illimani. Im Westen klettern die Häuser aus der Senke bis auf 4000 Meter Höhe zur Stadt El Alto. 3 Jede Schule in La Paz hat eine *marching band*, die bei Festen auftritt.

Von La Paz bis Santiago de Chile

Die unfassbare Schönheit der Puna

Die Puna, das ist Salzwüste, Steppe, extreme Temperaturschwankungen, Sauerstoffmangel, Wassernot, Stille, strukturlose Weite. Die Puna ist auch archaische, unfassbar schöne und zugleich traumhaft karge Landschaft, majestätische Leere, Farben in reiner Klarheit, überwölbt von einem Himmel aus Glas. Nur eines ist sie nicht, eine Ebene, wie der spanische Name Altiplano glauben machen will. Die im Mittel 4000 Meter hoch gelegene Landschaft zwischen Ost- und Westkordillere, die sich im Süden beim Paso San Francisco trennen und erst in Peru wieder zusammenfinden, ist von Tälern durchzogen und von Schmelzwasserschluchten durchfurcht.

In den charakteristischen abflusslosen Salzseen der Puna sammeln sich die Schmelzwasser der Anden und hinterlassen beim Verdunsten ihre Salzfracht. Eine Kette aus gigantischen Vulkankegeln markiert den Kamm der Westkordillere. Das Paar Ponarape und Panaricota nördlich der Straße von La Paz nach Arica und westlich davon der von Eis bedeckte Gipfel des Nevado Sajama, des heiligen Bergs von Bolivien, bilden eine beeindruckende Dreiergruppe im Norden. Weiter im Süden raucht der Ollagüe über bizarren Felsen, und bei San Pedro de Atacama sprühen auf dem Tatio Geysire über Sinterformationen.

Der Eisenbahnknotenpunkt Uyuni gedenkt seiner großen Zeit zu Beginn des letzten Jahrhunderts mit einem Riesenamboss, auf dem ein bronzener Arbeiter mit Schraubenschlüssel in der einen und Antriebsrad einer Lokomotive in der anderen Hand posiert. Eindrucksvoller aber ist der Eisenbahnfriedhof vor den Toren der Stadt. Im graubraunen Staub gammeln hier die mehr oder weniger demontierten Überreste von Loks und Eisenbahnwagen, die bis zurück auf 1890 datieren, vor sich hin.

In den Zeiten von Lastwagen, Bussen und billigem Diesel verdient Uyuni nichts mehr an den wenigen Zügen pro Tag, die hier auf dem Weg nach Chile oder an die argentinische Grenze vorbeifahren. Das fast 3700 Meter hoch gelegene Nest in der großen Leere des Altiplano, geplagt von extremen Temperaturschwankungen, zwischen plus 20 °C mittags und bis zu minus 20 °C nachts, ist heute der Touristenstützpunkt für Touren zum Salar de Uyuni vor den Toren der Stadt und für mehrtägige Trips durchs bolivianische Altiplano.

Der Salar de Uyuni, das sind mehr als 10 000 Quadratkilometer reines Kochsalz. In Colchani, 20 Kilometer von Uyuni entfernt am Ufer des Salzsees gelegen, ist Salz die Haupteinnahmequelle der Dorfbewohner. Mit der Hacke wird die Oberfläche des Salar aufgeschlagen, das Rohsalz auf konische Haufen geschippt und später auf Lastwagen ins Dorf geschafft. Dort wird es in den kleinen Familienbetrieben getrocknet, gemahlen und in Säcke gepackt. Ungefähr einen Euro gibt es für 50 Kilo, in La Paz wird es für das Doppelte verkauft.

Abseits der Uferzone ist der Salar de Uyuni eine noch ziemlich unberührte brillantweiße Wüste – eine Piste führt hinüber zur Isla de los

1 Weit und leer ist die Puna. **2** Im Nationalpark Sajama erhebt sich der gleichnamige Vulkan, der »heilige Berg« Boliviens. **3** Im Friedhof der Züge, *cemeterio de trenes*, von Uyuni rosten Generationen von Loks und Waggons der bolivianischen Eisenbahn. **4** Das flache Wasser der Laguna Colorada ist von Algen und Plankton rotbraun gefärbt, am Ufer blenden Boraxablagerungen. **5** In Tomarapi am Nevado Sajama leben einige Hirtenfamilien. **6** Außerhalb von El Alto stehen einzelne Bauernhöfe auf der 4000 Meter hoch gelegenen Ebene. Hier wird hauptsächlich Quinua, eine kälteresistente Getreidesorte, angebaut.

Pescadores (alias Incahuasi), auf der uralte baumstammdicke, bis zu zehn Meter hohe Trichoreus-Kakteen wachsen.

Vom Südrand des Salar führt eine abenteuerliche Piste durch die wahrscheinlich großartigste Zone der Puna im »wilden Süden« Boliviens. Die mehrtägige Tour führt, immer parallel zu den Bergen und firnbedeckten Vulkanen der Westkordillere, durch eine surreale Landschaft mit farbigen Seen, bizarren Steinformationen und Wüstentälern. Ganz erloschen sind die Feuerberge noch nicht: Hier und da sprühen Geysire über Sinterformationen, am Südende der Route in Chile fauchen am Tatio die am höchsten gelegenen Geysire der Erde, und am Sol de Mañana umwehen höllische Schwefelschwaden die brodelnd kochenden Schlammtöpfe zwischen den Fumarolen.

Die Route führt über den Salar de Chiguana, überquert die Eisenbahnstrecke von Uyuni zur Hafenstadt Calama in Chile und windet sich durch bizarr erodierte Felsen vor der Pyramide des Vulkans Ollagüe nach Süden. In den Lagunas Hediodonda und Canapa »fischen« hochbeinige Flamingos mit ihren Schnäbeln im eisigen Brackwasser nach Algen und Diatomeen.

Mitten in der Siloli-Wüste, deren öde Weite dem Auge wenig Widerstand bietet, hat der vom ewig wehenden Wind getragene Wüstensand den Arbol de Pietra – er sieht wirklich aus wie ein Baum, aus einem Felsblock gefräst. 50, 100 parallele Fahrspuren durchziehen den gelblich-grauen Sand. Ab und zu zweigt eine ab und verschwindet in den Hügeln. Spätestens hier beginnt man die Ortskenntnis des Fahrers/Guides zu schätzen: Wer der falschen Spur folgt, wird irgendwann von finster blickenden Grenzsoldaten zurückgeschickt oder endet in einem gottverlassenen kleinen Bergarbeiterdorf, falls er nicht schon vorher mit leerem Tank liegen bleibt.

Nur 60 oder 80 Zentimeter ist die Laguna Colorada tief. Ihr mineralreiches Wasser ist von Algen und Plankton rostrot gefärbt. Blendend

142 Bolivien und Chile

1 Der von der Erosion geformte Arbol de Pietra (steinerne Baum) ist eine Landmarke auf dem Weg durch die Siloli-Wüste. 2 Nach Sonnenuntergang färbt das Himmelsleuchten die blendend weiße Salzoberfläche des Salar de Uyuni. 3 Auf der Isla Incahuasi, auch *Isla Pescadores* genannt, mitten im Salar de Uyuni wachsen bis zu 6 Meter hohe Kakteen der Gattung Trichoreus. 4 Ein hoher Gehalt an Blei, Schwefel, Arsen und Kalziumkarbonat erzeugt die milchige blau-grüne Färbung der 4400 Meter hoch gelegenen Laguna Verde im südwestlichsten Zipfel Boliviens. Der hohe Mineraliengehalt lässt das Wasser erst unterhalb von minus 20° C gefrieren. Im Hintergrund der Vulkan Licancabur, ein Opferberg der Inka. 5 In der kahlen, rauen Weite der Siloli-Wüste finden sich immer wieder bizarre, vom Wind erodierte Felsgruppen.

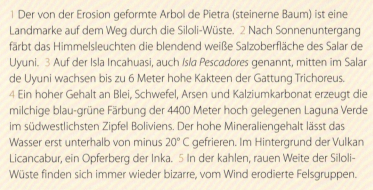

weiße Ufer und Inseln aus Borax und Gips bilden einen unwirklichen Kontrast, zusammen mit gemächlich dahinwatenden Flamingos. Die Lodge steht auf einem sanft geneigten Hang der absolut kahlen Berge, die orange-gelb-braun im violetten Licht der Höhe leuchten. Kaum verschwindet die Sonne unter dem Horizont, herrscht Eiseskälte – wie in einer Tiefkühlkammer. Die Höhe fordert ihren Tribut: Kopfweh stellt sich ein, der Puls beschleunigt sich, auch die gelegentliche Sauerstoffdusche aus der Flasche bringt nur kurzzeitig Abhilfe. Das flimmernde blau-grüne Wasser der Laguna Verde zu Füßen des Vulkans Licancabur ist der Abgesang der Puna. Bei Hito Cajon trifft die Piste auf die Straße vom Paso Jama hinunter nach San Pedro de Atacama, das in vergleichsweise erträglicher Höhe liegt.

Von La Paz bis Santiago de Chile

Sajama – Schnee an der alten Handelsroute

Über die gut ausgebaute Panamericana zwischen La Paz und Chile rollt ein Großteil des Handelsverkehrs. Karnevalsbunt bemalte Busse und schwer beladene Trucks gondeln zwischen den bizarrsten Landschaften aus Vulkanen, Hochmooren und glasklaren Lagunen hin und her. Ansonsten ist sie eher spärlich befahren. Die Chauffeure bewegen sich ausnahmslos in Höhen ab 3500 Metern. Für Bolivianer ist das keine große Sache. Als Präsident Evo Morales 2007 gegen den Beschluss des Weltfußballverbandes FIFA protestierte, keine Turniere in Lagen höher als 2500 Metern Höhe auszutragen, hatte er schnell eine Mannschaft beisammen, die sich bereit erklärte, unterhalb des 6542 Meter hohen Gipfels des schneebedeckten Sajama zu kicken. Diese Strecke war schon den Aymara als Handelsroute bekannt. Beglaubigt wird dies durch die riesigen Scharrbilder in der Nähe des chilenischen Arica, die Handelskarawanen zeigen. Sie verband die Hochebene mit dem Pazifik. Die spanischen Konquistadoren brachten auf diesem Weg das aus den Minen bei Potosí in Bolivien erbeutete Silber zur Verschiffung an die Küste. Es soll so viel gewesen sein, dass man damit die Strecke bis nach Spanien mit Silber hätte pflastern können und mit den Knochen der bei dieser Arbeit gestorbenen Indios ebenfalls, sagt die Legende. Gleichzeitig wanderten von Arica aus spanische Möbel, Beichtstühle und Kisten mit Kleidern und Wäsche nach Potosí auf 4500 Metern Höhe, im 17. Jahrhundert eine der größten Städte der Welt.

Die traumschöne Landschaft setzt sich hinter der Grenze zu Chile fort. Die Luft scheint aus Glas zu sein, die Fernsicht ist fantastisch. Im Lago Chungará, dem höchsten Vulkansee der Welt, paddeln Taucherenten, Wachteln und Andengänse, spiegeln sich die Berge, die ihn umstehen. Flamingos, Lamas und Pampastrauße stolzieren zwischen hartstacheligem Ichu-Gras und den *bofedales*, den spärlichen Hochmooren, bevölkern die stille Welt auf 4500 Metern Höhe.

Parinacota – Vulkangestein und Kirchlein

Einer der Orte, die einen Abstecher verdienen, ist das winzige, typisch andinische Parinacota. Die niedrigen, weiß getünchten Würfelhäuser aus Vulkangestein mit den geschnitzten Holztüren gruppieren sich um die Kirche, die ein wichtiges Zeremonialzentrum und den Mittelpunkt für die weit verstreuten Einzelgehöfte bildet. Nur etwa 50 Aymara leben hier, viele Häuser stehen leer. Parinacota hat wohl das schönste Andenkirchlein weit und breit: mit einem separat stehenden, gestuften Glockenturm, einem Vulkansteinzaun mit gebogtem Rand und einem mit Fresken ausgemalten Inneren. Nach indianischem Glauben symbolisieren das Kirchengebäude und der Turm das männliche und das weibliche Element, die spirituelle Dualität. Wir werden noch viele weitere Kirchen dieses Typs sehen.

Das Dorf Putre liegt bereits wieder auf 3600 Metern Höhe und wurde als Grenzstadt mit entsprechenden Institutionen ausgestattet: Radio, Internet, Behörden, eine Station der Forstbehörde Conaf, die über die Nationalparks Lauca, Isluga und Surire Auskunft erteilt. Im Dorf gibt

es einige kleinere Hotels und eine größere Hostería. Felder und Viehweiden rahmen es ein. Danach geht es in weiten Kehren in die Tiefe. Kandelaberkakteen sprenkeln die Bergseiten. In den tief gelegenen Tälern des San José de Azapa und Lluta werden Knoblauch, Kartoffeln, Oregano und Oliven angebaut.

Wie früh hier Menschen siedelten, sehen wir in dem Oasendörfchen San Miguel de Azapa. Hier betreibt die Universität Tarapacá von Arica ein ausgezeichnetes frühgeschichtliches Museum, das Museo Arqueológico, und es stellt über 7900 Jahre alte Mumien aus, die wesentlich älter sind als die von Ägypten.

In unmittelbarer Umgebung von Arica liegen einige indianische Begräbnis- und Kultstätten. Letztere sind durch riesige Scharrbilder, Geoglyphen, identifizierbar, die man von Weitem und in der Nachmittagssonne am besten erkennt. Sie zeigen Schamanen- und Sternmotive, aber auch Handelskarawanen mit Lamas, die bis heute zum Transport benutzt werden.

Arica – schwer geprüfte Hafenstadt

Wir sind angekommen in der dritten »Stadt des Frühlings« auf unserer Route. Frühling allerdings stellt man sich anders vor. Auf der gesamten Fahrt Wüste, Wüste, Wüste, Sandstrände, so weit das Auge blickt. Dort, wo es Wasser gibt, wachsen Mango, Papaya, Passionsfrüchte. Der kalte Humboldtstrom des Pazifik bewirkt, dass die Küstenlinie oft eingenebelt aussieht, aber sobald sich der Dunst gelegt hat, strahlt die Sonne in einem klaren, salzigen Licht. Die Luft wirkt wie frisch geputzt.

Aricas Geschichte ist lang, weil es in der Nähe der Meeresmündung zweier Flüsse liegt und über ein geeignetes Hafenbecken verfügt. Wasservorkommen ermöglichten den spanischen Konquistadoren schon 1557 eine Ansiedlung, der Hafen wurde zur Verschiffung des in Potosí und weiteren Minenorten geförderten Goldes und Silbers genutzt. Doch trotz dieser Verwurzelung in kolonialspanische Tradition wird man nach architektonischen Zeugen vergeblich suchen, Erdbeben und Flutwellen vernichteten die Stadt. Arica ist trotzdem hübsch mit einem urigen Fischmarkt, einer Uferpromenade, einer Kirche aus der Werkstatt von Gustave Eiffel und mehreren schattigen Plätzen und Gebäuden aus dem 19. Jahrhundert. In der Nähe gibt es lange Sandstrände und felsige Buchten.

1 An geschützten Stellen der Kordillerenkette sieht man hin und wieder uralte Baumkakteen. 2 Ein letzter kärglicher Unterstand vor der chilenischen Grenze: Die bestechend klare und kalte Luft und das violette Licht in 5000 Meter Höhe lassen die gelb-braun-orangen Töne der Wüste leuchten – eine nahezu surreale Erscheinung. 3 In Chile folgt die Panamericana bis fast zum Ende hin der Pazifikküste, so wie hier südlich von Arica. 4 Die Straße von La Paz nach Arica an der Pazifikküste entlang überquert in rund 4600 Meter Höhe die Grenze zwischen Bolivien und Chile. Arica, die nördlichste Stadt von Chile mit rund 190 000 Einwohnern, wird auch die »Stadt des ewigen Frühlings« genannt und ist die Verbindungsstelle zu Peru.

Von La Paz bis Santiago de Chile

Cholitas, die Marktfrauen und Händlerinnen

Ehrfurcht gebietend sehen sie aus und schön matriarchalisch: Die bolivianischen Händlerinnen in ihren typischen Trachten aus weiten, mehrfach übereinander getragenen Wollröcken, ihren langen schwarzen Zöpfen und den Bowlerhüten haben vor der Kirche San Francisco in La Paz ihre Stände aufgeschlagen. Der Aufzug mag ländlich sein, aber das soll niemanden über die Geschäftstüchtigkeit der Frauen hinwegtäuschen. Sie verkaufen Essen, Schmuck und Kosmetika, die sie – wenn es die Bilanz erfordert – auch aus der zollfreien Zone im chilenischen Iquique importieren. Sie sind die Oberhäupter von vielen florierenden Mikrofirmen, die ganze Familien ernähren, und immer bereit, sich gegenseitig beizustehen. Auf dem Hexenmarkt gleich hinter der Kirche bringen die *cholitas* Schillerndes an den Käufer: Liebeselixiere, Versöhnungs- und Potenzmittel, Lamaföten, Glücks-Tees, das meiste nicht aus dem häuslichen Garten, sondern aus Brasilien.

Rund 25 Kilometer südlich von Arica ragen riesige Skulpturen aus dem Grund, die *Presencias Tutelares* von Juan Díaz Fleming, einem Bildhauer des Ortes. Diese verblüffenden geometrischen Körper sollen die Kosmovision des Volkes der Aymara versinnbildlichen und einen Bezug zu den Geoglyphen im Valle de Azapa herstellen. Mitunter grandios, mitunter monoton – die Fahrt in den Süden wird durch tief eingeschnittene Cañons unterbrochen, auf deren Grund es grün schimmert, Felder zu sehen sind und kleine Ziegenherden, denn nur an diesen Plätzen ist Landwirtschaft möglich. Um zu dem nächsten Ziel zu gelangen, der Salpeterbaron-Stadt Iquique, muss man eine riesige Sanddüne von über 800 Metern Höhe hinunterfahren, den Cerro del Dragón. Seit ein paar Jahren kann sie auch auf unkonventionelle Weise durchmessen werden: Den Drachenberg haben

Sandsurfer für sich entdeckt – eine passende Ergänzung zu den Bodysurfern, die den Strand von Iquique bevölkern.

Iquique – Paradies für Surfer

Iquique, das im 19. Jahrhundert die schöne Stadt der im Salpetergeschäft reich gewordenen Händler, dann einfach nur ein vergessener Ort mit Fischmehlfabriken oben in Chiles einsamen Norden war, hat sich zu einer Attraktion entwickelt. Anfang der 1990er-Jahre kamen die nordamerikanischen und kanadischen Surfer – da war Iquique noch billig und relativ unbekannt, aber mit sandigen, langen Stränden. Plötzlich begannen die Villen und kleinen Stadtpaläste, die alte Restaurant- und Club-Herrlichkeit aus der Zeit der Salpeterbarone zu interessieren. Viele Gebäude wurden restauriert, einige zu Museen hergerichtet, in denen die Geschichte des einstigen Reichtums dokumentiert ist: des Salpeters, den man auf der Hochebene fand und der zum ersten Exportschlager Chiles wurde.

Salpeter-Oficinas

Wieder auf der Panamericana, reiht sich nun eine verlassene Salpeter-Oficina an die nächste. Im 19. Jahrhundert erlangte Salpeter, der in Schichten unterhalb der Wüstenoberfläche lagerte, als Düngemittel Weltgeltung. Entsprechend rasch wuchsen die Abbau- und Verarbeitungsfabriken in die Höhe – mitten in der Wüste. Doch dann folgte

die Entdeckung, Düngemittel auch chemisch erzeugen zu können – und damit erlosch der Boom, Fabriken und Arbeiterstädte, die *oficinas*, zerfielen. Von den meisten ist heute nichts mehr zu sehen als ein paar Mauerreste, und es ist kaum zu glauben, dass in dieser unwirtlichen Umgebung einmal Tausende von Menschen lebten und schufteten. Zwei Oficinas, Laura und Humberstone, liegen an der Abzweigung der Panamericana hinunter an die Küste nach Iquique und stehen Besuchern offen. Unwirtlich und karg, aber fürs Auge etwas Besonderes: Diese Region war die Filmkulisse für *Ein Quantum Trost* aus der James-Bond-Serie.

Antofagasta – Boliviens Weg zur See in Chile

Von der heute auf 350 000 Einwohner angewachsenen Stadt Antofagasta wurde früher der Salpeter, heute dagegen das Kupfer aus der Chuquicamata verschifft, der Welt größter Kupfer-Tagebau, sowie der Handelsverkehr Boliviens zur See abgewickelt. Es hat mit den ehema-

Flamingos und Andenkamele

Wunderschön sehen sie aus, wie sie in einem Salzsee in 2000 Metern Höhe grazil im rosa Krill stochern, vor der Kulisse eines azurblauen Himmels und ockerfarben gestreifter Vulkane. Die Flamingos kann man bei San Pedro de Atacama beobachten.

Mit drei Spezies von weltweit sechs sind sie auf dem Altiplano vertreten. Der Chilenische Flamingo, *flamenco chileno*, wird bis zu einen Meter groß, ist weiß und rosa und hat dunkle Flügelspitzen. Der größere Anden-Flamingo, *parina grande*, hat ein helles, blassrosa Federkleid, der kleine James-Flamingo, *parina chica*, terrakottafarbene Füße. Den Chilenischen Flamingo sieht man auch in Feuerland, Anden-Flamingos hauptsächlich in den Salaren des Nordens, den James-Flamingo trifft man nördlich des Ojos del Salado bis in den hohen Norden hinein an.

Kleine Kamele der Anden nennt man Lamas, Alpakas und Vikunjas, die in den Hochwüsten des Altiplano leben und von den indianischen Familien wegen ihres Wollreichtums gehalten werden. Sie leisten auch als Lasttiere wertvolle Dienste. Die Vikunjas haben ein ganz feines Wollkleid: So fein wie eine Spinnwebe ist die Faser, dass nur Seide sie übertrifft. Die Tiere wurden fast vernichtet. 1973 existierten in ganz Chile nur noch 1000 Exemplare, was den Naturschutz aktivierte. Mittlerweile gibt es wieder 27 000, aber Wilderei kommt immer noch vor.

1 Die Laguna Cotacotani im Nationalpark Lauca. 2 Anden-Flamingos in der Laguna Colorada. 3 Chile-Flamingos mit schwarzen Flügelenden.
4 Vicuñas in den südlichen Anden; sie sind nicht domestizierbar. 5 Die Bergvizcacha (Hasenmaus) lebt in trockenen Bergregionen bis 5000 Meter Höhe. 6 Vogelnest in einem Bergsee in den argentinischen Anden.
7 Die bunten Fäden in den Ohren der Lamas verweisen auf ihre Besitzer.

Feste in Bolivien – prachtvoll mit künstlerischen Höhepunkten

Farbenfrohe Spektakel, Umzüge mit prachtvollen Kostümen, wirbelnde Choreografien, Feiern, die über Tage dauern – die Feste in Bolivien gehören zu den großen Attraktionen dieses Andenlandes, mit denen sich Zuschauer wie Teilnehmende gleichermaßen beglücken. Der Karneval in Oruro wurde 2001 von der UNESCO zum Meisterwerk des mündlichen und immateriellen Erbes der Menschheit deklariert, das Fest des »Nuestro Señor del Gran Poder«, das alljährlich am ersten Samstag nach Pfingsten begangen wird, taucht die Hauptstadt La Paz für zwölf Stunden in einen bunten Taumel – es herrscht Ausnahmezustand.

Diese Feste haben einen katholischen Ursprung, sie sind im Falle von Oruro der Madonna der Bergwerksstollen gewidmet, der Virgen del Sovacón; der Nuestro Señor del Gran Poder ist niemand anderes als Jesus. Doch verschmelzen hier katholische Elemente mit indianischen, und man weiß nicht, ob sich hinter den Heiligen, die angebetet und angerufen werden, nicht eine indianische Gottheit verbirgt. Beispielsweise wird bei dem »Fest der Wünsche«, den *alasitas*, das Wunschobjekt von einem katholischen Geistlichen und einem Aymara-Priester gleichermaßen gesegnet. Die Gläubigen haben dazu einen ganz pragmatischen Ansatz: Man kann ja nie wissen, welcher wirklich hilft.

Wer den Karneval in der Bergarbeiterstadt Oruro einmal miterlebt, kann kaum fassen, was er hier sieht. Auf immerhin schwindelerregenden 3710 Metern Höhe tanzen die Teilnehmer und Teilnehmerinnen in komplizierten Choreografien auf einer drei Kilometer langen Strecke und tragen dabei aufwendige Kostüme, die bis zu 30 Kilogramm wiegen können, und schweren Kopfputz. Am Gründonnerstag wird während des Festes »Jueves de Comadres« den indianischen Naturgöttern und der Mutter Erde, der Pachamama, gedacht. Am Ostersonntag ist dann jeder auf der Straße, der Beine hat – und man darf Alkohol konsumieren, was ansonsten untersagt ist. Ganz frühmorgens haben die Bandas bereits für ein Spektakel gesorgt: Ab vier Uhr früh spielen sie die Melodie ihrer Tanzgruppe – und zwar alle gleichzeitig. Während des Montags stehen themenbezogene Tänze auf dem Programm, in denen – so wie es beim rheinischen Karneval ebenfalls üblich ist – die Autoritäten persifliert werden: im Falle von Bolivien die spanische Kolonialmacht.

Nach dem Karneval ist vor dem Karneval – bereits kurze Zeit nach dem Fest tagen die Festkomitees, die *fraternidades*, erneut und nehmen eifrig ihre Arbeit auf: Blasmusik wird einstudiert, Kostüme werden geschneidert und bestickt, Choreografien geübt. Die Kosten für ein Kostüm und für eine der kunstvoll geschnitzten Masken können

1, 3 und 5 Ein großes Fest für eine kleine Jungfrau: Tänzer aus Nordchile und Musiker aus Bolivien feiern mit Tausenden Pilgern das Marienfest von Aiquina am Rande der Atacama-Wüste. **2** Für Besucherströme gerüstet – vor der Kathedrale von Copacabana. **4** Einwohner aus Potosi tanzen und singen das »Tonada Potosina«-Lied auf der Parade »Entrada Universitaria« in La Paz. Das Fest dient der Erhaltung der kulturellen Vielfalt des bolivianischen Tanzes.

ein halbes Jahresgehalt verschlingen, den Tänzerinnen ist die Teilnahme wesentlich wichtiger.

Auch dem Fest zu Ehren des »Jesus del Gran Poder« wohnen rebellische Impulse inne, das erkennt man allein schon an den Masken, die die Tänzer tragen. Aus einer einfachen Kerzenprozession entstand dieses größte Volksfest in La Paz. Bestritten wird es von den *conjuntos*, Folkloretanz- und Blasmusikgruppen, die von der Plaza Garita de Lima bis zur Prachtstraße Prado ziehen, angefeuert von Abertausenden von Zuschauern, die sich am Straßenrand auch auf ihre Weise vergnügen. Viele der Tänze thematisieren die Ausbeutung in den Zinn- und Silberminen Boliviens, die schwarze Oberherrschaft über die Kokaarbeiter in den Yungas, die Dualität zwischen weißen und indianischen Göttern, den ewigen Kampf zwischen Gut und Böse. Die ganze Geschichte des Landes kann man aus diesen Tänzen und diesen Festen herauslesen.

Von La Paz bis Santiago de Chile

ligen Gebäuden der Eisenbahngesellschaft FCAB, Ferrocarril Antofagasta-Bolivia, eine schöne, aber winzige Altstadt um den Hafen herum. Sie trieb 1880 die Erschließung der erzreichen Hochebene und der Erz- und Kupfervorkommen voran.

San Pedro de Atacama

Jenseits der Panamericana, jenseits der Salpeter-Hochebenen, die sie durchschneidet, entdeckt man einen indianischen Kosmos. Am Rand der trockensten Wüste der Welt, der Atacama, entstand die Kultur der *atacameños*, die heute noch in der sozialen Struktur der *ayllu*, einer Dorfgemeinschaft, fortlebt. Einige wenige Zeugnisse ihrer Bauweise sind erhalten, ganz in der Nähe von San Pedro de Atacama liegen zum Beispiel die Überreste von Tulor.

Diese Kulturen sind nie besonders gewürdigt, geschweige denn dokumentiert worden, weil weder die Kolonialherrschaft noch die chilenische Gesellschaft sich mit diesen Indígena-Gemeinden im positiven Sinn beschäftigt hat. Sie galten als minderwertig, im besten Fall ließ man sie einfach in Ruhe und vertrieb sie nicht aus ihrem Lebensraum. So gebührt einem belgischen Jesuitenpater die Ehre, sich um die lange vernachlässigte Geschichte der indigenen Kulturen verdient gemacht zu haben. In San Pedro de Atacama, einem dieser *ayllus*, hat der Missionar Gustave Le Paige in den 1950er-Jahren geforscht und ein archäologisches Museum begründet, das seit seinem Tod 1980 von der Universidad de Antofagasta betrieben wird. Es gilt mit seinen Mumienschätzen, den Goldfunden und der ausgezeichneten didaktischen Aufbereitung als eines der wichtigsten und interessantesten Museen in ganz Chile.

San Pedro übt seinen ganz eigenen Reiz aus. Von der Struktur her indianisch mit der typischen Adobe-Lehm-Kaktusholz-Architektur, sind seine Staubgassen heute überflutet mit Touristen und einer überwältigenden und trotzdem hilfreichen Infrastruktur. Touren führen in alle möglichen Richtungen, über die bolivianische Grenze, zu Geysiren, die über Nacht in eisiger Höhe auf 4500 Metern Höhe einfrieren, zu sandigen Erosionsgebirgen, zu Vulkanen und Lagunenlandschaften und in weitere indianische Dörfchen, über Schluchten und raue Schotterpisten hinweg.

Auf dem Weg von Antofagasta nach San Pedro kommt man in Calama vorbei, der Schlafstadt für die Beschäftigten in der Chuquicamata. Von dort lassen sich auch die Besuche in der größten oberirdischen Kupfermine der Welt organisieren, einer auf über 3000 Metern Höhe gelegenen, riesigen Grube mit einer Tiefe von über einem Kilometer und einer Ausdehnung von zwölf Quadratkilometern.

Copiapó – Erze, Landwirtschaft

Kehren wir zurück zur Panamericana. Die spärlich befahrene Straße gleitet zwischen Gebirgszügen durch ein Längstal. Mutige Hunde kreuzen ab und an die Fahrbahn, die auffällig bemalten Fernfahrerrestaurants haben wohltönende Namen wie »Mi Refugio«, »Eden« oder »Tu Casa«.

Halbwüste in Sicht: Die Andenkordillere entschwindet in der Ferne, die Täler werden fruchtbarer und als Anbaufläche genutzt. Doch in den Bergen verbarg sich der Reichtum der Region. Silber und Kupfer wurden von etwa 1830 an gefördert. Die Silbermine Chañarcillo zählte für kurze Zeit zu den ergiebigsten der Welt, kein Wunder, dass man an der Infrastruktur nicht sparte. Englische Investoren ließen sogar eine Eisenbahn bauen. Heute kann man die Bahnhöfe von Copiapó und Caldera als Museum bestaunen. Damit ist die Geschichte noch nicht zu Ende: Neue Einkünfte sprudeln aus den Kupfer- und Goldminen La Candelaria in der Nähe von Caldera, auch Eisenerz soll daraus gewonnen werden.

Der Studentenstadt Copiapó sieht man seine großbürgerliche Vergangenheit als Wohnsitz reicher Bergbaufamilien an. Die Stadtanlage

1 und 2 Nach einer kalten Nacht schicken in den frühen Morgenstunden die Geysire im Krater des Vulkans Tatio ihre Dampffontänen in den Himmel. Bei steigenden Temperaturen werden daraus heiße Quellen. Wenn sich das mineralienreiche Wasser abkühlt, entstehen Sinterterrassen. 3 Die Straße nach San Pedro de Atacama führt mitten durch die eigenwillige Erosionslandschaft der Cordillera del Sal. 4 In 3300 Metern Höhe, östlich von Calama, liegt der grüne Oasenort Caspana in einem engen Tal, durch das ein Bach fließt. Die knapp 500 Bewohner leben in Steinhäusern und bauen Gemüse und Blumen auf Terrassen an.

wird durch Alleen aufgelockert, die Plaza hat ein üppiges Format. Von Interesse ist in der Minenbaronstadt das gut aufgebaute Mineraologische Museum der Universität.

Ojos del Salado – der höchste Vulkan der Welt

Von Copiapó aus kann man zu einem Ausflug in den Nationalpark Tres Cruces an der Grenze zu Argentinien starten. Der ist nur gut versorgt möglich: Benzin, Lebensmittel, Wasser müssen mitgenommen werden, da man auf dem gut 250 Kilometern langen Weg nichts erwerben kann. Bald schon verlässt die Straße die spärlichen Ansiedlungen der Andenbauern, die auf Copiapó folgen, bald ist man von einer stillen, weiten, vegetationslosen Landschaft und bunten Vulkanen eingefangen. Wir nähern uns der größten Ansammlung von Sechstausendern in Chile. Flamingos stolzieren an den salzigen Rändern der knallblauen und dunkelgrünen Lagunen entlang. Hier oben gleitet man sanft über den Paso Fronterizo San Francisco, von dort sind es noch mal gute 300 Kilometer bis zum nächsten argentinischen Ort. Und in unmittelbarer Nachbarschaft befindet sich der höchste Vulkan der Welt, der Ojos de Salado, 6989 Meter hoch.

Wenn die Wüste plötzlich blüht

Nördlich von Vallenar beginnt die Halbwüste Chiles mit einer Vegetation, die außer Sträuchern und einem Potpourri aus Kakteen nicht viel zu bieten hat. Doch alle vier bis acht Jahre herrscht hier Blumenzeit, wenn nämlich die seltenen winterlichen Regenfälle die Region überziehen. Dann ist im darauffolgenden Frühling zwischen September und November zu beobachten, wie aus sandbraunem Boden Blumenteppiche hervorbrechen und die Wüste plötzlich blüht. Die Samen können dabei Jahrzehnte in der Erde geruht haben: Sie überstehen nämlich Temperaturen von 50–60 °C. Unter etwa 200 meist endemischen Arten stechen die Inkalilie, *Alstromeria*, Garra de León, *Leontochir ovallei*, Pata de Guanaco und die Añañuca heraus. Sie bilden Teppiche von mehreren Quadratkilometern Größe. Das sieht unbeschreiblich schön aus.

Das Phänomen der blühenden Wüste ist eng mit dem Klimaphänomen El Niño verknüpft, dem komplizierten Entstehen warmer Wassertemperaturen an einer eigentlich kalten Pazifikküste, das zu heftigen Wetterumschwüngen und Temperaturänderungen führen kann: Fischschwärme ziehen ab, Robben, Wasservögel und Pinguine sterben aus Futtermangel. Ebenso kommt es zu Überschwemmungen mit teilweise katastrophalen Folgen. So dürfte die blühende Wüste eines der absolut raren Phänomene des Niño sein, das die Natur bereichert.

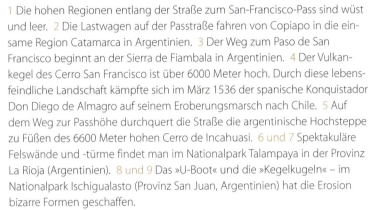

1 Die hohen Regionen entlang der Straße zum San-Francisco-Pass sind wüst und leer. 2 Die Lastwagen auf der Passstraße fahren von Copiapo in die einsame Region Catamarca in Argentinien. 3 Der Weg zum Paso de San Francisco beginnt an der Sierra de Fiambala in Argentinien. 4 Der Vulkankegel des Cerro San Francisco ist über 6000 Meter hoch. Durch diese lebensfeindliche Landschaft kämpfte sich im März 1536 der spanische Konquistador Don Diego de Almagro auf seinem Eroberungsmarsch nach Chile. 5 Auf dem Weg zur Passhöhe durchquert die Straße die argentinische Hochsteppe zu Füßen des 6600 Meter hohen Cerro de Incahuasi. 6 und 7 Spektakuläre Felswände und -türme findet man im Nationalpark Talampaya in der Provinz La Rioja (Argentinien). 8 und 9 Das »U-Boot« und die »Kegelkugeln« – im Nationalpark Ischigualasto (Provinz San Juan, Argentinien) hat die Erosion bizarre Formen geschaffen.

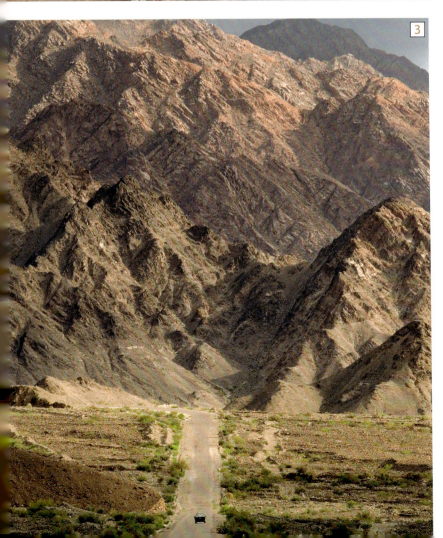

Von La Paz bis Santiago de Chile

Unterwegs durch Chile und Argentinien

Chile, das »lange Land« reicht von den braunen Wüsten und Halbwüsten des »Kleinen Nordens« bis zur Isla de Chiloé und der grünen Wald-, Wiesen- und Seenidylle des Südens mit ihren imposanten Vulkanen, Araukarien und Fjordlandschaften. Besondere Erlebnisse bieten Aufenthalte in den Weinregionen, bei den Mapuche und in den Gebieten der deutschstämmigen Siedler.

Ort	Teilstrecke	Gesamtstrecke
Santiago de Chile	0	27959
Puerto Montt	1110	29069
San Carlos de Bariloche	364	29433
Esquel	291	29724
Puerto Aisen	472	30196
Coyhaique	61	30257
	2298	30257

Das Hotel Llao zwischen Lago Moreno und Lago Nahuel Huapi.

Städte, Strände, sieben Seen – zwischen Weinbauregionen und Nebelwäldern

La Serena, die Heitere, das ist ein hübscher Name für eine Stadt. Die Straße dorthin allerdings verspottet den netten Namen: schottrige Einfassungen, einsames graues Meer, vernachlässigte Fischersiedlungen. Eines ist gewiss, La Serena profitierte vom berühmtesten Stadtsohn, dem ehemaligen Präsidenten González Videla, der in den 1940er-Jahren staatliches Geld in die Sanierung öffentlicher Gebäude pumpte und sie in einem einheitlichen kolonialspanischen Stil restaurieren ließ. Sie fassen die Plaza de Armas ein, die als botanischer Garten hergerichtet wurde.

La Serena war eine strategisch wichtige und frühe Gründung der spanischen Kolonialherren zur Sicherung der Handelswege. Mit Kirchen war die Stadt in der Folge reichlich gesegnet, und wenn sie in ihrer Frühzeit auch oft zerstört wurde, so sind das später gebaute Karmeliterkloster und die Iglesia San Francisco aus dem 18. Jahrhundert Sehenswürdigkeiten, ebenso wie der quirlige Markt La Recova und der Leuchtturm, der zu einer weiteren Attraktion überleitet: zu den kilometerlangen Sandstränden, einem sommerlichen Ferienparadies.

Valle del Elqui – Schnaps und himmlische Sphären

Von La Serena aus zieht der Elqui-Fluss quer durch das hier handtuchschmale Chile, wandert die Anden hinauf bis zur argentinischen Grenze. Diese Ansicht hat durchaus etwas Magisches: Zu beiden Seiten des Elqui ragen ockerfarbene und hellrote Berge in die Höhe, deren Gipfel mühelos 3000 Meter Höhe erreichen. Im Tal eingesenkt liegen die dunkelgrünen Felder und Obstspaliere, ordentlich abgegrenzt, wie mit einem Lineal gezogen. Die trockene Luft in Chiles

Norden ist so staubarm, dass man auf den Gipfeln mehrere Zentren zur Weltraumerforschung errichten konnte.

Magische Ansicht, Himmelserkundung – hier schwingen noch ganz andere Ströme mit. Das Valle del Elqui ist heutzutage das Dorado der Sternen- und Mondanbeter. Zelte zur Beobachtung von UFOs im Garten hinterm Haus, asiatisches Kunsthandwerk und sphärische Musik, Therapiesitzungen, Meditation und Massagestunden – dies alles ist zu haben, besonders um Pisco Elqui herum. Pisco Elqui heißt eigentlich nur so, damit es in Chile einen Ort gibt, der den Peruanern klarmacht, dass der Piscoschnaps nicht nur in Peru hergestellt wird, sondern auch in Chile. Bis 1936 hieß Pisco Elqui La Unión. Die Trauben, eine Mischung aus u. a. Moscatel und Pedro Ximénez, gedeihen im Elquital sehr gut, der daraus gewonnene Tresterschnaps Pisco wird seit 2005 von der Firma Pisco Control in die USA und nach Europa exportiert.

Nach diesem Abstecher landen wir wieder an der Küste. Seit 2000 strahlt ein Millenniumskreuz hell über dem Hafen von Coquimbo und wacht über den neuerlichen Aufstieg des ehemals etwas ramponierten Fischerviertels. Einige sanfte Ferienstrände schließen sich in Richtung Süden an.

Der nun folgende Nationalpark Fray San Jorge ist ein Kuriosum in diesem Landschaftsabschnitt – ein Stück valdivianischer Nebelwald, der eigentlich 3000 Kilometer weiter südlich beheimatet ist. Ein besonderes Mikroklima und aufsteigende Küstennebel ermöglichen das Wachstum des Feuchtwaldes aus Farnen, Epiphyten und Südbuchenarten inmitten einer semiariden Umgebung, die sich hier östlich der Panamericana aufbaut.

1 Viele der alten Haciendas in Chile sind heute Gästehäuser. 2 Friedhof im Limari-Tal. Einige Grabsteine sind Nachbildungen der Kirchen von Andacollo und Sotaqui. 3 Fruchtbare Flusstäler durchschneiden die Wüste des chilenischen Nordens. 4 Im Küstennebelwald des Nationalparks Fray Jorge. 5 In den bewässerten Weingärten des Valle Elqui wachsen Trauben für die chilenische Version des Pisco. 6 Im alten Hafen von Valparaiso. 7 Urlaub auf der Hacienda Santa Christina, einer luxuriösen Oase am Südende der Atacama.

Strandmeile – für jeden etwas

Wer im Sommer die Panamericana befährt, traut seinen Augen und Ohren nicht: Stille und Einsamkeit beherrschten den Weg bisher, und dann ist man plötzlich in der Partyzone gelandet. Ein Seebad reiht sich an das nächste. Reñaca gilt als das schickste mit dem jüngsten Publikum, Papudo ist eher etwas für Familien, Zapallar etwas Exklusives, Horcón für Hippies. Das traditionsreichste heißt Viña del Mar und ist Hort eines hinreißend kitschigen Songfestivals, das alljährlich im Februar zur besten Ferienzeit gefeiert wird. Gleich nebenan liegt Valparaíso.

Valparaísos kulturelles Erbe ist gefährdet

Ein Paradiestal war es sicherlich nicht, als die ersten spanischen Konquistadoren 1536 beschlossen, an diesem Ort für die Hauptstadt Santiago einen Hafen anzulegen. Kiesige Höhen und kahle Berge, stellte auch noch 1837 der Naturforscher Eduard Poeppig fest. Diese kiesigen Höhen und kahlen Berge sind jedoch schon längst von Gebäuden, Treppenstiegen, Gässlein und kurvigen Straßen bedeckt. Ein Hügel zeigt sich anders als der nächste, der eine mit hochherrschaftlichen Villen und eleganten Passagen, der andere mit knallbunt ange-

Sewell – eine Stadt als Weltkulturerbe

Im Jahr 1905 hatte die US-Firma Braden Copper die Rechte an einer chilenischen Kupfermine erworben, die ihr extrem Erfolg versprechend zu sein schien. Das Problem war nur, dass sie mitten im unzugänglichen Herz der Anden lag und eine Infrastruktur erst geschaffen werden musste. Und das war mühselig. Neben Straßen und Eisenbahnschienen wuchs ganz allmählich eine Bergarbeitersiedlung für 15 000 Beschäftigte heran. Aber eine »normale« Stadt war das nicht. Sie musste buchstäblich an einen Berg gelegt werden.

Das nach einem Geschäftsführer von Braden Copper benannte Sewell steht mit seinem Sockel auf 2200 Metern Höhe. Eine zentrale Treppe geleitet in die oberen Stockwerkes der Siedlung, die ausschließlich über Stiegen und Treppen begehbar war und ist. Für richtige Straßen war das Gelände viel zu steil. An den Treppen entstand dann alles, was es für ein so abgeschiedenes Dorf brauchte: Krankenhaus, zentrale Plaza O' Higgins, aber auch ein Theater. Mitte der 1960er-Jahre wurde der Betrieb eingestellt. Sewell, 60 Kilometer südöstlich von Rancagua, steht seit 2006 unter dem Schutz der UNESCO als Weltkulturerbe. Es ist eines der bedeutendsten und auch attraktivsten Denkmäler der Industriekultur Chiles. Die staatliche Kupfergesellschaft Coldelco betreut es als Freilichtmuseum weiter.

Die außergewöhnlichen Häuser von Pablo Neruda

Askese und Purismus können des Dichters Vorlieben kaum gewesen sein: Wenn man die Wohnstätten von Pablo Neruda betritt, fühlt man sich eher an Interieurs aus den Filmen des spanischen Filmregisseurs Pedro Almodóvar erinnert. Der Nobelpreisträger für Literatur liebte es originell, warm, beseelt und bunt. Das Anwesen »La Chascona« im Santiagoer Stadtteil Bellavista hangelt sich über drei Ebenen einen kleinen Hügel hinauf. Hier findet man viele Kunstgegenstände aus seiner Zeit als Botschafter in Burma und eine überwältigende Sammlung mexikanischer Pokale aus Schlierenglas, in denen er seine Fantasie-Cocktails kredenzte. Holzpferde von Zirkuskarussellen blicken in »La Sebastiana« in Valparaíso aufs Meer hinaus, bemalte Puppenköpfe und Op-Art-Kunst zieren Wohn- und Schlafzimmer. Einen besonderen Schatz birgt sein Haus in Isla Negra: Neruda liebte Galionsfiguren, und hier gibt es sogar eine, die weinte, wenn Feuer im Kamin brannte – zumindest geht so die Legende.

strichenen Fischerkaten. Unten, an der schmalen Landpassage, stehen Denkmäler, öffnen sich Plätze, reihen sich Handelshäuser und Cafés aneinander.

Vor einigen Jahren gründeten ein paar Leute die Bürgerinitiative Fundación Valparaíso, die sich zum Ziel gesetzt hat, das historische und kulturelle Erbe der Stadt zu fördern, Valparaíso ist schließlich Weltkulturerbe der UNESCO, läuft allerdings Gefahr, diesen Status zu verlieren. Diese Stadt mit 350 000 Einwohnern, von Pablo Neruda in Gedichten besungen und so sehr geliebt, dass er eines seiner extravaganten Häuser auf einem der Hügel erbauen ließ, ist vielleicht die originellste, die Chile hat.

Die Panamericana wendet sich nun landeinwärts zur Hauptstadt hin, durchstreift dabei ein Gebiet mit viel Landwirtschaft und Weingütern.

Santiago de Chile – die quirlige, vitale Hauptstadt

In Santiago, die Hauptstadt der Preußen Südamerikas, wie es einmal spöttisch hieß, benutzt man die blitzsaubere, pünktliche Metro, schlendert an einem sonnigen Sonntag in den Parkanlagen am Mapocho-Fluss entlang, isst ein Eis, besucht den Flohmarkt, geht danach ins Terrassencafé Bellas Artes, sieht sich eine Ausstellung in dem restaurierten Eisenbahnhof Estación Mapocho an, der auch Gustave Eiffel alle Ehre gemacht hätte, gondelt mit dem Lift den Hausberg Cerro San Cristóbal hinauf und dreht dort oben im Schwimmbad unter schattigen Palmenkronen eine Runde.

Wenn man das alles genossen hat, dann bitte vom Gipfel hinunterblicken. Sechs Millionen Einwohner leben in Santiago, aber nicht alle arbeiten in den Hochhäusern, wohnen in den netten Einfamilienhäusern oder den gepflegten Apartmentblocks – je östlicher, desto besser, denn da liegt die schneebedeckte Kordillere, die man aber bei dem häufigen Smog fast nie mehr sieht.

Die meisten Bewohner leben und arbeiten im staubigen Süden und Westen. Die Mercados Persa, die persischen Märkte um die Busbahnhöfe herum, sind mit ihren billigen Kleidern, Kosmetika, Textilien und Schuhen die wahren Shopping Malls – und nicht etwa die teuren Marmorpaläste Parque Arauco und Kennedy. Viele *santigueños* haben ihre Arbeitsplätze direkt auf der Straße aufgeschlagen, breiten auf Plastikplanen Sonnenbrillen, DVDs und Socken aus, verkaufen Getränke und Süßigkeiten.

Santiago ist zum südamerikanischen Wirtschafts-Tiger aufgestiegen, die mit Abstand sicherste Stadt Lateinamerikas – bis vielleicht auf Montevideo und weitere chilenische Städte, aber Arm und Reich prallen krass gegeneinander.

Chile verdient seine Devisen – neben Kupfer und anderen Metallen – mit Holz, Lachs, Wein, Obst und Gemüse. Südlich von Santiago reihen sich die Haciendas aneinander. Rodeos werden hier häufiger als sonst in Chile veranstaltet, und die *huasos* und Dons, Landgutbesitzer, bilden die gesellschaftliche Elite.

Auch Chiles produktivstes Weinanbaugebiet liegt da nicht fern. Das Valle de Colchagua gehört zu den jüngsten und ist schon gut durchorganisiert, seitdem man im chilenischen Wein erstens einen Exportschlager und zweitens ein Tourismusthema fand. Mit einem historischen Schmalspurzug gondelt man jetzt zu den Weingütern, schaut sich möblierte alte Haciendas an und verkostet den Wein.

Temuco – die Pforte zum Mapuche-Land

Chiles größte indianische Population sind die Mapuche. In der Stadt Temuco, 617 Kilometer südlich von Santiago, begann einst ihr Siedlungsgebiet. Die Grenze zwischen dem Mapuche-Land und den kolonialspanischen Siedlungen orientierte sich bis in das 19. Jahrhundert hinein am Flusslauf des mächtigen Bío Bío. Den jenseits davon gelegenen Siedlungen war kein langes Leben beschieden, denn die Mapuche griffen sie an.

1 Eine malerische Marktszene mit Blumenherzen in Puerto Montt. 2 Blick über das alte urbane Zentrum von Santiago de Chile auf die nahegelegenen Anden. 3 Kunst am Bau in Vitacura in Santiago de Chile. Die Stadtteile Vitacura, wo sich die teuersten Geschäfte befinden und die wohlhabendsten Einwohner leben, und Las Condes, mit dem größten Bankenzentrum Chiles, liegen im Tal des Rio Mapocho im Nordosten der Stadt. 4 La Moneda, die einstige Münzprägeanstalt Chiles und später der Regierungspalast an der Plaza de la Constitución, im historischen Stadtkern von Santiago de Chile.

Die Geschichte von Ricardo Roth, der den Cruce de Lagos erfand

Im Jahr 1903 zog eine von Ochsen gezogene Karawane durch die Pampa des argentinischen Patagonien. Hochherrschaftliches balancierte sie auf den Rücken: luxuriöse Zelte, silberne Bestecke, linnene Bettwäsche, weiße Tischtücher und Kandelaber.
Patagonien war damals pures Abenteuerland, die Gegend rau und einsam, schön, aber unwirtlich. Europäische Emigranten, die zu Beginn des 20. Jahrhunderts nach Argentinien strömten, sollen bei dem Anblick ihrer neuen Bleibe in Tränen ausgebrochen sein: Es waren unendliche braune Steppen und an den windigen Rändern Vulkane, Granitnadeln und undurchdringliche Dschungelwälder. Wenigstens gab es einige betäubende Pilze für die Bauern, die ausgezogen waren, ihr neues Glück zu machen.
Mit Kandelabern, Kerzen und Dienern: So reiste die Schweizer Familie des Archäologen und Geologen Jakob Roth durch Patagonien, im Auftrag der argentinischen Regierung. Jakob, der sich bald Santiago nennen ließ, war Archäologe und sollte dort Fossilien untersuchen. Diese Geschichte erzählt mir Franz Schirmer, Urenkel des Santiago Roth. In seinem heimeligen Hotel Petrohué am Lago Todos Los Santos hängen verblichene Fotos seiner Familie: Urgroßvater Santiago (nämlicher Jakob), Großvater Ricardo, Großtante Nana, seine Onkel Werner, Rudi und Walter. Sie schauen völlig unerschrocken drein, wo immer man sie auch aufgenommen hatte: zwischen gefällten Baumriesen, auf nadelspitzdünnen Vulkangipfeln.
Auch Franz Schirmer ist unter Vulkanen aufgewachsen. Eiskathedralen, Urwälder, Lavafelder, Myrtenbüsche, Gletscherseen hat er jeden Tag vor der Nase. Der samtige Boden aus vielsternigen Moosen und

einem Teppich aus Blättern federt beim Drüberlaufen, Feuchtmoore lagern darunter. Die Schneekappen des Osorno, Calbuco und Puntiagudo thronen darüber wie ein Wächter-Triumvirat. Diese Wildnis, in der Franz Schirmer heute lebt, hat sein Großvater Ricardo gezähmt. Er gilt als einer der Erfinder des Cruce de Lagos, der andinen Seenüberquerung zwischen Argentinien und Chile, die heute ein Publikumsschlager ist. Es gibt wohl kaum einen Veranstalter, der die Stationen nicht herunterbeten kann: San Carlos de Bariloche am Lago Nahuel Huapi auf argentinischer Andenseite mit den Häfen Puerto Blest und Puerto Frias. Dann Peulla und Petrohué am Lago Todos Los Santos. Endgültiger Stopp in Puerto Montt am Pazifik. Diese Seenüberquerung war ursprünglich als Handelsweg geplant. Großvater Ricardo arbeitete im ersten Jahrzehnt des 20. Jahrhunderts bei der Handelsgesellschaft »Chile-Argentina« im argentinischen San Carlos de Bariloche. Die Gesellschaft exportierte Schafwolle aus den Haziendas Argentiniens in die USA und nach Europa, von Haziendas, die so groß waren wie deutsche Kleinstaaten. Wolle und auch Leder waren damals begehrte Handelsgüter. Alles versprach ein Riesengeschäft zu werden, doch der Ausbruch des Ersten Weltkrieges machte die Hoffnungen zunichte. Dabei hatte die »Chile-Argentina« gerade eine wahnwitzige Verschiffungsroute ausgetüftelt: quer durch die Anden, eben genau diesen Cruce de Lagos. Man hatte Wege in die Berge und

Vulkanabhänge schneiden lassen, Frachtschiffe, Brücken, Lagerräume und Wohnungen für die Angestellten gebaut. Auf einer Barkasse reisten die Pferde mit für das letzte Stück Landweg bis nach Puerto Montt. Das alles sollte jetzt brachliegen?

Zunächst gab es bei der touristischen Umwidmung viel Ärger. Boote hatten Havarien, Wälder brannten ab. Aus den Arbeiterheimen wurden schöne Hotels. Die Verpflegung für die Gäste musste sichergestellt werden. Die Familie bezog ein Landgut, auf dem Gemüse angepflanzt und Vieh gehalten wurde.

Die ersten Touristen rüsteten sich 1913 offiziell zur Schiffspartie: Kutschen, Maultiere, Mehlsäcke bildeten die Fracht, die Damen reisten in Schnallenpumps und weißen Hüten, entschlossen, in der wilden Einsamkeit die Etikette nicht zu verlieren. Es ging gut – und es geht bis heute blendend.

1 Santiago Roth arbeitete für die argentinische Regierung als Archäologe und legte gemeinsam mit Pascaio (Perito) Moreno den Grenzverlauf zwischen Argentinien und Chile fest. 2 Drei Generationen der Familie Schirmer-Roth in den 1940er-Jahren: Ricardo (3.v.r.) Walter, Großtante Nana und Ehemann Franz links. 3 Hart war die Arbeit im Winter. 4 Einst transportierten die Boote auf dem Lago Frias Waren, später Touristen. 5 Einer der Familiensitze. 6 Die Holzkirche von Puerto Octay vor dem Vulkan Osorno. 7 und 8 Häuser am Lago Llanquihue erinnern an die hessische Heimat der Einwanderer.

Nach der Unabhängigkeit 1818 war die junge chilenische Nation an einer Ausweitung ihres Territoriums interessiert. Die Chilenen erzwangen um 1883 mit falschen Verträgen schlussendlich den Rückzug der Mapuche in Reduktionen. Ihr fruchtbares Land zwischen Seen und von Gletschern bedeckten Vulkanen wurde Einwanderern überlassen.

Bis heute kämpfen die Mapuche um Wiedergutmachung. Auf dem Cerro Ñielol im rasant wachsenden Temuco steht ein Mapuche-Heiligtum, am Lago Budi bei Imperial an der Küste leben die Mapuche nach ihren traditionellen Formen, bauen ihre *rukas* und arbeiten gemeinschaftlich. Dass es heute Kulturzentren gibt, z. B. nahe der Grenze zu Argentinien in Curarehue, dass der Silberschmuck der Frauen in zahllosen Kopien auf den Kunsthandwerksmärkten der Region verkauft wird, sind zaghafte Zeichen, dass sich zumindest auf dieser Ebene eine Annäherung ankündigt.

Einer politischen Lösung steht die Tatsache entgegen, dass die chilenische Gesellschaft die bitterarmen Mapuche sozial und politisch marginalisiert, ihre Kultur und ihre Sprache unterdrückt hat: Sie akzeptiert die Indianer kaum. Doch seit zwei Jahrzehnten begehren sie auf, und bei den Präsidentschaftswahlen 2006 hatten sie einen eigenen Kandidaten aufgestellt.

Temuco also bildet die Eingangspforte zum Mapuche-Land. Die Mapuche bearbeiteten den Boden und bauten Getreide, Zwiebeln, Karotten, Mais und Kürbis an, hatten Apfelbaumfelder und verwendeten die stärkehaltigen Zapfen der Araukarie, um Mehl zu gewinnen. Sie hielten sich Hühner und Truthähne.

Und immer wieder, rechts und links der Panamericana, liegen heute die Kulturzentren der Mapuche, lädt das eine oder andere Schild dazu ein, ihre öffentlichen Garküchen zu besuchen und ihre Suppen und Eintöpfe zu kosten.

Ausflug in die Region der sieben Seen

Wo die Erde unter den malerischen Vulkanen nicht gerodet wurde, zeigt sie ihren ursprünglichen Schatz: dichte, von Flüssen und Gletscherseen durchzogene Wälder mit Bambushainen, Orchideen und Fuchsien. Viele Naturschutzgebiete sind über kurze Abstecher von der Panamericana aus zu erreichen, z. B. an den Lago Villarrica und in das sich anschließende Seengebiet, das an Argentinien grenzt. Oder Panguipulli. In der Sprache der Mapuche, Mapungdun, bedeutet es Hügel des Löwen, doch draus geworden ist eher ein Städtchen der Rosen. In den Vorgärten der aus Holz gebauten Häuser gedeihen Rosenstöcke, ein Rosenfest wird gefeiert und dazu natürlich eine Miss Rosa gewählt. Umfährt man den gleichnamigen See, geht's allerdings gleich hinein in eine wildromantische Gegend. Unter dem Vulkan Choshuenco breitet sich dichter Wald aus, und zwischen die steilen Abhänge der Gebirge pressen sich schmale Seen mit winzigen Ortschaften am Uferrand, und irgendwann entschwindet eine Fähre kreischend über den Lago Pirihueico stampfend in Richtung Argentinien.

Valdivia – Ziel deutscher Einwanderer

Die Panamericana führt auf das im 16. Jahrhundert von Pedro de Valdivia gegründete Valdivia zu, einer an zwei Flüssen gelegenen Stadt, von der Reisende im 19. Jahrhundert behaupteten, man fühle sich wie in Deutschland. Valdivia gehörte tatsächlich zu den Lieblingszielen der deutschen Einwanderer. Viele unter ihnen versuchten mit

Zu Besuch bei Irma Epulef

Für das Foto kleidet sich die zierliche Dame blitzschnell in ihre Mapuche-Tracht und legt ihren Silberschmuck an, das ist ihr ganz wichtig. Irma Epulef empfindet das Tragen der Tracht keineswegs als folkloristischen Bimbam, sondern als Betonung ihrer Kultur. Sie bietet Kräutertee und geröstete Zapfen der Araukarie mit selbst gemachtem Ulmenhonig an, eine typische Mapuche-Leckerei. Deren Küche steht hoch im Kurs: Die Gewürzmischung *merquen* bekommt man heute überall, und mit Haselnussmehl dicken die Chilenen schon seit Jahrhunderten ihre *chicha* zum Frühstück an.

Auf dem Gebiet der Kulinarik und der Kultur erfahren die ehemaligen Herren des zentralen und südlichen Chile, die Mapuche, also eine Form der Wiedergutmachung, Bildbände über ihren Schmuck füllen jede Buchhandlung. Doch politisch akzeptiert ist das zahlenmäßig stärkste indianische Volk in Chile (es sind 800 000 bis zu 1 Million Menschen) überhaupt nicht, erzählt Irma Epulef. Die Mapuche beharren heute mehr denn je auf ihrer Eigenständigkeit. Sie haben ihre eigenen kulturellen und politischen Führer, ihre Sprache, ihre Medizinleute, ihre Religion und ihre Musik. Den Kampf um die Rückgabe ihres Landes führen sie immer erbitterter.

Kleinindustrien oder handwerklichen Betrieben ihr Glück. Valdivia blühte auf. Apotheker, Seiler, Bierbrauer und Bäcker ließen sich nieder. Es ist eine der hübschesten Städte des Südens geworden, die schönen Steinvillen zeugen von ihrem Wohlstand.

Lago Llanquihue – Tourismus im Zentrum deutscher Einwanderer

Weiter geht's an Viehweiden entlang zu einem weiteren Zentrum deutscher Einwanderer, dem Lago Llanquihue. So groß wie der Bodensee, und darüber die Silhouette des schneeglänzenden Vulkans Osorno, das ist schon ein unvergleichlicher Anblick. In der Ferne

1 Ein Wirtshausschild im deutschen Siedlungsgebiet. Der Begriff »Schop« ist die chilenisierte Version des deutschen »Schoppen« und wird heute verallgemeinernd für Bierausschank verwendet. 2 Frisch gefangener Fisch wird auf den Märkten an der Küste (hier Puerto Montt) nach den Wünschen der Kunden vorbereitet. 3 Kein Markt ohne Musikanten. 4 Eine Kräuterfrau in Puerto Varas. 5 Der Bosque de Arrayanes (Myrtenwald) steht auf der Quetrihue-Halbinsel bei Villa La Angostura im Lago Nahuel Huapi. Myrtenhonig ist begehrt, auch die blauschwarzen Beeren der chilenischen Myrte sind essbar. 6 und 7 Die Märkte Chiles bieten die ganze Vielfalt an Agrarprodukten des 4300 Kilometer langen und sich über mehrere Klimazonen erstreckenden Landes.

Von Santiago de Chile bis Cohaique   163

> **Puerto Montt – deutsche Namen und Holsteiner Fleckvieh**
>
> Wie so viele andere überseeische Staaten warb auch Chile um mitteleuropäische Immigranten, und gerade aus den deutschen Staaten der postrevolutionären Zeit nach 1848 strömten viele in den »letzten Winkel der Welt«. Deutsche Namen haben hier im Süden Tradition: Holzapfel, Schmidt, Schüler, Kuschel, Sieber, Kunstmann, Anwandter – es gibt sie in Temuco, Osorno, Valdidiva und am Lago Llanquihue.
>
> Doch auf die ersten Siedler aus Hessen, die 1856 die Mole von Puerto Montt erreichten, muss die grandiose Umgebung erst einmal einschüchternd gewirkt haben. Denn unter den Vulkanen zog sich der Urwald aus Südbuchen, Lorbeergewächsen, chilenischen Ulmen mit einem dichten Unterholz, schwarzen Lavafeldern, schäumenden Flüssen und Wasserfällen hin.
>
> Die Einwanderer erwiesen sich als zäh. Sie bauten das Land zur Kornkammer und zur Kuhweide aus, zogen Brombeer- und Himbeerhecken, pflanzten Dahlien und Hagebutten an. Holsteiner Fleckvieh lagert in dickem Gras, Apfelbäume ragen aus Wiesen und Weiden. Fast könnte man meinen, man befinde sich in der deutschen Provinz. Wären da nicht die Vulkane und Urwälder ...

schimmert der Calbuco, und bei gutem Wetter sieht man die Schemen weiterer Vulkane aufblitzen, die Vorboten der Carretera Austral, des wilden großen Südens.

Das amphitheatralisch über die Küstenkordillere gelegene Puerto Montt, das 1856 aus nicht mehr als einer Mole bestand, erlebt einen neuen Boom als Handelshafen, seit die Lachszucht und der Holzschlag einen immer bedeutenderen Posten im Außenhandel Chiles einnehmen, und auch Kreuzfahrtschiffe entlassen hier ihre internatio-

1 Puerto Montt mit dem Vulkan Calbuco im Llanquihue National Reserve. Seinen letzten Ausbruch hatte Calbuco 1972. Hier in der Reloncavi-Bucht gingen in der Mitte des 19. Jahrhunderts die hessischen Siedler von Bord, um das Land zu kolonisieren. 2 und 4 Puerto Puyuhuapi wurde 1935 von vier deutschen Siedlern gegründet. In den 1970er-Jahren bauten die deutschen Siedler eine Straße durch die dichten Urwälder nach Norden, die später ein Teilstück der Carretera Austral wurde. 3 In Caleta Tortel gibt es keine Straßen, dafür aber zusammen rund 7,5 Kilometer lange hölzerne Stege und Treppen. Erst seit 2004 führt eine Straße vom Hügelrücken über dem Dorf zur Carretera Austral. 5 Pferde gehören im Besiedlungsgebiet entlang der Carretera Austral als Reit- und Arbeitstiere zum Alltag.

nale Kundschaft, die dann die Kunstgewerbemärkte auf dem Hafengelände von Puerto Montt besucht, zum Vulkan Osorno fährt oder zur Insel de Chiloé übersetzt.

Eine Reihe sauberer kleiner Ortschaften mit einem altmodischen Stadtbild aus spitztürmigen Kirchen, Holzhäusern und Uferpromenaden zieht sich am See entlang, das Hinterland ist wellig und mit Äckern bedeckt. Die Örtchen entstanden aus den Seehäfen, über die der Handel abgewickelt wurde; Straßen zu bauen hätte Unmengen an Zeit und Kosten verschlungen.

Zwei davon haben im Tourismus Karriere gemacht: Frutillar ist etwas gediegener ausgefallen mit Holzvillenhotels, die Namen wie »Serenade« und »Frau Holle« tragen, und einem zweiwöchigen Musikfesti-

val der Klassik, zu der die Kompanien aus Santiago einreisen. In einem großbürgerlichen Landgut wurde das Museo de los Colonos Alemanes aufgeschlagen. Puerto Varas dagegen zieht vor allem jüngere Leute an, die Sport treiben wollen: Rafting, Trekking, Kajakfahren, Reiten, Vulkanbesteigung, das alles lässt sich leicht im Standort Puerto Varas organisieren.

Der chilenische Don vom Lande

Im zentralen Chile und im Kleinen Norden liegt die Heimat des *huaso*, des »Don« vom Lande. Zum ersten Mal tauchte dieser Begriff im 18. Jahrhundert auf, um einen Gutsherrn zu beschreiben, der auf dem Land lebt und sich mit der Bauernarbeit auskennt. Es handelt sich nicht notwendigerweise um einen reichen Mann, aber ein armer Viehtreiber ist er auch nicht. Dafür kennt man in Chile den Begriff des *pilchero*. Die Huasos verfügen oft über Landbesitz und züchten Vieh, und ein Rodeo mit Reitwettbewerben ist ihr typisches Sportfest. Ihr Aufzug, sagten die ersten europäischen Reisenden, mische Elemente der spanischen mit der Mapuche-Tracht, denn eines der wichtigsten und dekorativsten Bestandteile ist der gestreifte Poncho, der bei ihnen nur bis zur Hüfte reicht.

Von der Panamericana auf die wilde Carretera Austral

Ein Abstecher von der Panamericana geht auf die Insel Chiloé. Mit der Fähre ist man von Pargua knappe 20 Minuten unterwegs, dann ist Chacao erreicht, und ein über die Kaimauer gepinselter Schriftzug konfrontiert uns gleich mit Pincoya, einer offensichtlichen Meerjungfrau im blauen Schuppenkleid. Ein bisschen weiter auf der Hauptstraße – und der Trauco taucht auf, ein dicker, brauner Wicht mit einer großen Nase. Trauco und Pincoya sind Gestalten aus der Sagenwelt Chiloés, die nicht in Chile wurzelt, und es wundert schon ein bisschen, dass Festland und Insel eigentlich so eng beieinander liegen, dass sogar ein Brückenschlag für das kommende Jahrzehnt geplant ist, aber offenbar ganz unterschiedliche Kulturen haben.

Chiloé hat sich in den vergangenen Jahren zu einem Lieblingsziel für junge Leute entwickelt. Vielleicht liegt es an der Sagenwelt, vielleicht an der milden Natur, vielleicht auch daran, dass Chiloé anders als das Festland sich nicht so eindeutig der Konsumwelt und dem schnellen Reichtum verschrieben hat und dass es sowieso ganz anders aussieht und ist – Rucksackreisende und Hippies ziehen zur sandigen Bahía Cucao am Eingang zum Nationalpark Chiloé und bevölkern die Treppenstufen an der Plaza Libertad von Ancud.

Auf dem Festland fällt die Panamericana mit der wilden Carretera Austral zusammen. Dieser Weg ist landschaftliche Dramatik: Die »Straße in den Süden« schlingert auf 1200 Kilometern durch nahezu unbezwingbares Gelände, an Gletschern, Urwäldern, Fjorden und Seen vorbei, über schwarzes Lavagestein, an Felsen entlang, durch Sümpfe, Kältesteppen und Blumenwiesen, erschließt eine Region, die Pionierland und nur äußerst spärlich besiedelt ist.

Eingegürtet von der zerklüfteten Pazifikküste im Westen und den Anden im Osten ist es so schmal wie ein Band. Myriaden kleinster Inseln liegen vor seiner Küste.

Faul und ungeschickt durfte man nicht sein, wenn man sich in diesem Niemandsland niederlassen wollte – und auch immer noch will: Nichts würde eine Chance haben, was nicht auf eigenen Beinen zum Markt käme, wie Anfang des 20. Jahrhunderts spöttisch in der Hauptstadt bemerkt wurde. Viehzucht und in bescheidenem Maße auch Landbau schienen möglich zu sein, aber dazu musste das Land erst einmal von seinen Urwaldriesen gerodet werden. Eine mühselige Arbeit, und von Naturschutz war man damals weit entfernt. So wurden ganze Landstriche niedergebrannt.

Gleich hinter Puerto Montt beginnt das Abenteuer: Der stürmische Golfo de Penas ist zu queren, auf Deutsch »Golf der Leiden«, und obwohl der Name aus der Zeit der ersten Entdeckung stammt, finden die wenigsten Reisenden ihn völlig unangemessen.

Die Carretera Austral ist ein Regenloch, das muss man leider sagen, und besonders warm wird es auch im Sommer nicht. Doch der grüne Prunk der Natur bezaubert. Über der schwarzen Lavaerde glitzert

1 Puerto Guadal ist ein Fischereihafen am Südwestende des Lago General Carrera. Von hier führt eine Straße hinüber nach Chile Chico an der argentinischen Grenze. 2 Der Hafen von Puerto Chacabuco liegt am Ende des Aisen-Fjords. 3 Wilde Fuchsien wachsen überall am Rand der Carretera Austral. 4 Aus den Stengeln der Nalca-Staude kann man Kompott kochen, mit den Blättern werden die traditionellen Erdöfen ausgekleidet. 5 Das Hotel Termas de Puyuhuapi steht neben den heißen Quellen am Ventisquero-Fjord. 6 Die heißen Quellen von Puyuhuapi.

Caleta Tortel – ein bezauberndes Dorf in Chile
510 Bewohner zählt Caleta Tortel. Und sie sind fast alle arm. 1904 wurde dieser Fleck von einigen chilenischen Geschäftsleuten, die den Süden erkundeten, wegen seines Reichtums an dem kostbaren Holz der Zypressen besiedelt. Das Holz wurde geschlagen, über den Hafen verschifft. Die benachbarte Isla de los Muertos, die Toteninsel, nährt die Gerüchte, hier seien die begraben, die sich der strengen Fron der Holzbarone widersetzten.
Bewiesen ist: Ein gewisser Ciraco Alvarez, der Zypressenkönig, Rey del Ciprés, wurde reich, aber sonst niemand. Caleta Tortel verschwand von der Landkarte und ein bisschen auch aus der Geschichte; einige Familien aber harrten aus.
Jetzt kann jeder kommen und gehen, wann er will. Gegangen hingegen ist keiner der mittlerweile 510 *tortelinos*, sagt die Sozialarbeiterin Marcela Alvarena. Wo findet man einen anderen Ort auf der Welt, in dem sich die schlimmsten Konflikte an streunenden Hunden entzünden? Hier geht keiner weg, denn hier sei es einzigartig, und die Leute mögen sich alle.
Und jetzt kommen die Gäste, vor denen die Tortelinos ein bisschen Angst haben. Bringen sie Drogen, stiften sie Unfrieden? Damit man sie aber gut empfangen kann, büffeln die Schüler Umweltthemen und Englisch. Kleine bescheidene Unterkünfte stehen schon bereit.

1

jeder Regentropfen wie ein Diamant, blitzen die rosaroten Fuchsien wie bunte Schmucksteine aus den Wäldern voller *maño, tepa, coigüe* und den Bambusdickichten.
Zwischen den Viehzüchterörtchen Villa Santa Lucía und La Junta liegen 60 Kilometer, das ist richtig nah beieinander für patagonische Verhältnisse. Reich geworden ist kein Bewohner dieser 1000-Seelen-Gemeinden. Sie bewohnen vom Wind schief gezogene, farbig gestrichene Holzhäuser mit kleinen Veranden und Dahlien- und Rosengärtchen davor. In den Vorratsläden verkauft die Betreiberin Linsen und Mehl in Zehn-Kilo-Säcken, dazu Seife, Shampoo und Fleisch und selbst gemachte Marmelade aus Nalcastängeln und Brombeeren.

Puerto Puyuhuapi – von Deutschen gegründet
Die trapezförmigen Holzhäuser von Puerto Puyuhuapi säumen einen engen Fjord, in den Gärten lagern Kühe und Schweine, Calas und Dahlien blühen meterhoch.
Helmut Eberhard Hopperdietzel Flack ist nicht unbedingt ein chilenischer Name. Und doch führt er in Puerto Puyuhuapi eine erfolgreiche kleine Textilmanufaktur, in der Teppiche von Hand geknüpft werden – und die 14 Angestellten Arbeit gibt. Der Ort wurde 1936 von vier jungen deutschen Auswanderern gegründet, darunter dem Großvater von ebendiesem Helmut Eberhard, und die verstanden als Textilingenieure überhaupt nichts von Bodenbearbeitung. Hier in dieser verlassenen Wildnis eine Teppichmanufaktur aufzubauen, bewies

großen unternehmerischen Mut. Denn es gibt im weiten Umkreis nichts außer ein paar stecknadelkopfgroßen Fischer- und Muschelfängerhäfen, nicht unbedingt die klassischen Abnehmer für Schafwollteppiche. Heute verkaufen sich die mit Pflanzen gefärbten, handgearbeiteten Teppiche übers Internet in die weite Welt.
Unterhalb der Gebirgsschranke an der Grenze zu Argentinien liegen vereinzelt Gehöfte. Auf der geschotterten Carretera Austral streifen *arrieros* entlang, chilenische Gauchos, die als Schutz vor dem dornigen Unterholz Überhosen aus Ziegenfell tragen.
Diese Region wäre gewiss noch einsamer, hätten Nordamerikaner sie nicht als Dorado für die Fliegenfischerei entdeckt. Der Río Cisnes ist der erste im Reigen ihrer Lieblingsziele. Tagelang stehen sie mit ihren Gummihosen wohlverpackt in den kalten Flüssen und kennen als Abendgestaltung kaum etwas Schöneres, als an ihren glitzernden Mückenattrappen zu nähen.
In Coyhaique beginnt die Meseta-Steppe Patagoniens. Danach sausen die Fahrzeuge auf der Panamericana wie geschmiert in Richtung Süden – sie ist asphaltiert! Am Ortsausgang halten die Fernfahrer an der Statue des heiligen Sebastian, um sich Zuspruch für die weitere Route zu erbitten. Nicht ganz zu Unrecht, wie wir noch sehen werden. Sie führt zum zweitgrößten See Südamerikas, dem Lago General Carrera. Die chilenisch-argentinische Grenze verläuft einmal querdurch, was die Bewohner kaum schert. So blau wie Lapislazuli, so grün wie Smaragd, und wenn man Pech hat, so grau wie ein Elefant liegt der See zu Füßen eines aufregenden Gletschermassivs, dem Campo de Hielo Sur. Stolze 4000 Meter misst der Cerro San Lorenzo. Früher fand

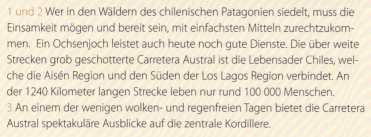

1 und 2 Wer in den Wäldern des chilenischen Patagonien siedelt, muss die Einsamkeit mögen und bereit sein, mit einfachsten Mitteln zurechtzukommen. Ein Ochsenjoch leistet auch heute noch gute Dienste. Die über weite Strecken grob geschotterte Carretera Austral ist die Lebensader Chiles, welche die Aisén Region und den Süden der Los Lagos Region verbindet. An der 1240 Kilometer langen Strecke leben nur rund 100 000 Menschen.
3 An einem der wenigen wolken- und regenfreien Tagen bietet die Carretera Austral spektakuläre Ausblicke auf die zentrale Kordillere.

man in den Bergen bei Puerto Sánchez Kalk, doch die Reservoirs wurden ausgebeutet, das Dorf verlassen. Der Río Engaño spülte das komplette Puerto Murta weg, außer der Kirche, die immer noch an derselben Stelle steht. Die Zinnmine in Puerto Cristal und die Goldmine in Chile Chico sind erschöpft, und hätten belgische Siedler um Chile Chico herum nicht Kirschfelder angelegt, dann wäre es vermutlich auch als Geisterstädtchen in Vergessenheit geraten wie die übrigen Dörfchen.
An den Westrand des Sees schmiegt sich die Panamericana, unter sich die blau-weiß leuchtende Capilla de Mármol, eine Marmorgrotte im See, vor sich eine leuchtend rote Stahlbrücke, eine Miniversion der Golden Gate Bridge. Ein wunderbarer Ausblick bietet sich über den schäumenden Río Baker, den See und auf den Cerro San Lorenzo – dann senkt sich die Straße hinunter nach Cochrane, einem weiteren dieser unverwechselbaren kleinen Versorgungsposten im Süden, ausgestattet mit Hotels, Restaurants, Tankstellen (sehr wichtig!), mit Cowboys in den Straßen und Ochsengespannen an den Wegrändern.

Danach wird es dann wirklich wild: 133 Kilometer teilweise halsbrecherische Kurven auf geschotterter Piste hinunter nach Puerto Yungay, das nicht viel mehr ist als zwei Häuser und eine Militärstation. Die Straße ist hier mit viel Aufwand in den Fels gesprengt worden – um wohin zu führen?
Nach Caleta Tortel, einem Ort, der über 100 Jahre lang ohne Straßenverbindung und nur per Boot übers Meer zu erreichen war. Bei gutem, sonnigem Wetter ist es so bezaubernd wie kaum ein zweites Dorf in Chile. Bis nach Coyhaique ist man mindestens 20 Stunden unterwegs, jetzt, wo es die Straße gibt.

Von Santiago de Chile bis Cohaique

Die Reise ans Ende der Welt

In ihrem Verlauf nach Süden durch Chile und Argentinien kreuzt die Panamericana mitten durch das einsame Terrain der Gauchos, in denen es deutlich mehr Schafe als Menschen gibt, mit Gletscherlandschaften und 3300 Meter hohen Granitnadeln, Feenwäldern aus Südbuchen, sagenhaften Pinguinkolonien, ewigem Wind und Goldwäschereien.

Ort	Teilstrecke	Gesamtstrecke
Cueva de las Manos	0	30257
El Chaltén	502	30759
Torres del Paine NP	806	31565
Punta Arenas	317	31882
Ushuaia	798	32680
	2423	32680

Die Zunge des Perito-Moreno-Gletschers im Nationalpark Los Glaciares.

Landschaften der Extreme – mal in Argentinien, mal in Chile

Lago General Carrera heißt er auf chilenischer, Lago Buenos Aires auf argentinischer Seite, der zweitgrößte See Südamerikas. Für die Anwohner indes haben die Grenzen wenig Bedeutung. Wenn in Villa Cerro Castillo ein Rodeo stattfindet, bei dem Wettkämpfe im Holzsägen und Zureiten von Pferden veranstaltet werden, dann strömen selbstverständlich auch die Viehhirten aus Argentinien herbei.

Wir kreuzen den See mit der Fähre von Puerto Ibañéz nach Chile Chico, setzen die Fahrt über die Grenze dann über Los Antiguos fort. Der nächste größere Ort auf argentinischer Seite heißt Perito Moreno, und diesmal ist die Straße sogar asphaltiert. Perito Moreno im Bundesstaat Santa Cruz ist wieder so ein Versorgungsposten. Wer eine lange Strecke Weges hinter sich gebracht hat – die Strecken sind zum großen Teil so grob geschottert, dass man im Wagen mehr hüpft als sitzt –, dem erscheint einem die Aussicht auf eine nette Plaza, ein gemütliches Restaurant und eine wärmende Bettdecke im Hotel doch ganz himmlisch zu sein.

Wunderbar die Aussicht, an einer Viehversteigerung teilzunehmen. Nicht, dass man selbst etwas kaufen würde – aber die Atmosphäre ist ganz besonders an diesen Tagen. Über die *corrales* ist ein Netz aus hölzernen Laufstegen und Geländern ausgebreitet, sodass sich die Käufer ein Bild von dem Vieh machen können, das anschließend in einer Art Mini-Amphitheater dargeboten wird. Danach gibt's Fleisch für alle, auf Spieße gezogene Braten und Steaks von Rind und Lamm,

dazu köstlichen Rotwein, Bier und Apfelsaft aus Plastikbechern. Die sonst so einsilbigen Heimischen in den weiten *bombachas del campo*, den bauschigen Gauchohosen, genießen das Pferdefleisch, denn das bekommt man selten. Sie schneiden es sich mit ihren eigenen Messern vom Grillspieß – ein Messer dabeizuhaben, ist sozusagen Grundpflicht des Landbewohners. Wir bekommen eines ausgeliehen.

Doch zurück zu Perito Moreno. Die Panamericana fällt mit der Ruta Cuarenta zusammen, die durch das sagenhafte argentinische Gaucholand führt, das Land der einsamen Estanzias mit ihren charakteristischen Alleen aus Pappeln, die den Wind fangen sollen, das Land der staubtrockenen, gewellten Mesetas, der kostbar seltenen, riesigen Gletscherseen, der Herden aus rehbraunen, scheuen Guanakos.

Über Bajo Caracoles, das nicht umsonst über eine bemerkenswerte Dichte an Autoreparaturwerkstätten verfügt (es hat nur 60 Einwohner), denn so mancher Reifen zerschleißt durch die Anforderungen, die der *ripio* (Schotter) an ihn stellt, geht es an dem Hotel Las Horquetas vorbei, das mitleidige Kartenzeichner korrekterweise als geschlossen aufführen. Denn ich will gar nicht wissen, wie viele, die in der Vergangenheit durch die einsame Provinz Santa Cruz fuhren, hoffnungsvoll dieses Hotel ansteuerten mit dem Wunsch, sich zu entspannen, zu essen und warm zu schlafen. Doch weit gefehlt – das leere Gebäude diente ganz einfach lediglich der Orientierung.

Cueva de las Manos – die »Höhle der Hände«
Wir kommen zum Río Pinturas, der das Schichtstufenland durchfurcht. Dort, in einer Schlucht, unter einem vor Sonneneinstrahlung geschützten Überhang, zeigt die Cueva de las Manos ein prähistorisches Schauspiel. In der »Höhle der Hände« sehen wir eine unglaubliche Parade rot und ockergelb gefärbter Handabdrucke, die über 9000 Jahre alt sind und von den Tehuelche stammen sollen, die dieses Land im Süden einst besiedelt hatten und von den Argentiniern vertrieben und getötet wurden. Wie ein Feuerwerk an Farben muten die übereinandergelegten Positiv- und Negativabdrucke an – kraftvoll, rätselhaft und archaisch zugleich.

Monte Fitz Roy – die berühmten Felsnadeln
Wir verlassen die Ruta Cuarenta bei Tres Lagos, nicht nur weil an dem blaugrünen, vom Wind gewellten Lago Viedma Guanakoherden und Ñandus, die flinken Pampastrauße, entlangspringen. Direkt auf Chaltén führt die Abzweigung zu, und damit zum Monte Fitz Roy, einem Granitgebirge aus drei spitzen Felsnadeln, die von einem von Gletschern geformten Sockel aufsteigen. Sie sind sehr berühmt. Die

1 Das Valle de Las Vueltas führt von dem Dorf El Chalten Richtung Norden zum Lago del Desierto. 2 Kalbende Gletscher, wie hier im Nationalpark Los Glaciares, bieten immer einen spektakulären Anblick. Die Eiswand des Perito-Moreno-Gletschers ist drei Kilometer breit und 50 Meter hoch. 3 Die Granitzacken des 3133 Meter hohen Cerro Torre sind ein Traumziel für die besten Bergsteiger der Welt. Die Felsnadeln sind durch schmelzende Gletscher und Erosion entstanden, die dem Kern aus Granit das verwegene Aussehen verliehen. 4 Die »sixtinische« Kapelle der Tehuelche – Handabdrücke in der Cueva de los Manos (Höhle der Hände), die seit 1999 zum UNESCO-Welterbe gehört. Die Malereien werden auf 7000 bis 1000 v. Chr. datiert.

1

2

3

4

5

6

Fliegender Erforscher Feuerlands – Gunther Plüschow

Der 1886 in München geborene Luftfahrtpionier Gunther Plüschow, schon zu Lebzeiten eine Fliegerlegende, brachte die erste Luftpost vom chilenischen Punta Arenas nach Ushuaia. Mit seinem Heinkel-Doppeldecker He 24 W war er der Erste, der Feuerland überflog. Es gelang ihm, seine Geschichte unter dem Titel *Silberkondor über Feuerland* 1929 als Bestseller zu vermarkten. Er schwärmte von der Schönheit Patagoniens und drehte gleichfalls noch einen Dokumentarfilm, der vom Publikum in Berlin und Hamburg begeistert aufgenommen wurde. Doch am 28. Januar 1931 wurde er, der so geschwärmt hatte: »Alles ist ewiges Eis, Eis und immer wieder eine einzige zusammenhängende kontinentale Eismasse«, ein Opfer einer Fallböe, als er mit einer Tsingtau 1313 in den eisigen Brazo Rico stürzte.

Nadeln sind nicht besonders hoch, erreichen nur 3385 Höhenmeter, sind aber so glatt und spitz, dass sie bergsteigerisch ganz besondere Qualitäten voraussetzen und 1986 überhaupt erst bezwungen worden sind. Werner Herzog hat ihnen in *Schrei aus Stein* ein filmisches Denkmal gesetzt.

Die Welthauptstadt der Gletscher – El Calafate

Um in den Parque Nacional Los Glaciares zu gelangen, einem der größten Naturschauspiele Argentiniens, kehrt man wieder zur Ruta Cuarenta zurück und landet am Gletschersee Lago Argentino und in El Calafate, der »Welthauptstadt der Gletscher«. Gletscher gibt es in der Gegend tatsächlich in Hülle und Fülle, den Upsala und den Spegazzini zum Beispiel, aber die meisten Besucher wollen den Perito Moreno sehen, den größten in einen See – den Lago Argentino – kalbenden Gletscher der Welt. Früher wuchs das Eis allmählich an und schnürte einen Seitenarm des Sees derart stark ab, dass der aufgestaute Wasserdruck sich alle vier Jahre entlud und die Eiswand sprengte, heute geschieht das nur noch in unregelmäßigen Abständen. Auch wenn man nicht Zeuge dieses Naturschauspiels wird, ist für ein wunderbares Erlebnis gesorgt. Direkt gegenüber der Eiswand, die immerhin stolze sieben Meter misst und 70 Meter hoch ist, wurden Spazierwege aus Holzstegen gebaut.

Parque Nacional Torres del Paine – wieder in Chile

Über den nicht gerade sensationellen Ort Río Turbio geht's über eine windige Steppenlandschaft zum nächsten Höhepunkt Patagoniens, dem Nationalpark Torres del Paine. Diesmal liegt die Pracht wieder

auf chilenischer Seite. Gebaut wie der argentinische Fitz Roy mit seinen Nadeltürmen, sind auch die Cuernos del Paine ein graubraunes Granitnadelmassiv, in das sich Gletscher hineingefräst haben. Der dramatisch getürmte Stein mit seinen grünblauen Gletscherzungen schwebt über einem lieblichen Vegetationsteppich aus magellanischen Pflanzen und Sträuchern und einer ganzen Kette von bunten Seen in Farbnuancen wie aus dem Tuschkasten, die durch Wasserfälle miteinander verbunden sind und von Enten beschwommen werden. Die Urweltlichkeit des Gebiets legt auch die Existenz urweltlicher Tiere nahe – und der deutsche Pionier Hermann Eberhard, der die Region in den 1880er-Jahren auf seine Bodenbeschaffenheit und Transportwege hin untersuchen sollte, stieß in einer Höhle auch tatsächlich auf die Überreste eines ausgestorbenen Riesenfaultiers, die hier unbeschadet von menschlicher Zivilisation 12 000 Jahre geruht hatten. Im Übrigen: Die Region wurde zum Weideland deklariert. Das erklärt auch, dass man in unmittelbarer Umgebung der Torres del Paine Viehgüter findet.

1 Ein Bootsausflug auf dem Lago Argentino zur Eiswand des Perito-Moreno-Gletschers gehört zu den Highlights im Nationalpark Los Glaciares. 2 Die Paine-Türme sind die Namensgeber des Nationalparks Torres del Paine nördlich von Puerto Natales. 3 Eisberg im Lago Argentino. Die blaue Farbe stammt von der im Eis eingeschlossenen Luft. 4 Die Lenticularis-Wolken im endlosen Himmel über der patagonischen Steppe bilden sich bei hoher Windgeschwindigkeit im Lee der Anden. 5 Der Salto Chico ergießt sich vom Lago Pehoe in den Rio Paine. 6 Der Cuernos del Paine dominiert die Landschaft am Lago Pehoe. 7 Dieser azurblaue Eisberg im Lago Grey stammt vom Grey-Gletscher im Westen des Nationalparks.

Mit der »Beagle« nach Feuerland

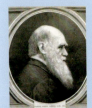

Der britische Naturforscher Charles Darwin umsegelte an Bord der »Beagle« die Welt und schrieb in »Reise um die Welt« über Feuerland: »Als wir die westliche Mündung dieses nördlichen Armes des Beagle-Kanals erreicht hatten, segelten wir zwischen vielen unbekannten, öden Inseln hin, und das Wetter war elendiglich schlecht. Wir begegneten keinen Eingeborenen. Die Küste war beinahe überall so steil, dass wir mehrere Male viele Meilen zu rudern hatten, ehe wir Platz genug finden konnten, unsere Zelte aufzuschlagen; die eine Nacht schliefen wir auf großen runden erratischen Blöcken, zwischen denen faules Seegras lag.«

Puerto Natales – im Reich der Viehzüchter

Puerto Natales liegt bildschön am Fjord Última Esperanza und war einmal Schlachthof und Kühlhalle für Rinder und vor allem Lämmer. Es bildet den Eingang zum Reich der Viehzüchter, die im tiefen Süden und auf Feuerland zu beiden Seiten der Grenze unbehindert und nahezu unkontrolliert ihre Besitzungen ausdehnten und große Reichtümer anhäuften. Einen Abglanz davon vermittelt das Stadtbild von Punta Arenas, der südlichsten Stadt der Welt. 250 Kilometer trennen Puerto Natales von Punta Arenas, und die Straße führt ausschließlich durch flaches Schafland: kein Ort, kein Baum, kein Strauch, aber Zäune.

Punta Arenas – Ziel vieler Touristen

Bunte Container lagern massenweise im Hafen von Punta Arenas. Es genießt seit Langem den Status einer Freihandelszone. Diese Maßnahme, die die chilenische Regierung ergriff, um die Besiedlung der

abgeschiedenen Gegend so tief im Süden ohne direkte Straßenverbindung anzukurbeln, erwies sich als wichtige Einnahmequelle, nachdem 1914 der Panamakanal gebaut worden war und die Magellanstraße als Wasserverbindung zwischen den beiden Ozeanen drastisch an Bedeutung verloren hatte. Jetzt hat Punta Arenas eine neue Aufgabe und einen neuen Hafen gleich mit dazu: die Betreuung von Touristen. Für sie werden Schiffsfahrten und Expeditionen durch die Magellanstraße zu noch wenig besuchten Pinguinkolonien, Robbeninseln, hinunter in die Antarktis oder durch den Beaglekanal ins argentinische Ushuaia angeboten.

Die Gäste der Kreuzfahrtschiffe können in Punta Arenas auf standesgemäße Unterkünfte zählen. Erbaut als Parkett der reichen Schafbarone, schmückt sich Punta Arenas mit genau dieser großbürgerlichen Salonschönheit, die dazu passt. Um die Jahrhundertwende entstanden Bürgerpaläste mit Wintergärten und tadellosem Parkett, Samtportieren, Stuckornamenten und Kaminzimmern, bemalten Seidentapeten und Kristalllüstern, sodass man sich in einem Londoner oder Pariser Salon wähnt, aber sicher nicht in einem Haus am Ende der Welt in der Nähe der Antarktis, wo neun Monate lang eisiger Winter herrscht. Um die mit hohen Bäumen dekorativ bestandene zentrale Plaza gruppieren sich die stattlichen Villen, eine ist ein Hotel, die andere ein Museum, die dritte ein Club. Sogar das Internetcafé ist nicht einfach ein funktionales Ding mit Plastikmobiliar und einem Coca-Cola-Automaten, sondern holzgetäfelt, und es gibt Fruchtsäfte und Sahnekuchen. Das weist auf eine weitere neue Kundschaft hin: junge Sporttouristen.

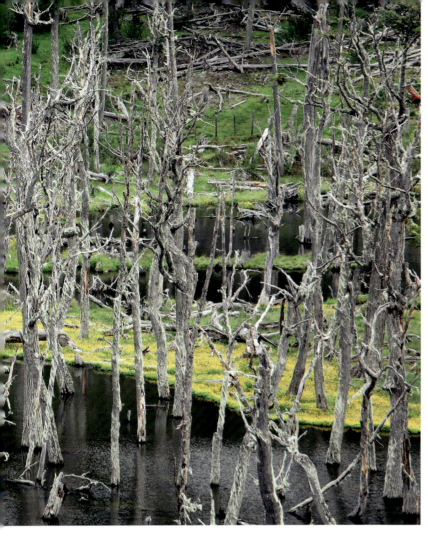

Jagd auf die Feuerland-Indianer

Die ersten Entdecker begegneten den Indianern Feuerlands mit einer Mischung aus Abscheu und Unverständnis. Für den Naturwissenschaftler Georg Forster zeigten sie 1774 weder die erwartete Unterwürfigkeit, noch wüssten sie sich anders als mit einer Tierhaut vor dem unwirtlichen Klima zu schützen, zweifellos ein Indiz mangelnder Intelligenz. Ähnlich sah es 1834 der Naturforscher Charles Darwin. Erst Martin Gusinde (1886–1969), ein aus Breslau stammender Absolvent eines Priesterseminars, erforschte 1918 die Selk'nam ethnologisch. Als er Feuerland verließ, lebten dort 150 Selk'nam und nur noch wenige Yamana, 40 Jahre zuvor waren es 5000 bis 7000 gewesen. Sie sind ebenso ausgestorben wie die Halakwalup auf der chilenischen Halbinsel Muñoz Gamero.

Gusindes Aufzeichnungen füllen vier umfangreiche Bücher: aufsehenerregende ethnologische Porträts der Selk'nam, der Yamana und der Halakwalup sowie ein Band über die Anthropologie der Feuerland-Indianer. Seine Fotografien sind die einzigen, die uns deren Riten und Zeremonien bezeugen.

Der Padre wandelte sich über seine Arbeit zum leidenschaftlichen Ankläger der blasierten Überheblichkeit der Europäer, die er für das Aussterben der Stämme verantwortlich machte. Gusindes Appelle, den Indianern Respekt zu zollen, verhallten jedoch ungehört. Während seiner Reisen wurden viele von ihnen von gewissenlosen Menschenjägern ermordet.

1 Punta Arenas, 1848 gegründet, ist die älteste nichtmilitärische Siedlung an der Magellanstraße und verfügt über einige Museen und elegante Paläste. 2 Sumpfige Täler, Tümpel und Moore – hier an der Ruta 3j im Landesinneren – prägen Feuerland. 3 Unter der ungestümen Kraft des Windes verbiegen sich die Bäume Feuerlands bis in die Horizontale. 4, 7 und 8 Lupinen sorgen im kurzen Sommer für farbliche Akzente in der Steppe Patagoniens. 5 und 6 Bizarre Blüten und Pilze im Nationalpark Tierra del Fuego bei Ushuaia.

Patagonien und Feuerland

Ein lebendiger Mythos – die Gauchos

Gibt es sie denn noch? Die legendären Gesellen der Pampa, die reiten konnten wie die Teufel? Diese freiheitsdurstigen, einsamen Männer, denen die Gesellschaft eines Pferdes lieber war als die eines Menschen?

Die so merkwürdig angezogen waren mit ihren Röcken aus Leder, deren Heimat die freie Luft war oder am besten gleich das Himmelszelt? Die sich nur von Fleisch ernährten. Die immer noch ein bisschen wilder waren als die Cowboys?

In einem Museum in Buenos Aires hat man ihnen ein Denkmal gesetzt. Man fühlt sich an kirchliche Schatzkammern erinnert, so silbern prunkt´s aus den Vitrinen. Kunstvoll beschlagene Messerscheiden, silberne Sporen, luxuriöse Gefäße für den Mate-Tee, Pferdegeschirr aus Gold mit silbernen Einlegearbeiten, kurz, eine unverhoffte Pracht an ungewohnter Stelle. Diese Reichtümer soll der Herr der Ebenen aufgehäuft haben? Die gemalten Genreszenen zeigen den Gaucho gerne zusammen mit Freunden und Freundinnen bei Tanz, und wieder zerbricht ein Klischee. Natürlich werden wir ihm so nicht mehr begegnen. Die Gauchos haben sich als Mythos in das Bild Argentiniens eingebrannt – eine schöne nationale Machofolie. Sie begannen als mestizische Außenseiter der spanischen Kolonialgesellschaft, die im 17. Jahrhundert die magische Grenze zur Zivilisation überschritten und sich mit den Indios vertrugen, und erhoben sich zu den legendären Reiterarmeen, die der aus Salta stammende Martín Miguel Güemes für die Unabhängigkeitskriege zusammenstellte. Unter dem Diktator Manuel de Rosas (1835–1852) wurde der Gaucho dann zum nationalen Leitbild stilisiert, doch gleichzeitig bereitete das junge Argentinien ihm auch seinen Abstieg: Die Landaufteilung, das Errichten der *estancias*, stahl ihm seinen Lebensraum. Einst Herr über frei herumstreifende Pferde und Rinder, galt er nun als entrechteter Viehdieb. Präsident Faustino Sarmiento (1868–1874) verbannte ihn zurück in die Barbarei, tat ihn als ungebildeten Raufbold ab. Als Gegenwehr entstand 1870 der »Martín Fierro«, ein Manifest zur Wahrung des Eigensinns, ein rückwärts gewandter Traum, dessen rebellische Konnotation aber durchaus verstanden wurde: So nannte der argentinische Regisseur Fernando Solanas (*Sur*) seine Argentinienparabel auf die Militärdiktatur »Die Kinder des Martín Fierro«.

Die Gauchos, deren Name auf Araukanisch »Waise« bedeutet, mag man in den Landarbeitern erkennen, die durch Patagonien streifen, mit ihren indianischen *boleadoras*, den Wurfkugeln, einem zweiten Pferd und einem Hund. Besitz verachten sie, den silbernen Lohn pflegen sie sich an den Gürtel schlagen zu lassen, geregelte Familienbeziehungen entstehen selten. In ihren Festen, den *rodeos*, bewahrt sich eine Spur des Überlebenskampfes, den ehemals der Waise in der Wildnis ausfocht. Aus einem Gaucho wird kein Estanciero und kein Biedermann. Niemals.

1 Ein Scherer nach getaner Arbeit auf der Estancia Olga Teresa. 2 Neben der Schafwollproduktion ist die Rinderzucht eine der wichtigsten Einkommensquellen Patagoniens. 3 Mit Gitarre, Pfeife und Pferdewagen zogen die Gauchos einst von Estancia zu Estancia. 4 *Huasos* (chilenische Cowboys) auf der Estancia Olga Teresa treiben die Rinder in einen Corral. 5 *Cordero Patagonico*, langsam am Feuer gebratenes Lamm, ist eine Spezialität Patagoniens. 6 Ein geübter Scherer braucht keine drei Minuten, um ein Schaf von seiner Wolle zu befreien. 7 Die argentinischen Cowboys werden *Gaucho* genannt.

Eine Kreuzfahrt von Ushuaia nach Kap Hoorn

Es gibt nichts Erhebenderes, als im Morgengrauen eine grüne Steilküste vor sich zu sehen, mit einem merkwürdigen Ding obendrauf, die Sonne geht auf, das Wasser ist ruhig – und die Sonne glitzert über dem Ding, eine Art Metallrhombus mit einem Riss in der Mitte – und man weiß, das ist jetzt Kap Hoorn. Geschafft. Weiter südlich kommen wir nicht mehr.

Und jetzt sofort rauf auf die Insel, bevor der Kapitän es sich wieder anders überlegt und nicht ausschiffen lässt. Weil das Wetter zu schlecht ist, weil faustgroße Eishagel herumfliegen können und Wellen Türme bilden und Täler, in die man dann hineinstürzt – und es allen Gästen sauschlecht wird und sie über der Reling hängen ... Nein, wir hatten Glück: die grünen leuchtenden Matten bestiegen, das Leuchtturmwärterhäuschen besucht und die kleine Kapelle, dann auf den Laufstegen zum Kap-Hoorn-Denkmal (dem Metallrhombus) gelaufen und sich dem Wind entgegengestemmt. Das Cabo de Hornos ist irgendwie magisch – oder vielleicht ist es nur die Vorstellung davon, das Wissen, an einem ganz außergewöhnlichen Ort der Entdeckung zu sein.

Feuerland – Wildheit und Zivilisation

Wir setzen über nach Porvenir auf Feuerland.
In Südamerika tragen die Städte schöne Namen: Buenos Aires, Montevideo oder La Paz, Frieden. Nur wenn ein Ort El Dorado heißt oder Porvenir, der Vergoldete oder die Zukunft, dann kann man sicher sein, dass Hoffnung, Beschwörung, der Glaube und ein bisschen Verzweiflung ihn auf die Landkarte gemalt haben. Und dass die Zukunft, das Goldene Reich, der Glaube an das bessere Leben entweder nie vorhanden oder ganz schnell wieder verloren waren.

Porvenir heißt der Verwaltungsort des chilenischen Teiles von Feuerland. Die Landschaft ist roh und leer: zerklüftete Küsten und wenige Bäume, deren Kronen vom Wind schief gebogen sind, geröllbestreute Steppe, ein bisschen Gestrüpp. Schön sind allein die Schwarzhalsschwäne, die in der eisigen Magellanstraße ihre Linien ziehen.

Meine Hotelwirtin schickt mich zu Juan Bahamonde, damit er uns Feuerland zeigt, das man sonst vielleicht einfach nur langweilig und abweisend finden würde. Ihr Hotel Central trotzt plüschig, mit rosafarbenen Steppdecken, bemalten Lampenschirmen, künstlichen Blumen und bestickten Zierdeckchen dem scharfen Wind, der die Fensterläden ohne Unterlass klappern lässt. Elf Grad und heftiger Sturmregen.

Erzählen kann Juan wirklich ganz fabelhaft. Von Goldgräbern, verrückten Deutschen, eigenbrötlerischen Siedlern, ungewürdigten Gräbern der Feuerland-Indianer, einem Friedhof der ersten Kolonisten, der unter Denkmalschutz steht, von Engländern, Kroaten und Siedlern aus Kaliningrad, einer Farm, auf der Rotwild gezüchtet wird. Und

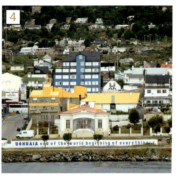

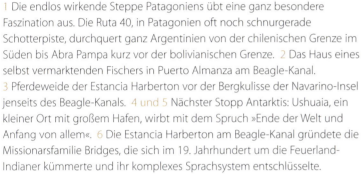

1 Die endlos wirkende Steppe Patagoniens übt eine ganz besondere Faszination aus. Die Ruta 40, in Patagonien oft noch schnurgerade Schotterpiste, durchquert ganz Argentinien von der chilenischen Grenze im Süden bis Abra Pampa kurz vor der bolivianischen Grenze. 2 Das Haus eines selbst vermarktenden Fischers in Puerto Almanza am Beagle-Kanal.
3 Pferdeweide der Estancia Harberton vor der Bergkulisse der Navarino-Insel jenseits des Beagle-Kanals. 4 und 5 Nächster Stopp Antarktis: Ushuaia, ein kleiner Ort mit großem Hafen, wirbt mit dem Spruch »Ende der Welt und Anfang von allem«. 6 Die Estancia Harberton am Beagle-Kanal gründete die Missionarsfamilie Bridges, die sich im 19. Jahrhundert um die Feuerland-Indianer kümmerte und ihr komplexes Sprachsystem entschlüsselte.

wie modern Porvenir einmal war. Der ganze Fortschritt sei hier vorübergeschippert, sagt er. Sogar ein eigenes Kino hatte Porvenir einmal. Mit dem Panamakanal versank Porvenir in die Bedeutungslosigkeit. Feuerland teilt das Schicksal vieler südamerikanischer Kolonien: von europäischen Expeditionen erforscht, vermessen, bewertet, ausgeraubt. Charles Darwin entsetzte sich in seinen *Ansichten der Natur*, die er nach seiner Forschungsreise auf der »Beagle« 1834 schrieb, über feuerländische Indianer, die seiner Auffassung nach keine menschliche Sprache sprächen und wie Tiere lebten: Er raubte einen Jungen und ein Mädchen, um sie europäischen Höfen vorzuführen. 1873 erfolgte die erste Expedition ins Landesinnere, und 1882 kamen die ersten Goldsucher. Besonders die Ona bei Boquerón hatten unter dieser Präsenz zu leiden, sagt Juan Bahamonde. Wir fahren auf der Schotterstraße am Cordón de Baquedano entlang. In den Straßen von Porvenir sind wir niemandem begegnet, auch die Landstraße wirkt wie eine Geisterstraße. Wegweiser gibt es nicht, man braucht auch solche nicht.

Wir erreichen den lachsreichen Río del Oro, den Goldfluss. Steine markieren die Stelle des einstigen Vergnügungsviertels für die »mineros«, eine hölzerne Goldwaschanlage wurde als Denkmal erhalten. Señor Gesell gräbt seit 35 Jahren im Wasser. Man muss besessen sein, um so etwas zu tun. Seine Bude ist im Schotter eingegraben, da ist sie den feuerländischen Stürmen nicht so ausgesetzt und besser isoliert. Plastikplanen deuten auf die Grabungsstellen hin.
Das Goldfieber währte nicht lange auf Feuerland. 1908 war schon alles vorbei. Juan spricht mit Respekt von den heutigen Goldsuchern, von den früheren nicht. Die hätten das leere Land einfach als ihres empfunden und dementsprechend gewütet, auch unter der heimischen Bevölkerung, viele waren verbrecherisch, sagt er.
Weißer Klee mischt sich unter das harte Gras auf den Sommerweiden der Schafe. Im Winter werden sie an die Küste getrieben, da ist es

etwas wärmer als auf den verschneiten *mesetas* im Innern. Zierliche Guanakos stürmen über die Straße. Immer noch kein Auto gesehen. Doch fürs Mittagessen ist gesorgt. Das bekommen wir bei Señora Ruth in Camerón, da hat uns Juan schon angemeldet – via Funktelefon. In Camerón, das aus einer riesigen Rinderfarm hervorgegangen ist, gibt es auch einen Lebensmittelladen, Supermercado Payta. Bei Señora Ruth kann man nach vorheriger Anmeldung auch übernachten. Drei junge Israelis schneien mit ihren schweren Rucksäcken herein, ein Bus hat sie hierher gebracht. Wir scharen uns um den warmen Herd und knabbern an köstlichen Hühnchen und an einem taufrischen Salat, Ruth besorgt das Zimmer für die drei Übernachtungsgäste. Das Leben, das empfindet Ruth nicht als besonders hart. In diesen einsamen Landstrichen gebe es keinen Platz für Neid und Zank. Die Rinder- und Schafzucht garantiere auch ganz gutes Geld.

Es wäre so einfach, jetzt den Lago Fagnano zu kreuzen und in Argentinien zu landen. Doch das geht nicht. Also wieder zurück in den Norden nach San Sebastian, zurück in Feuerlands Geschichte: Die Estancia María Behety in der Nähe von Río Grande umfasste einmal die sagenhafte Größe von einer Million Quadratmetern. Besitzungen dieser Größenordnung warfen selbst in den ungeordneten Anfangszeiten des Schafbooms Fragen auf – aber nein, alles soll beim Landerwerb mit rechten Dingen zugegangen sein.

Es ist schon einzigartig, in die Vergangenheit abzutauchen. Eine junge Nation, Argentinien. Ein riesiges Land mit spärlicher indianischer Bevölkerung. Auf Feuerland die Wassernomaden Yamana und die in Zelten aus Guanakofell lebenden Selk'nam. Zunächst brachte man die Schwerverbrecher nach Feuerland, wo sie ihr Gefängnis, den Presidio, selbst bauten. Auch die Chilenen verbannten ihre Delinquenten fernab der Zivilisation in den Süden, in die Nähe des damals noch nicht existierenden Punta Arenas.

Als sich dann im 19. Jahrhundert portugiesische, spanische und britische Geschäftsmänner anboten, den wilden Süden urbar zu machen, ließ ihnen die Regierung weitgehend freie Hand. Die indianische Bevölkerung wurde nahezu vollständig vernichtet, ein Genozid, der lange Zeit unbekannt geblieben war. Aus dem gesamten Süden war eine Schaffarm geworden, Goldsucher kamen später dazu.

Die Farm María Behety hatte eine eigene Schule, eine eigene Kirche, eigenes Geld, eine eigene Arztstation, und die Verwalter brauchten

drei Tagesritte, um zum Haupthaus zu gelangen. Die Farm war patriarchalisch strukturiert wie alle anderen auch.

Wir fahren weiter in Richtung Süden. Aus dem idealen Schafzuchtgelände wird guter feuerländischer Wald. Die Straße klettert hinauf und hinab, umrundet den argentinischen Teil des Lago Fagnano, den einige Hotels und Lodges umstehen, und erreicht dann an einem aufsehenerregenden Platz, Ushuaia. Denn schöner kann eine Stadt kaum liegen als diese zu Füßen der eisglitzernden Darwinkordillere, am Ufer des mit Kormoran- und Robbeninseln besetzten Beaglekanals. Wenn nachts dann die Beleuchtung der Häuser, Hotels und Restaurants eingeschaltet wird, sieht Ushuaia aus, als wäre hier ewig Weihnachten.

Ushuaia war geschichtlich nichts außer einer winzigen Siedlung für die bedauernswerten Aufseher des Schwerverbrecher-Gefängnisses. In der Nähe versuchte die anglikanische Missionarsfamilie Bridges, auf ihrer Estanzia Harberton 1886 die komplizierte Sprache der Selk'nam zu entschlüsseln, die 50 Jahre zuvor Charles Darwin als tierähnliches Gegrunze abgetan hatte. Den Eingang zu ihrem Rosen- und Begoniengarten hatten sie sich aus Walfischrippen gebaut. Beides gibt es noch, das Rippentor und die Rosengärten, und man kann sie besuchen.

Wildheit und Zivilisation, wunderbar, wenn sie nebeneinander bestehen könnten. Das ist das Ende einer wundersamen Reise.

1 In der Lapataia-Bucht im Nationalpark Tierra del Fuego endet der argentinische Teil der Panamericana. 2 bis 5 An der rauen Küste Patagoniens und Feuerlands tummeln sich Pinguine, Robben und Seelöwen sowie Albatrosse, Kormorane und andere Seevögel. Das Nahrungsangebot reicht für alle.
6 Farbenprächtige mistelartige Schmarotzerpflanzen wachsen auf den Südbuchen im Nationalpark Tierra del Fuego und bilden ein wahres Flechtendickicht.
Nächste Seite Beeindruckende Landschaft: Blick von einer Bucht westlich von Ushuaia über den Beagle-Kanal.

Patagonien und Feuerland

Register

Orts- und Sachregister

Aguas Calientes 132
Aiquina 149
Aisen-Fjord 167
Alaska 15, 16, 17, 21, 24, 25, 26, 27, 28, 29, 30, 43, 58
Alaska Highway 15, 26, 27, 28, 31
Albatrosse 183
Alberta 45
Altar 123
Altiplano *siehe* Puna
Anchorage 27
Andacollo 157
Anden 120, 121, 122, 127, 128, 129, 134, 140, 147, 175
Antarktis 181
Antigua 98, 99
Antofagasta 147
Arequipa 126, 127
Argentinien 137, 147, 155, 162, 167, 171, 172, 178, 183
Arica 145, 146
Arizona 65, 66, 68, 69, 74, 75, 76, 78, 79, 82
Arktis 19
Atacama-Wüste 149, 157
Atlin 31
Avenida de los Volcanes 123

Bären 31
Barkerville 36, 37
Beagle-Kanal 181, 183
Bear Flag Republic 62
Beatty 69
Beaufortsee 16
Beaver Creek 16
Belize 94
Benett Lake 21
Beringsee 16, 17
Beringstraße 17, 23
Biber 43
Big Sur 63
Bishop 69
Bisons 47
Blackcomb Peak 45
Blackstone Uplands 23
Bocagrande 116
Bodie 66
Bogotá 120
Bolivianische Eisenbahn 141
Bolivien 137, 141, 142, 143, 144, 145, 147, 148, 149
Bosque de Arrayanes 163
British Columbia 31, 34, 35, 37, 41, 43, 44, 45, 50
Buenos Aires 128, 178, 180
Buschpiloten 28

Cache Creek 43
Caicay 134
Cajamarca 125
Calama 151
Calbuco 164
Caleta Tortel 164, 168, 169
Calí 116
Callao 126
Callejón de Huaylas 126
Camerón 182
Cañon de Colca 128
Cannon Beach 49, 51, 55
Canyon de Chelly National Monument 78
Cape Mendocino 59
Carhuaz 125

Cariboos 39
Carmel-by-the-Sea 63
Carretera Austral 164, 166, 167, 169
Cartagena 115, 116, 117
Casa de los Tres Mundos 106, 107
Casma 126
Caspana 151
Cassiar-Stewart Highway 33, 37
Catatorani 134
Catemaco 92
Cerocahui 83
Cerro Torre 173
Cerrón Grande 103
Chan Chan 124
Chiapas 91, 93
Chicken 25
Chihuahua 83
Chilca 133
Chilcotin-Plateau 43
Chile 128, 137, 140, 142, 144, 145, 146, 147, 149, 150, 151, 155, 156, 157, 158, 159, 163, 164, 165, 168, 169, 171, 172, 175
Chile Chico 167
Chilkoot-Pass 21
Chiloé 166
Chimborazo 123
Cholitas 146
Circle City 20
Ciudad Juarez 82
Ciudad Perdida 117, 120
Coast Mountains 37
Cocamó 161
Colon 112
Colorado 76
Colorado-Plateau 66, 68, 75
Columbia River 54
Colville Lake 19
Condor 126
Cook Inlet 27
Copacabana 139, 149
Copán 101, 103
Copiapó 150
Cordillera Blanca 126
Cordillera del Sal 151
Coroico 139
Costa Rica 97, 108
Coyoacan 89
Cotopaxi 123
Cruce de Lagos 160
Cuenca 124
Cuernos del Paine 175
Cueva de los Manos 173
Cusco 115, 128, 129, 131, 134

Dawson City 21, 24, 25, 27, 28, 29, 44
Dawson Creek 26
Death Valley 66, 69, 71
Dempster Highway 23
Denali *siehe* Mount McKinley
Deutschland 162
Diaz-Regime 90
Dodge City Peace Commission 77
Dyea 21

Ecuador 123
Eisenbahn 62
El Alto 139, 141
El Calafate 175, 181
El Capitan 61
El Chalten 173
El Niño 124, 151
El Salvador 97, 100, 101, 103
El Tatio 151

Elche 23
Elves-Chasm-Wasserfall 75
Eureka 59
Extraterrestrial Highway 71

FARC (Fuerzas Armadas Revolucionarias de Colombia) 116, 120
Feuerland 171, 177, 180, 182, 183
Fierweeds 23
Flamingos 147, 151
Florence 55
Flüsse
- American River 43
- Athabasca River 45
- Colorado River 66, 75
- Klondike River 29, 43, 44
- Mackenzie River 17, 22
- Merced River 61
- Missouri River 54
- Río del Oro 181
- Río Grande 74, 90, 98, 182
- Río Magdalena 117
- Río Mapocho 159
- Río Michatoya 101
- Rio Paine 175
- Río Urubamba 132
- Skeena River 37
- St.-Lorenz-Strom 16, 18, 22
- Sunwapta River 45
- Tomebamba 131
- Yukon River 16, 17, 20, 24, 25, 27, 29
Forts 38
- Fort Bragg 59
- Fort Ross 58
- Fort St. James 39
Fortymile 20, 44
Fraser River Canyon 42
Fuchsien 167

Gauchos 171, 172, 178, 179
Gletscher
- Athabasca Glacier 45
- Bear Glacier 33
- Grey-Gletscher 175
- Perito-Moreno-Gletscher 171, 173, 175
- Salmon Glacier 37
Gold 21, 31, 43, 66, 67, 88, 116
Golden Stairs 21
Goldfieber 29, 102, 181
Goldfluss *siehe* Río del Oro
Goldrausch 20, 21, 25, 29, 37, 43, 75
Goldsucher 29, 59, 60
Granada 106, 107, 109
Grand Canyon 75, 78
Grannenkiefern 69
Grauhäher 43
Grizzlybären 31
Guatemala 82, 86, 94, 97, 98, 99, 101
Guatemala City 100
Guerillas 116

Hasenmäuse 147
Haystack Rock 49, 51
Hazelton 35, 37
Helmcken Falls 39
Honduras 94, 97, 101, 102, 103, 104
Hoover Dam 72
Huacas 125
Huaráz 173
Huascarán 126
Huasos 179
Hudson Bay 18, 39

Hudson's Bay Company 22, 24, 39, 44, 54
Hyder 37

Illimani 139
Imbabura 121
Inka Trail 133
Inti Raymi 130
Inuvik 22
Iquique 146
Isla de los Monos (Affeninsel) 109
Isla Incahuasi 143
Isla Pescadores *siehe* Isla Incahuasi

Jamboree 19
Juchitan 91

Kaffeeanbau 100, 101, 103, 116, 133
Kakteen 143
Kalifornien 43, 49, 50, 52, 55, 58, 61, 62, 66, 67, 69, 75, 76, 102
Kanada 15, 23
Kap Hoorn 180
Karibik 115
Klondike Highway 22, 28
Klondike-Goldrausch 26
Königskordillere 135
Koka 138
Kokain 116
Kolumbien 115, 116, 120
Kormorane 183
'Ksan Village 35

La Mitad del Mundo 123
La Paz 120, 138, 139, 140, 144, 145, 146, 149, 180
La Raya 125
La Serena 156
Lachse 39
Laguna Colorada 141, 147
Laguna Cotacotani 147
Laguna San Pablo 121
Laguna Verde 143
Lamas 147
Lambayeque 125
Lapataia-Bucht 183
Las Isletas 109
Las Lajas 120
Las Pozas 88
Las Vegas 69, 72, 73, 78
Last Frontier 29
Lee Vining 69
León 106, 107
Licabur 143
Lima 115, 126
Limari-Tal 157
Los Angeles 55, 58, 63
Lupinen 177

Machu Picchu 129, 132, 133
Mackenzie-Gebirge 16
Magellanstraße 177
Mais 104, 129, 130, 132, 134
Managua 106, 107
Masaya 107
Medellín 116, 117, 118, 119, 126
Meerschweinchen 134
Mendocino 59
Mexico City 74, 83, 88
Mexiko 52, 58, 70, 71, 74, 81, 82, 83, 88, 89, 90, 91, 93, 98
Misti 127
Mohave Point 78

Mombacho 109
Mompos 117, 120
Monroedoktrin 90
Monte Fitz Roy 173, 175
Monterey 58, 63
Monteverde 109
Montevideo 180
Monument Valley 75
Moschusochsen 19
Mosquitia 103
Mount Logan 16
Mount McKinley (Denali) 17
Mount St. Helens 50
Mount Whitney 66
Mounties *siehe* North West Mounted Police (NWMP)

Nalca-Stauden 167
Navarino-Insel 181
Nazca 126
Nevada 66, 69, 70, 72, 75, 78, 79
Nevado Alpamayo 126
Nevado Samaja 141
New Caledonia 52
New Mexico 65, 66, 68, 70, 74, 75, 78, 82
Nicaragua 97, 102, 103, 105, 106, 107
Nicaragua-See 109
North West Company 23
North West Mounted Police (NWMP) 45
Northwest Territories 16, 17, 25
Nationalparks
- Antisana 123
- Arches National Park 75
- Banff National Park 46, 47
- Canyonlands National Park 78
- Cotopaxi 123
- Death Valley National Park 65
- Fray Jorge 157
- Glacier National Park 47
- Huascarán 126
- Jasper National Park 45, 46, 47
- Lauca 147
- Los Glaciares 171, 173, 175
- Olympic National Park 51, 53
- Redwood National Park 55
- Sajama 141
- Sangay 123
- Tierra del Fuego 177, 183
- Torres del Paine 175
- Waterton Lakes National Park 47
- Wells Gray National Park 39
- Yoho National Park 47
- Yosemite National Park 60, 61

Ojos del Salado 151
Ollantaytambo 133
Omaha 62
Ometepe 109
Oregon 44, 49, 50, 52, 54, 55, 62
Oruro 148
Osorno 161
Otavalo 121
Owens Valley 69

Pacaya 101
Palenque 95
Panama 97, 110
Panama City 111
Panamakanal 98, 110, 112
Panama-Stadt *siehe* Panama City
Panamint Range 71
Parinacota 144

Patagonien 160, 169, 171, 177, 179, 181, 183
Peace River Highway 27
Pelze 19, 24, 43, 58
Pelzhandel 19, 22, 24, 38, 39, 44, 52, 58, 59
Perito Moreno 172, 181
Permafrost 17
Peru 140, 156
Pichincha 123
Pine Creek 29
Pingo 17
Pinguine 183
Placer 21
Point Arena 59
Point Cabrillo 59
Pony-Express 62
Popayan 120
Portland 63
Porvenir 180, 181
Potlatch 42
Potosi 149
Powwow 37
Prince Rupert 35, 37
Prudhoe Bay 27
Pueblos 67, 68, 69
Puerto Almanza 181
Puerto Chacabuco 167
Puerto Guadal 167
Puerto Montt 163, 164, 166
Puerto Natales 175, 176
Puerto Octay 161
Puerto Puyuhuapi 168
Puerto Varas 163
Puna 140, 141, 142
Puno 134
Punta Arenas 176, 177
Punta Olimpica 126
Puyuhuapi 164, 167

Queretaro 85
Quetrihue-Halbinsel 163
Quillabamba 133
Quito 120, 122, 123

Real de Catorce 85
Redwoods 55
Reise um die Welt (Darwin) 176
Reloncavi-Bucht 164
Rhyolite 69
Ring of Fire 50
Riobamba 123
Robben 183
Rocky Mountains 34, 39, 46, 50, 54, 62
Rupert's Land 23
Russel Fence 43

Sabana de Botogá 120
Sacramento 62
Sajama 144
Salar de Uyuni 137, 143
Salpeter-Oficinas 146
Salt Lake City 72, 78
Salto Chico 175
Salzstollen 121
San Francisco 51, 56, 57, 59, 63
San Francisco Bay 57
San Miguel de Allende 85
San Pedro 97
San Pedro de Atacama 150, 151
San Salvador 101
San Simeon 63
Sandinistische Befreiungsfront 107
Santa Cruz 172

Santiago de Chile 138, 157, 158, 159
Saquisilí 122
Schneehühner 43
Schwarzwald 161
Seaside 55
Seattle 51, 63
Sechura-Wüste 124
Seeforellen 43
Seelöwen 183
Seen
- Emerald Lake 47
- Gatun-See 112
- Lago Argentino 175
- Lago Buenos Aires 172
- Lago Chungará 144
- Lago de Atitlan 97, 98
- Lago de Suchitlan siehe Cerrón Grande
- Lago del Desierto 173
- Lago Fagnano 183
- Lago General Carrera 167, 168, 172
- Lago Grey 175
- Lago Llanquihue 163
- Lago Moreno 155
- Lago Nahuel Huapi 155, 163
- Lago Pehoe 175
- Lake Louise 46
- Lindeman Lake 21
- Maligne Lake 47
- Mono Lake 66
- Moraine Lake 47
- Sunwapta Lake 45
- Tagish Lake 21
- Titicacasee 134, 135, 138
- Watson Lake 31
Sequoias 61
Seven Sisters 37
Sewell 157
Sican 125
Sierra Madre 98
Sierra Madre Occidental 81
Sierra Nevada 50, 66, 69, 75
Sierra Nevade de Santa Marta 120
Silletas 117
Siloli-Wüste 143
Skagway 21
Skidoos 19
Sotaqui 157
Sourdoughs 21
Spirit Island 47
St. Marys 29
St.-Andreas-Graben 56
St.-Elias-Massiv 16
Stampeders 21
Stewart 33, 37
Suchitoto 103
Südamerika 115, 116, 120, 126, 128
Sunwapta-Wasserfälle 45

Tacna 128
Taiga 16, 22
Tal der Pyramiden 125
Tamtoc 87
Tauschhandel 38
Tayrona 117
Temuco 159, 162
Tetlin Junction 25
Texas 71
Thompson River Canyon 45
Tikal 103
Toliman 97
Tomarapi 141
Tombstone 75, 76
Top of the World Highway 25, 27

Totempfähle 35
Trans-Alaska Pipeline 27, 29
Trujillo 126
Tulcán 123
Tuktoyaktuk 16, 17
Tundra 28, 31

Umiak 17
Urique Canyon 81
Urubamba-Tal 129
Ushuaia 177, 180, 181, 183
Utah 65, 66, 75, 78, 79
Uyuni 141

Valdez 27
Valdivia 162
Valle del Elqui 156, 157
Valle Sagrado de los Inca 132
Valparaíso 157, 158
Vancouver 34, 40, 41
Vancouver (Region) 44
Vancouver Island 44
Ventisquero-Fjord 167
Vera Cruz 90
Victoria 44
Vicuñas 147
Volcán Concepcion 109
Volcán de Agua 101

Wacholder 61
Wapitis 47
Warrenton 55
Washington 55, 62
Washington (Region) 63
Wein, chilenischer 159
Weinbau 63
West Coast Highway 51
Whistler Mountain 45
Whistler-Blackcomb 45
White Pass & Yukon Railway 21
Whitehorse 21, 28, 31
Whitman-Massaker 55
Wollgräser 23
Wrangell Mountains 16

Yaxchilan 95
Yosemite Valley 61
Yosemite Village 61
Yucatán 94
Yukon Territory 15, 16, 25, 28, 29, 31

Zabriskie Point 71
Zipaquira 121
Zunil 99
Zweiter Weltkrieg 25, 29, 30, 78

Personenregister

Alva, Walter 125
Anasazi 68, 78
Apache 69, 75
Athapasken 18
Aymara 127, 135
Azteken 83, 84, 86

Barker, Billy 36
Benton, Thomas Hart 62
Bering, Vitus 24
Betancourt, Ingrid 116
Bingham, Harold 129
Blackfoot 46
Bolívar, Simón 120
Botero, Fernando 119

Brown, Bern Will 19
Brüning, Heinrich 125
Bush, George W. 138
Cabot, John 18
Campesinos 116
Cardenal, Ernesto 106, 107
Cardenas, Lazaro 91
Carmack, G.W. 20
Carson, Kit 62, 69, 74
Cartier, Jacques 18
Catlin, George 60
Champlain, Samuel de 19
Charles II. 39
Chimu 124
Cochise 75
Cook, James 23, 44
Cooper, James Fenimore 74
Cortez, Hernan 84, 88

Darwin, Charles 176, 181
Diaz, Porfirio 89
Douglas, James 33, 44
Douglas, Kirk 77
Drake, Sir Francis 116

Earp, Wyatt 76, 77
Eiffel, Gustave 145
Eskimos 17, 18, 27, 29

Fremont, John Charles 62, 72, 74

Geronimo 75
Gray, Robert 52
Guerrero, Vicente 90

Hearne, Samuel 23
Heinrich IV. 22
Hernandez, Juan Perez 44
Hidalgo, Miguel 89
Holliday, Doc 76
Hudson, Henry 18
Humboldt, Alexander von 98, 122

Indianer 19, 27, 29, 34, 35, 39, 50, 52, 54, 60, 66, 84, 89, 122, 127, 138, 177, 181
Inka 115, 122, 123, 124, 125, 126, 127, 128, 130, 134, 143
Inuit 17, 19

James, Edward 88
Jefferson, Thomas 52
Juarez, Benito 90

Klondike Kate 21
Konquistadoren, spanische 115, 128
Kuna 111

Lancaster, Burt 77
Lincoln, Abraham 61
Llosa, Mario Vargas 125
Ludwig XIV. 22

Mackenzie, Alexander 23
Márquez, Gabriel Garcia 117
Mapuche 155, 159, 162, 163
Maximón 98, 99
Maya 83, 92, 94, 95, 99, 101, 103, 104
McLoughlin, John 54
Moche 124
Montezuma 87
Morales, Evo 144
Morelos, Jose Maria 89
Muir, John 60, 61

Navajo 68, 69, 70, 75, 78
Neruda, Pablo 158
Noriega, Manuel Antonio 111
Ogden, Peter Skene 54

Pizzaro, Francisco 126
Plüschow, Gunther 174
Prinz Rupert 23, 39

Quechua 127, 129, 130

Roosevelt, Theodore 61
Rosas, Manuel de 178
Roth, Ricardo 160

San Simon siehe Maximón
Santa Anna, General Antonio Lopez de 90
Sarmiento, Faustino 178
Schönherr, Dietmar 106, 107
Serra, Junipero 52, 56, 59
Service, Robert 25
Steinbeck, John 63
Stevens, Isaac I. 55
Sutter, John A. 67

Tehuelche 173

Uro 134

Vancouver, George 44
Vélez, Álvaro Uribe 116
Vernon, Admiral Edward 116
Verrazano, Giovanni da 18
Videla, González 156

Walker, William 102
Whitman, Marcus 54
Whitman, Narcissa 54

Zapata, Emiliano 90, 92

Ebenfalls erhältlich...

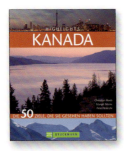

ISBN 978-3-7654-4760-0

ISBN 978-3-7654-5496-7

ISBN 978-3-7654-4933-8

www.bruckmann.de

Zur weiteren Reisevorbereitung empfehlen wir:

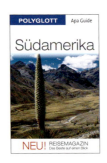

Nächste Seite Der Dempster Highway durchquert die Tundra am Fuße der Richardson Mountains.

Die Autoren

Susanne Asal

studierte Geschichte, Ethnologie und Anglistik. Seit 1986 ist sie freie Reisejournalistin und Autorin zahlreicher Bildbände und Reiseführer, vor allem über die spanischsprachige Welt. Nach mehrjährigen Aufenthalten in Mexiko und Argentinien lebt sie heute in Frankfurt/Main. Im Bruckmann Verlag erschienen von ihr »*Zeit für Mexiko*«, »*Die Anden*« und »*Chile*«. Mit der Panamericana verbinden sie unvergessliche endlose Busfahrten auf mitunter klebrigen, schmuddligen Straßen, vorbei an Reifenwechslern, Fernfahrerkneipen, streunenden Hunden, durch leere Wüsten, an Maisfeldern entlang, um endlich an den schönsten Plätzen des amerikanischen Kontinents zu landen.

Friedrich W. Horlacher,

1935 in Ulm geboren, studierte Anglistik, Amerikanistik und Germanistik an den Universitäten Tübingen und Wales, Bangor. Von 1967 bis 2000 arbeitete er als Amerika-Wissenschaftler an der Universität Erlangen-Nürnberg. Studienreisen und Gastprofessuren führten ihn regelmäßig nach Nordamerika. Zu seinen zahlreichen Publikationen zählen Textbeiträge zu den Bildbänden »*USA – Die Ostküste*« und »*Indianerland*«. Heute lebt er bei Erlangen.

Dank des Autors
Gemeinsam erleben heißt doppelt erleben. – Diese Erfahrung verdanke ich meiner Frau, Hannelore, die bei allen großen Reisen – von der Planung bis zur nachträglichen Aufarbeitung – immer dabei war und dafür sorgte, dass diese zu unvergesslichen Ereignissen wurden.

Textnachweis:
Susanne Asal verfasste die Kap. 6 (S. 96–113), Kap. 7 (S. 114–135), Kap. 8 (S. 136–153), Kap. 9 (S. 154–169), Kap. 10 (S. 170–190) sowie die Inserts auf den Seiten 81, 102, 104, 106, 108, 119, 123 l.o., 124, 128, 132, 138, 146, 147, 151, 157, 158, 163, 164, 165, 168, 173, 174, 176, 177 und 180.

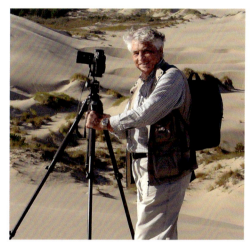

Friedrich Horlacher verfasste die Einleitung sowie die Kap. 1 (S. 14–31), Kapi. 2 (S. 32 bis 47) Kap. 3 (S. 48–63), Kap. 4 (S. 64 –79), Kap. 5 (S. 80–95) sowie die Inserts auf den S. 31, 35, 38, 39, 45, 51, 53, 58, 59, 62, 63, 67, 71, 74.
Wolfgang R. Weber verfasste die Texte über Kolumbien (S. 116–117), die Puna (S. 140–143), Vancouver (S. 40/41), Inti-Raimi-Fest (130/131), sowie die Inserts auf den Seiten 16, 19, 22, 24, 25, 28, 36, 42, 51, 70, 85, 88, 92, 99, 100, 105, 116, 117, 118, 120, 121, 123r.u., 133 und 139.

Wolfgang R. Weber,

geboren 1943, studierte an der TU Darmstadt Maschinenbau und war Gründer sowie Geschäftsführer einer Hightech-Firma. Er ist Autor mehrerer Reiseführer über Westkanada, Alaska und den Südwesten der USA und Fotograf von mehreren Bildbänden über Nordkanada, den Westen der USA, Australien und zahlreicher Zeitschriftenbeiträge. Im Bruckmann Verlag sind von ihm erschienen »Wildnis Kanada« und »Wildnis Australien«. Er lebt in Darmstadt.

Dank des Fotografen

Eine Reise und ein Buchprojekt dieser Größenordnung wären ohne die Hilfe und Gastfreundschaft vieler Menschen entlang dem Weg nicht möglich gewesen. Zuallererst danke ich meiner Frau Monika für ihre geduldige Unterstützung und Reisebegleitung und meiner Tochter Diana für Reisebegleitung und Einsatz ihrer Sprachkenntnisse; Volker Feser in Quito für organisatorische, Formulierungs- und Planungshilfe. Und – stellvertretend für die vielen anderen Helfer und Gesprächspartner – Fred Carmichael in Inuvik, Jorge Ojeda Badenes in Mexico City, Patrick Enste in Cartagena de Indias, Adriana Garcia-Ortega in Bogota, Jürgen Öhme in Sucre.

Impressum

Unser Gesamtverzeichnis finden Sie unter:
www.bruckmann.de
Produktmanagement: Joachim Hellmuth
Textlektorat: Anke Höhne
Grafische Gestaltung: Graphitecture-Book, Rosenheim
Kartografie: mapdesign Thieme, München
Herstellung: Bettina Schippel
Repro: Repro Ludwig, Zell am See
Printed in Italy by Printer Trento
Alle Angaben dieses Bandes wurden von den Autoren sorgfältig recherchiert und vom Verlag auf Stimmigkeit und Aktualität geprüft. Allerdings kann keine Haftung für die Richtigkeit der Informationen übernommen werden. Für Hinweise und Anregungen sind wir dankbar. Zuschriften an:
Bruckmann Verlag, Produktmanagement,
Postfach 400209, D-80702 München
E-Mail: lektorat@bruckmann.de

Bildnachweis: Anthropos-Institut, St. Augustinus: S. 177 o.r.; Susanne Asal: S. 163 l.o., 179 l.o., 180 l.o.; Bildagentur Huber, Garmisch-Part.: S. 76/77; Sylvia Scholpp-Stadler/Hubert Stadler, Fürstenfeldbruck: S. 148/149 (5), 164o.l.; Picture-Alliance, Frankfurt am Main: S. 25 o.r., 59 o.r., 61 u.r., 62 o.l., 77o.,(2), 102, 63 u.r., 67o.r., 74 l.o., 102 l.o., 123 l.o., 158 l.o., 176 o.l.; Firstpatagonia: Seite 160 (5); Monika Weber: S. 188/189 (M., r. o., r. u.); Yukon Archivs, Whitehorse: S. 20 u., (2), 21 u.(2), 27(2) Alle anderen Aufnahmen stammen von Wolfgang R. Weber, Darmstadt.

Vorsatz: Emerald Lake, Kanada
Umschlagvorderseite: Straße von La Paz nach Coroico (großes Bild); San Francisco, San Miguel Allende, Cerro Torre und Fitz Roy.
Umschlagrückseite: Grand Canyon, Inti-Raimi-Fest in Cusco, Blick auf Cartagena.
Die Abbildungen des Umschlags stammen von Wolfgang R. Weber

Die Deutsche Nationalbibliothek verzeichnet diese Publikation in der deutschen Nationalbibliografie; detaillierte bibliografische Daten sind im Internet über http://dnb-nb.de abrufbar.

© 2011 Bruckmann Verlag GmbH, München
Alle Rechte vorbehalten
ISBN 978-3-7654-5539-1